심리학 인사에 들어오다

심리학, 인사에
들어오다

신경수 지음

| 프롤로그 |

조직은 왜 이리도 비합리적으로 움직이는가!

서울의 한 교차로. 신호가 초록불로 바뀌었지만 사람들은 움직이지 않는다. 스마트폰을 보고 있기 때문이다. 문자, 뉴스, SNS에 시선을 빼앗긴 보행자는 정작 '횡단보도 위에 있다'는 사실조차 인지하지 못한다. 이러한 위험 상황을 줄이기 위해 등장한 것이 **'바닥 신호등'**이다. 바닥에 LED 조명을 설치해 신호등의 색을 발밑에 비춰주는 방식이다. 고개를 숙인 채 걷는 사람들도 자연스럽게 신호 변화를 인지할 수 있게 만든 것이다.

이 장치는 단순한 기술이 아니다. 사람의 행동을 바꾸기 위한 심리적 설계, 행동경제학적 '넛지(Nudge)'의 대표 사례다. "보행 중 스마트폰을 사용하지 마세요"라는 경고 문구는 잘 읽히지 않는다. 사람들은 습관을 쉽게 바꾸지 않기 때문이다. 대신, 사람들이 이미 하고 있는 행동에 맞춰 환경을 조정하면, 더 안전한 방향으로 자연스럽게 행동이 유도된다. 이 사례는 조직 안에서 우리가 맞닥뜨리는 문제들과 닮아 있다. 제도가 아무리 완벽해도, 숫자가 아무리 정밀해도, 예상과 다른 방식으로 움직이는 사람들이 있다. 그리고 그 행동은 데이터나 규칙이 아니라 감정과 심리에서 비롯된다.

공정한 평가제도를 설계했는데도 불만이 터지고, 합리적인 보상안을 내놨는데도 사기는 떨어진다. 구조화된 면접으로 뽑은 인재가 채 몇 달을 못 버티고 퇴사하기도 한다. 이 모든 현상은 제도 자체가 아니라 그것이 어떻게 받아들여지는가에 따라 결정된다. 조직은 숫자로 움직이는 것이 아니라, 숫자를 해석하는 사람으로 움직인다. 그런데도 우리는 '사람'을 숫자로만 읽으려 한다.

이 책은 그런 질문에서 출발한다. 인사는 점점 더 과학화 되어 가고, 경영은 데이터 기반의 의사결정을 요구받고 있다. 하지만 조직에서 일어나는 문제의 대부분은 숫자가 아닌 심리의 세계에서 발생하고 있다. 왜 일까? 이유는 간단하다. 조직은 사람으로 구성되고, 사람은 이성뿐 아니라 감정과 인지 편향으로 움직이는 감각적 동물이기 때문이다.

사람은 언제, 어떤 상황에서 비합리적인 선택을 하는가? 조직 안에서 이런 심리는 어떤 방식으로 제도와 충돌하는가? 이 책은 그 질문에 답하기 위해 행동경제학이라는 심리적 렌즈로 조직을 들여다보았다.

행동경제학은 인간의 불완전함을 인정하면서도, 그 안에서 반복적으로 나타나는 의사결정의 편향과 심리적 메커니즘을 밝혀내려는 학문이다. 경제학의 분석력과 심리학의 통찰을 결합한 학문으로서, 나는 이 행동경제학을 이용하여 사람의 선택이 제도와 어떻게 어긋나는지를 설명하고자 한다.

이 책은 채용에서 시작하여 배치, 평가, 보상, 문화, 커뮤니케이션, 변화관리, 이직까지—우리가 익숙하게 다뤄왔던 인사 제도에 숨어 있는 **심리적 왜곡과 실패**, 그리고 그 해결의 단서를 행동경제학이라는 학문을 사용하여 해석해 보았다. 사례들은 모두 조직 현장에서 실제로 일어난 이야기다. 인사 담당자의 고민, 팀장의 갈등, 구성원의 오해, 리더의 선택. 그 이면에는 늘 **사람의 심리**가 있다.

숫자로는 설명할 수 없는 장면들. 우리는 종종 설계된 제도가 아니라, 받아들여지는 방식에 따라 결과가 달라지는 현실을 목격한다. 조직의 건강은 숫자가 아니라 사람에 달려 있다.

그렇다고 이 책이 행동경제학을 통해 인사의 모든 문제를 설명할 수 있다는 것은 아니다. 다만, 숫자가 놓친 장면을 심리적 렌즈로 다시 조명해보자는 제안이다. 사람을 깊이 이해할수록, 조직은 더 건강해진다. 그 시작은 단순한 진실을 받아들이는 것이다―**사람은 늘 논리적으로 행동하지 않는다.**

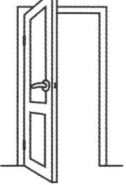

CONTENTS

|프롤로그| 조직은 왜 이리도 비합리적으로 움직이는가!   4

제1부 행동경제학의 탄생   11

제2부 생활 속의 행동경제학

1장. 일상 생활 속에 감춰진 선택설계들   44
2장. 소비 구매행동에 감춰진 선택설계들   68

제3부 인사에 대한 행동경제학적 접근

1장. 인사란 무엇인가 : 사람은 논리가 아니라 감정으로 움직인다   108

2장. 채용 : 판단보다 인상에 끌리는 이유   127

3장. 배치와 이동 : 변화는 늘 저항을 만든다   143

4장. 성과평가 : 평가가 아닌 감정의 반응   161

5장. 보상 : 숫자가 아니라 감정의 비교다   178

6장. 조직문화 : 분위기는 말투에서 시작된다   197

7장. 조직력 강화 : 동료관계가 실적을 좌우한다   216

8장. 커뮤니케이션 : 상대의 마음을 움직이는 심리 전략   233

9장. 이탈과 잔류 : 떠나는 사람보다 머무는 이유를 설계하라   249

10장. 성장설계 : 커리어를 설계하는 조직의 기술   268

|에필로그| 좋은 인사는 숫자가 아니라 사람을 기억한다   289

"사람은 왜 늘 이성적으로 행동하지 않을까?"

행동경제학은 이 단순한 물음에서 출발한다.
이론이 아닌 현실에서, 인간의 '비합리적' 선택을 탐구하며
전통 경제학이 놓친 심리의 법칙을 밝혀낸 학문이다.

제 1 부

행동경제학의 탄생

제1부
행동경제학의 탄생

이 책은 행동경제학을 인사관리 실무에 적용하기 위한 목적으로 만들어졌다. 하지만 본격적인 이야기에 들어가기 전에, 먼저 행동경제학의 탄생배경을 알 필요가 있다. 우선, 행동경제학이 어떤 학문인지와 어떻게 생겨나게 되었는지에 대한 이해가 필요하다.

1. 합리적 인간이라는 신화

경제학의 세계는 오랫동안 '합리성'이라는 믿음 위에 세워져 있었다. 시장이란 본질적으로 수요와 공급이라는 메커니즘을 통해 자원을 배분하는 장치이며, 그 안에서 활동하는 개인은 자신에게 가장 유리한 선택을 하기 위해 항상 이성적으로 판단하는 존재로 여겨졌다.

그들은 가능한 모든 선택지를 탐색하고, 정확한 정보를 바탕으로 미래의 결과를 예측하며, 가장 효용이 큰 결정을 내린다. 동일한 조건이 주어진다면 언제나 동일한 선택을 반복한다. 바로 이들이 전통 경제학이 말하는 '합리적 인간', 이른바 호모 이코노미쿠스(Homo Economicus)이다. 이 인간상은 경제 모델의 기초이자, 시장의 움직임을 예측하고 정책을 설계하는 데 필수적인 전제로 받아들여졌다.

이러한 인간 모델은 단순하고 강력하다. 인간의 복잡한 심리를 단순화한 덕분에 경제학은 수학이라는 언어를 통해 매우 정교한 예측과 설명을 시도할 수 있었고, 이를 통해 경제정책, 시장 분석, 금융 모델, 가격 이론 등 실생활의 다양한 문제를 체계적으로 다룰 수 있었다. 국가 예산의 운용부터 투자자의 행동 예측, 소비자의 수요 곡선까지, 모두가 이 가정을 전제로 설계되었다.

하지만 현실은 이 단순한 모델과는 사뭇 달랐다. 사람들은 실제로는 그렇게 일관되거나, 효용 극대화를 위해 냉정하게 판단하지 않았다. 복잡한 수치를 따져보기보다는 친구의 추천이나 광고 문구에 흔들렸고, 똑같은 제품이라도 '세일 중'이라는 문구 하나에 더 쉽게 지갑을 열었다. 어떤 사람은 신제품을 살 때 기능보다 색상을 먼저 보고 결정하고, 누군가는 쿠폰 유효기간이 하루 남았다는 이유로 필요 없는 상품을 구매했다.

투자자들은 같은 주식의 가격이 오를 때와 내릴 때 전혀 다른 반응을 보였고, 심지어 도박을 하듯 가격이 떨어지는 주식을 오히려 더 사들이기도 했다. 소비자들은 실질적 가치보다 브랜드 인지도나 포장 디자인 같은 주변 정보를 더 중요하게 여겼고, '1+1' 프로모션에 이끌려 불필요한 물건까지 장바구니에 담았다. 정치적 투표, 소비 패턴, 직장 내 행동, 심지어 연애와 결혼에 이르기까지 우리의 선택은 경제학이 말하는 '합리성'과는 거리가 먼 경우가 많았다.

예를 들어, 어떤 기업이 임금 인상률을 5%로 정했을 때, 그것이 업계 평균보다 높더라도 동료보다 적게 받는다고 느끼면 만족감은 오히려 줄어들었다. 또, 보너스를 지급할 때 금액보다 타이밍이나 방식에 따라 전혀 다른 심리적 반응이 나타나기도 한다. 이는 사람이 '절대값'보다 '상대 비교'를 더 중요하게 여긴다는 심리를 보여주는 사례다.

그렇다면 이런 행동은 단지 예외적인 우연일까? 아니면 근본적인 인간의 본능적 특징 중의 하나일까? 행동경제학은 바로 이 질문에서 출발한다. 전통 경제학이 간과했던 인간의 심리적 동기와 인지 편향, 그리고 비합리성의 규칙을 파헤치며, 우리가 '합리적'이라고 믿어왔던 가정이 얼마나 허약한 기반 위에 놓여 있었는지를 밝히기 시작한다.

2. 질문에서 시작된 혁명 : "사람은 정말 이성적으로 행동하는가?"

1970년대 초, 미국의 심리학자 대니얼 카너먼(Daniel Kahneman)과 아모스 트버스키(Amos Tversky)는 전통 경제학의 전제를 향한 근본적인 의문을 던졌다. "사람은 정말 이성적으로 행동하는가?"라는 단순하면서도 도발적인 질문에서 그들의 여정은 시작되었다. 그들은 경제학자가 아니었기에 오히려 기존의 틀에서 벗어난 새로운 시각으로 인간의 선택과 판단을 바라볼 수 있었다.

경제학은 수요와 공급, 가격과 효용이라는 개념을 중심으로 시장을 분석해왔다. 그러나 카너먼과 트버스키는 그러한 개념들이 현실의 인간 행동과 얼마나 동떨어져 있는지를 실험을 통해 드러내고자 했다. 그들은 인간의 사고를 이론이 아닌 행동 그 자체를 관찰함으로써 설명하려 했다. 가령, 사람들이 도박을 선택할 때 어떤 패턴이 반복되는지, 위험을 회피할 때 어떤 심리적 오류가 개입되는지를 수십 차례의 실험으로 입증해 나갔다.

그들은 곧 인간의 판단이 단순한 실수가 아니라, 체계적이고 예측 가능한 오류에 의해 좌우된다는 사실을 발견했다. 특히 사람들은 '이성적 사고'보다는 훨씬 빠르지만 불완전한 직관, 즉 감각적인 시스템을 자주 사용한다는 점에 주목했다. 이를 설명하기 위해 그들은 인간의 사고 체계를 두 가지로 나누었다.

시스템1은 빠르고 직관적인 사고 방식이다.

이 시스템은 우리가 평소 무의식적으로 사용하는 판단 기제로, 자동적으로 작동하고 거의 에너지 소비가 없다. 이를 통해 우리는 빠르게 판단을 내리고 행동할 수 있지만, 동시에 편향과 오류에 쉽게 노출된다. 광고 문구에 끌리거나, 첫인상만으로 사람을 평가하는 등의 행동이 여기에 해당된다.

시스템2는 느리고 분석적인 사고 방식이다.

복잡한 문제를 해결할 때, 논리적이고 계산적인 사고가 필요한 상황에서 작동한다. 그러나 이 시스템은 에너지를 많이 소모하고 시간이 오래 걸리기 때문에, 일상적으로는 거의 사용되지 않는다. 시험 문제를 풀거나, 계약서를 검토할 때 주로 사용된다.

흥미로운 점은, 우리는 시스템 2를 통해 이성적으로 생각하고 있다고 믿지만, 실제 삶에서 대부분의 결정은 시스템 1이 주도한다는 것이다. 예를 들어, 사람들은 같은 질문도 표현 방식에 따라 전혀 다른 결정을 내리는 경향을 보인다. "이 치료법은 90%의 성공률을 가지고 있습니다"라는 문장과 "이 치료법은 10%의 실패 확률이 있습니다"라는 문장은 수치상 동일하지만, 사람들은 전혀 다르게 반응한다. 전자는 희망적이고 긍정적으로 느껴지는 반면, 후자는 불안하고 회피하게 만든다. 이 현상을 프레이밍 효과(Framing Effect)라고 한다.

이런 발견들은 단순히 흥미로운 실험 결과에 그치지 않았다. 그것은 인간이 '합리성'이라는 기준을 중심으로 행동한다는 경제학의 전제를 정면으로 반박하는 증거가 되었다. 그들의 연구는 경제학이라는 거대한 학문의 중심축을 흔들기 시작했다. 인간은 계산기처럼 정보를 분석해 최적의 결정을 내리는 존재가 아니라, 맥락과 감정, 직관에 휘둘리는 복잡한 존재였다.

카너먼과 트버스키의 실험은 수십 개의 편향 이론으로 확장되었다. 대표적으로 가용성 휴리스틱(availability heuristic), 대표성 편향(representativeness bias), 확증 편향(confirmation bias), 손실 회피(loss aversion) 등이 있다. 그들은 단순한 오류가 아니라, 인간의 사고 자체가 구조적으로 이런 방향으로 흐를 수밖에 없다는 점을 실험적으로 입증해 나갔다.

그들이 남긴 업적은 그 자체로 새로운 학문인 '행동경제학(Behavioral Economics)'의 초석이 되었고, 이후 수많은 후속 연구들이 이들의 발견을 토대로 발전하기 시작했다. 이처럼 카너먼과 트버스키의 '질문에서 시작된 혁명'은 단순한 학술적 반향을 넘어, 인지심리학과 경제학의 경계를 허무는 전환점이 되었다.

3. 전망이론, 심리적 경제학의 서막

대니얼 카너먼과 아모스 트버스키가 인간의 직관적 판단의 오류를 밝히는 데 성공한 이후, 이들은 이러한 심리적 경향을 체계적으로 설명할 수 있는 이론을 만들고자 했다. 그 결과로 탄생한 것이 바로 **전망이론**(Prospect Theory)이다. 이 이론은 1979년 《Econometrica》에 실린 논문을 통해 세상에 발표되었으며, 경제학계에 깊은 반향을 일으켰다.

전망이론은 전통 경제학의 핵심 개념인 '기대효용이론(Expected Utility Theory)'에 대한 실질적 반론이었다. 기대효용이론은 인간이 의사결정을 할 때 가능한 결과들의 효용과 그 확률을 계산해 가장 높은 기대값을 지닌 선택지를 고른다는 전제 위에 있다. 하지만 현실에서 사람들의 선택은 그와 다르게 움직였다. 사람들이 실제로 의사결정을 내릴 때는 **기대값이 아니라, 손실과 이득에 대한 '지각된 가치'**에 따라 반응했다.

전망이론의 핵심 가정은 다음과 같다.

손실은 이득보다 훨씬 더 강한 정서적 반응을 유발한다. 사람은 똑같은 금액이라도 '얻는 것'보다 '잃는 것'에 더 민감하게 반응한다. 예를 들어 10만 원을 잃었을 때 느끼는 고통은, 10만 원을 얻었을 때 느끼는 기쁨보다 2배 이상 크다. 이 현상을 손실회피(Loss Aversion)라고 부른다.

이 특성은 우리가 일상에서 경험하는 수많은 결정에 영향을 준다. 주식 투자를 할 때, 손실을 본 종목은 더 이상 희망이 없음에도 불구하고 매도하지 못하고 계속 보유하게 만든다. 혹은 퇴사나 이직을 결심하는 데 있어서도, 현재 직장에서의 단점은 분명하지만, 새로운 환경이 가져올 '손실 가능성' 때문에 변화에 대한 결정을 유보하게 된다.

같은 결과라도 어떻게 '프레이밍'되느냐에 따라 반응이 달라진다. 앞서 소개된 프레이밍 효과가 여기에서도 반복된다. 같은 확률의 상황이라도 그것이 '이득'으로 표현되었는지, '손실'로 표현되었는지에 따라 전혀 다른 행동을 유도한다.

예를 들어 다음 두 가지 선택을 보자 :

A안 : 확실히 100만 원을 받는다.
B안 : 50% 확률로 200만 원을 받고, 50% 확률로 아무것도 받지 못한다.

대부분의 사람은 안정적 이득을 선호하여 A안을 선택한다. 이는 '이득 상황'에서는 사람들이 위험 회피적이라는 것을 보여준다.

하지만 손실 상황에서는 정반대다.

C안 : 확실히 100만 원을 잃는다.
D안 : 50% 확률로 200만 원을 잃고, 50% 확률로 아무것도 잃지 않는다.

이 경우에는 많은 이들이 D안을 선택한다. 확실한 손실을 피하고자 위험을 감수하게 되는 것이다. 이는 '손실 상황'에서는 사람들이 위험 선호적이 된다는 것을 시사한다. 전통적인 기대효용이론으로는 설명할 수 없는 인간의 이중적인 태도다.

참조점(reference point)이 중요하다.
사람들은 '절대적인 금액'보다, 자신이 인식하고 있는 '기준점' 대비 이익이냐 손해냐에 따라 감정이 달라진다. 예를 들어 같은 보너스라도, 작년에 받았던 금액이 기준이 되면, 그것보다 적은 보너스는 손실로 인식된다.

이 참조점은 상황에 따라 달라진다. 월급이 500만 원인데 동료는 600만 원을 받는다면, 사람들은 500만 원을 받았음에도 자신이 '손해 본 것 같다'는 감정을 느낀다. 실제로 받은 금액보다 '상대적 위치'가 더 중요한 것이다.

전망이론은 이후 행동경제학의 핵심 틀이 되었으며, 금융, 소비, 정책, 조직 관리 등 다양한 영역에 응용되기 시작했다. 기업의 보상제도 설계, 세금징수 정책, 보험상품 구성, 심지어 정치 캠페인의 메시지 전략에도 이 이론이 활용되었다.

예를 들어 정부가 백신 접종을 유도하고자 할 때, "접종을 하면 1,000명 중 900명이 생존합니다"라는 메시지를 전달할 수도 있고, "접종하지 않으면 1,000명 중 100명이 사망합니다"라고 말할 수도 있다. 이 두 문장은 논리적으로 동일하지만, 전자는 긍정 프레임, 후자는 부정 프레임으로 작동하며, 사람들의 행동은 이 차이에 강하게 반응한다.

또한 조직 내 성과관리에서도 이 이론은 중요하게 적용된다. 직원들이 기존 급여를 '기준점'으로 인식하면, 보너스나 인센티브는 '이득'으로 받아들여지지만, 기본급 일부가 성과에 따라 삭감될 수 있다는 제도는 큰 저항에 부딪힌다. 손실회피 성향 때문이다. 제도의 구조를 어떻게 설계하느냐에 따라 동일한 정책이 받아들여지는 방식이 완전히 달라질 수 있다.

전망이론은 인간의 심리를 바탕으로 한 최초의 경제 이론이자, 전통 경제학과 행동경제학의 기로를 가른 역사적 전환점이다. 대니얼 카너먼은 이 이론으로 2002년 노벨경제학상을 수상했다. 흥미로운 사실은, 공동연구자인 아모스 트버스키는 이미 세상을 떠난 상태여서 노벨상 수상의 기회를 얻지 못했다는 점이다. 그만큼 이 이론은 경제학에 심리학의 숨결을 불어넣은 혁명적 발견이었다.

4. 리처드 세일러, 행동경제학을 '현장'으로 끌어내다

대니얼 카너먼과 아모스 트버스키의 이론적 성과는 인간의 비합리적 행동을 과학적으로 규명하는 데 중점을 두었다. 이들이 행동경제학의 기초를 다졌다면, 이를 현실 세계에 적용해 실질적인 변화를 만들어낸 인물은 바로 경제학자 리처드 세일러(Richard Thaler)였다. 그는 이론을 넘어 '현장'에서 행동경제학을 작동시킨 실천가이자, 제도 설계자였다.

세일러는 오랫동안 전통 경제학이 무시하거나 배제해 온 인간의 '비합리성'에 주목했다. 그는 사람들이 때로는 실수하고, 감정적으로 반응하며, 습관적으로 행동하는 경향이 있다는 사실을 받아들이고, 그것이 '문제'가 아니라 '설계의 단서'가 될 수 있다고 보았다. 다시 말해, 사람이 완벽하게 이성적이지 않기 때문에 제도는 더 정교하게 설계되어야 한다는 것이다.

부드러운 개입, 넛지의 탄생

그가 제안한 대표적인 개념이 바로 넛지(nudge)다. 넛지란 '팔꿈치로 쿡 찌르다'는 뜻의 단어로, 사람의 선택을 강요하지 않으면서도 더 나은 방향으로 유도하는 설계 방식을 의미한다. 세일러와 캐스 선스타인은 2008년 공동 저서 『넛지(Nudge)』를 통해 이 개념을 정리했으며, 이는 전 세계 공공정책과 기업 제도 설계에 큰 영향을 미쳤다.

예를 들어, 장기기증 등록 제도를 바꾼 실험은 넛지의 힘을 잘 보여준다. 기존 방식은 '장기기증을 원하면 체크하세요'였지만, 세일러는 이 방식을 '장기기증을 원하지 않으면 체크하세요'로 바꿨다. 기본값(default)을 바꾼 것뿐인데, 기증률은 급격히 상승했다. 강제하지 않았지만, 기본 옵션의 변경만으로 사람의 행동을 바꿀 수 있었던 것이다. 이는 우리가 얼마나 '기본값'에 무심하게 따르는지를 보여준다.

또 다른 사례는 퇴직연금 제도다. 미국 기업의 퇴직연금 가입률을 높이기 위해, 세일러는 자동가입(auto-enrollment) 제도를 도입할 것을 제안했다. 기존에는 직원이 일부로 신청해야만 가입이 가능했지만, 새로운 방식은 입사 시 자동으로 가입되고, 원하지 않으면 탈퇴 신청을 해야 하는 구조였다. 그 결과, 퇴직연금 가입률이 30%대에서 80% 이상으로 급상승했다. 사람의 게으름조차 설계에 활용한 사례였다.

보이지 않는 손이 아닌, 보이지 않는 설계자

전통 경제학은 아담 스미스의 '보이지 않는 손(invisible hand)'을 강조해왔다. 개인의 합리적 선택이 모여 시장 전체의 효율을 이끈다는 믿음이었다. 하지만 세일러는 또 다른 '보이지 않는 존재', 즉 선택 설계자(choice architect)의 역할을 강조했다. 사람들이 실수하지 않도록 도와주고, 더 나은 선택을 할 수 있도록 환경을 설계하는 사람이 바로 그것이다.

예를 들어 학생 식당에서 음식을 건강하게 고르도록 유도하려면, 단지 메뉴를 바꾸는 것이 아니라 채소나 과일을 눈높이에 놓고, 튀김류는 눈에 잘 띄지 않는 곳에 배치하는 것이다. 동일한 메뉴지만 배치 순서만 바꿨을 뿐인데, 사람들의 식단이 바뀌는 결과가 나타났다. 이는 명백한 넛지의 효과였다. 강요하거나 교육하지 않아도, 환경을 바꾸면 행동이 달라질 수 있다는 증거였다.

제도의 언어를 감정의 언어로 바꾸다

세일러의 넛지는 경제정책뿐 아니라 기업의 조직문화, 인사관리, 고객 서비스 설계 등에도 직접적인 영감을 주었다. 예컨대 직원들의 복지 제도를 도입할 때, 선택지를 어떻게 제시하느냐에 따라 만족도가 달라지는 경우가 많다.

예를 들어, 회사가 "월 10만 원의 자기계발비를 지급합니다"라고 할 때보다 "당신의 성장을 응원합니다. 매달 10만 원의 선택형 자기계발 지원금을 드립니다"라고 표현하면, 수용자 입장에서는 같은 제도라도 더 긍정적으로 받아들인다. 이것이 바로 제도의 설계가 감정의 언어로 전환되는 지점이다.

또한 직원들이 건강검진을 제때 받도록 독려하기 위해, "검진받으세요"라는 메시지보다 "이 달 안에 받지 않으면 보험 보장에 문제가 생깁니다"라는 방식이 행동을 유도하는 데 더 효과적이다. 이는 전망이론과 넛지가 결합된 효과로, 사람은 손실을 회피하려는 성향이 더 강하다는 점을 활용한 것이다.

세일러의 철학 : 인간은 고장 난 컴퓨터가 아니다
세일러는 끊임없이 전통 경제학에 질문을 던졌다. 그는 사람들이 비합리적이라는 이유로 오류 취급을 당해서는 안 된다고 보았다. 사람은 논리적으로 완벽하지 않지만, 그렇다고 실패한 존재도 아니다. 오히려 인간의 특성에 맞게 설계를 바꾼다면 더 효과적인 결과를 만들 수 있다는 것이 그의 철학이다.

그는 사람들이 무심코 따르는 습관, 눈에 보이지 않는 편향, 감정에 좌우되는 판단들을 탓하기보다는, 그러한 특성 위에 설계를 얹는 방식을 택했다. 이는 행동경제학이 단순한 이론이 아니라, 사람의 마음을 읽고 실천으로 옮기는 실용적 도구임을 보여준 사례이다. 이러한 공로를 인정받아 리처드 세일러는 2017년 노벨경제학상을 수상했다. 수상 연설에서 그는 이렇게 말했다.

"전통 경제학은 인간을 신처럼 가정했지만, 나는 인간을 사람으로 봤습니다."

그의 한마디는 행동경제학의 방향성을 명확하게 보여준다. 완벽한 존재가 아닌, 감정과 실수를 반복하는 '사람'을 위한 경제학. 그리고 그 사람을 위한 제도와 환경을 고민하는 것. 그것이 세일러가 행동경제학에 불어넣은 철학이었다.

5. 댄 애리얼리, 일상의 비합리성을 유쾌하게 파헤치다

리처드 세일러가 제도와 정책의 영역에서 행동경제학을 실천적으로 이끌었다면, 이를 일상생활 속 다양한 장면으로 끌어내어 사람들의 공감을 얻고 대중화에 성공시킨 인물이 바로 댄 애리얼리(Dan Ariely)이다. 그는 행동경제학을 더 이상 어렵고 추상적인 학문이 아닌, 우리 모두의 생활과 밀접한 심리학으로 풀어낸 대표적인 스토리텔러이자 실험가였다.

그는 자신의 책 『상식 밖의 경제학(Predictably Irrational)』과 다양한 강연을 통해 "사람은 언제나 예측 가능한 방식으로 비합리적이다"는 메시지를 던졌다. 겉으로 보면 실수처럼 보이는 행동들이 사실은 반복되는 패턴을 갖고 있으며, 그 배후에는 인간 특유의 심리 기제가 작동하고 있다는 것이다.

타자 실험 : 보상이 몰입을 방해할 수 있다

댄 애리얼리는 한 실험에서 두 그룹의 사람들에게 타자 입력 과제를 주었다. 한 그룹에게는 입력할수록 금전적 보상을 제공하고, 다른 그룹에게는 아무런 보상도 주지 않았다. 사람들은 당연히 보상이 주어진 그룹에서 더 열심히, 더 정확히 입력할 것이라 기대했다. 하지만 결과는 정반대였다. 보상이 주어진 그룹에서 정확도가 더 낮게 나왔다.

왜 이런 결과가 나왔을까? 애리얼리는 이를 '내적 동기와 외적 동기의 충돌'로 해석했다. 보상이 개입되는 순간, 사람은 그 활동을 즐거움이나 의미가 아닌, '일'로 인식하게 된다. 결과적으로 몰입도는 떨어지고, 성과도 낮아진다. 그는 이처럼 "과도한 보상은 오히려 창의성과 몰입을 해친다"고 지적했다. 이 실험은 단순히 경제적 인센티브만으로 조직의 성과를 끌어올릴 수 없다는 사실을 명확히 보여준다.

공짜의 마력 : 사람은 '0원'이라는 단어에 흔들린다

그의 가장 널리 알려진 연구 중 하나는 '공짜(free)'에 대한 실험이다. 초콜릿 2종을 준비해 한 가지는 고급 브랜드(린트), 다른 하나는 일반 브랜드(허쉬)로 구성했다. 첫 번째 조건에서는 린트 초콜릿을 15센트, 허쉬를 1센트에 판매했고, 대부분의 사람들은 린트를 선택했다. 하지만 두 번째 조건에서 린트는 14센트, 허쉬는 0원으로 가격을 낮췄다. 이 경우, 대부분은 품질이 낮은 허쉬를 선택했다. 단지 '0원'이라는 말 한마디에 이성적 판단이 무너진 것이다.

애리얼리는 이 현상을 두고 "공짜는 사람의 판단 회로를 정지시킨다"고 설명했다. 가격이 있는 선택은 계산을 유도하지만, 공짜는 계산을 멈추게 만든다. 조직 내에서 '무료 교육', '무상 제공', '서비스 혜택' 등의 표현이 특히 강력하게 작동하는 것도 같은 맥락이다. 공짜는 감정적 반응을 이끌어내며, 실제 가치나 필요성보다도 '놓치면 손해 보는 것 같은 심리'를 자극한다. 사소한 조건 하나가 선택을 바꾸게 만드는 것이다.

애리얼리는 또한 "우리가 정말 자유롭게 선택하고 있다고 믿지만, 실제로는 아주 작은 조건 하나에 의해 전혀 다른 결정을 내린다"는 사실을 반복해서 실험으로 증명했다. 그의 대표적인 사례 중 하나가 잡지 구독 실험이다.

어느 잡지사의 구독 옵션을 다음과 같이 제시했다.

1) 온라인 구독 : 59달러

2) 인쇄본 구독 : 125달러

3) 온라인 + 인쇄본 패키지 : 125달러

놀랍게도 이 세 가지 중에서 3번, 즉 온라인과 인쇄본을 모두 제공하는 패키지를 가장 많은 사람들이 선택했다. 그런데 2번 항목, 즉 인쇄본만 제공하는 옵션을 삭제하자 선택의 비율이 달라졌다. 이제는 더 저렴한 온라인 구독을 선택하는 비율이 압도적으로 늘어났다.

2번 항목은 아무도 선택하지 않았지만, 그 존재 자체가 3번을 상대적으로 더 합리적인 선택처럼 보이게 만들었던 것이다. 이를 '미끼효과(decoy effect)'라고 한다. 사람은 절대적 판단보다는 상대적 비교에 영향을 받는다. 조직의 제도 설계 시, 어떤 기준을 어떻게 배치하느냐에 따라 구성원의 수용 태도가 완전히 달라질 수 있다는 것을 이 사례는 말해준다. "우리의 실수는 결코 우연이 아니다."

댄 애리얼리는 또한 인간의 불완전함을 바라보는 태도에서도 전통 경제학과 결을 달리했다. 그는 사람들이 실수를 하는 것은 단순한 미숙하거나 정보 부족 때문이 아니라고 강조했다. 오히려 그것은 예측 가능한 방식으로 반복되는 '심리적 규칙'에 따른 결과라고 보았다.

그는 "사람은 합리적인 판단을 하려고 노력하지 않는다. 사람은 편리한 판단을 한다"고 말한다. 이 말은 곧, 사람은 생각보다 게으르고, 감정적이며, 즉각적인 보상에 약하고, 비교에 휘둘리는 존재라는 뜻이다. 하지만 그는 그런 인간의 특성을 '고쳐야 할 결함'이 아니라, 디자인해야 할 전제 조건으로 받아들였다. 우리가 왜 그런 실수를 반복하는지를 이해하면, 그 실수를 막는 방법 또한 함께 설계할 수 있기 때문이다.

예를 들어, 건강검진을 예약하지 않는 직원들에게 "검진 받으세요"라고 반복하는 것보다, '지금 예약하지 않으면 회사 보장보험이 적용되지 않습니다'라는 메시지를 보내는 편이 훨씬 적극적인 행동을 유도한다. 애리얼리의 사고방식은 바로 이런 작은 행동 설계를 통해 사람이 더 나은 선택을 하도록 유도할 수 있다는 믿음 위에 서 있다.

행동경제학, 유쾌하고 따뜻한 실천으로

댄 애리얼리의 실험은 때로는 우스꽝스럽고, 때로는 뼈아플 정도로 현실적이다. 그는 자신이 직접 화상을 입고 재활 치료를 받으며 '고통에 대한 심리'를 연구한 경험을 바탕으로, 인간의 '감각적 기억'과 '기대의 왜곡'이 실제 행동에 어떤 영향을 미치는지도 실험했다.

그는 행동경제학이 사람을 조종하는 기술이 아니라, 사람을 이해하는 따뜻한 도구가 되기를 바랐다. 그의 실험들은 인간이 얼마나 복잡하고, 감정적이고, 모순된 존재인지를 보여주는 동시에, 그러한 인간을 있는 그대로 받아들이는 시선을 제시했다.

그는 말했다.

"우리는 이성적인 존재가 아니지만, 적어도 우리가 비합리적이라는 것을 안다면, 그것은 우리를 더 나은 존재로 만들 수 있다."

댄 애리얼리는 행동경제학을 딱딱한 이론이 아닌, 누구나 웃으며 공감하고 행동으로 옮길 수 있는 생활 속의 인문학으로 끌어내렸다. 그의 유쾌한 실험은 우리 삶의 선택과 후회를 다시 돌아보게 만들고, 조직 설계자에게는 사람의 마음을 읽는 통찰을 제공한다.

6. 우리는 왜 늘 후회하는 선택을 할까?

현대사회는 '선택의 자유'로 가득하다. 기술의 발전은 우리의 손에 더 많은 옵션을 쥐어주었고, 삶의 거의 모든 장면에서 우리는 선택을 강요받는다. 마트에 가도 종류가 수십 가지인 치약을 고르게 되고, 점심 메뉴 하나를 고르는 일에도 몇 분을 고민한다. 이력서를 낼 기업, 결혼 상대, 경력 전환 시점, 주식 종목, 심지어 스마트폰 테마까지, 우리는 날마다 선택의 기로에 선다.

그런데 이상하게도, 선택의 자유가 늘어난 만큼 사람들의 만족도는 줄어들고, 후회는 더 늘어났다. 행동경제학에서는 이 현상을 **선택의 역설**(The Paradox of Choice)이라고 부른다. 언뜻 들으면 모순처럼 보이는 이 말은, 사실 우리의 일상에서 가장 흔히 경험하는 감정적 아이러니이다.

선택이 많을수록 행복할까? 정반대다

미국 심리학자 배리 슈워츠(Barry Schwartz)는 실험을 통해 선택의 역설을 입증했다. 그는 마트의 시식 코너에서 3가지 종류의 잼을 진열한 경우와, 24가지 종류의 잼을 진열한 경우를 비교했다. 사람들은 더 많은 잼 앞에서 훨씬 오래 머물렀지만, 실제로 구매로 이어진 비율은 3가지 옵션을 제공했을 때가 훨씬 높았다.

왜 그럴까? 선택지가 많아질수록 사람은 결정 자체에 부담을 느끼고, 선택 후에도 '내가 더 좋은 걸 놓친 건 아닐까'라는 불안감에 시달리게 된다. 이른바 '기회비용의 인식'이 커지는 것이다. 어떤 선택을 하는 순간, 나머지 모든 선택을 포기한 셈이 되며, 포기한 그 수많은 가능성들이 후회로 돌아온다.

현대의 직장인도 마찬가지다. 다양한 이직 기회, 직무 전환, 자기계발

루트 앞에서 사람들은 망설인다. 선택을 내리기까지의 고민은 길어지고, 결정 후에는 자책하거나 남의 선택과 비교하게 된다. 그 결과는 종종 만족보다 불안이다.

더 좋은 선택을 위한 집착이 만족을 떨어뜨린다

'완벽한 선택'을 하려는 태도는 오히려 만족감을 낮춘다. 행동경제학에서는 선택자 유형을 크게 두 가지로 구분한다.

맥시마이저(Maximizer) : 가능한 최선의 선택을 하려는 사람
이들은 모든 옵션을 비교하고 분석하며, 작은 차이에도 민감하게 반응한다. 결정을 내리기까지 시간이 오래 걸리고, 결정 후에도 끊임없이 다른 옵션과 비교하며 후회하거나 불만족하는 경향이 크다.

새티스파이서(Satisficer) : '충분히 괜찮은' 선택에 만족하는 사람
이들은 기준에 도달하면 과감하게 결정을 내리고, 이후 선택에 대한 후회도 적다. 선택 과정에서의 스트레스도 비교적 낮다.

맥시마이저는 성공 확률이 높아 보이지만, 행복지수는 새티스파이서보다 낮은 경우가 많다. 조직에서도 어떤 직원은 성과가 나빠도 담담하게 받아들이는 반면, 어떤 직원은 높은 실적에도 스스로를 자책하며 만족하지 못하는 이유가 여기에 있다.

현재 편향 : 우리는 늘 '지금'을 과대평가한다

후회를 낳는 또 하나의 심리 메커니즘은 현재 편향(Present Bias)이다. 사람은 미래보다 현재의 이익을 더 크게 평가하는 경향이 있다. '오늘의 행복'이 '내일의 더 큰 보상'보다 마음을 더 강하게 끌어당긴다.

가장 흔한 예는 금전적 할인 선택 실험이다. "지금 1만 원을 받을래? 일주일 뒤에 1만 5천 원을 받을래?"라는 질문에 많은 사람들이 '지금 1만 원'을 택한다. 비율로 보면 일주일 뒤 50%의 이득이 있음에도 불구하고 말이다. 이는 우리가 시간에 따라 보상의 가치를 급격히 낮추기 때문이다. 즉, 기다릴수록 가치가 희석되는 것처럼 느껴지는 심리적 왜곡이다.

현재 편향은 업무 성과, 경력 설계, 학습 계획에도 영향을 미친다. 많은 사람들이 '내일부터 운동하자', '다음 달에 영어 학원 끊자'는 결심을 하지만, 오늘은 야식을 시키고, OTT를 켜고 만다. 그리고 나중에 후회한다. 그 순간의 결정은 쾌락을 따랐지만, 결과는 만족을 주지 못한다.

미래의 나에 대한 과신 : 자기통제 실패의 근본

현재 편향과 맞물리는 또 하나의 심리적 특성은 '미래의 나'에 대한 과신이다. 사람은 늘 미래의 자신이 더 의지력이 강하고, 더 성실할 것이라 믿는다. 그래서 '내일의 나'에게 불편한 일을 떠넘기고, 오늘의 쾌락을 선택한다. 내일이면 충분히 일찍 일어날 수 있을 것 같고, 다음 주에는 진심으로 다이어트를 시작할 수 있을 것 같다.

하지만 실상 미래의 나도 지금의 나와 다를 바 없다. 그 결과, 우리는 자꾸만 실패하고, 같은 후회를 반복하게 된다. 업무 일정 관리, 연말 정산, 건강 검진, 직원 교육 신청 등에서도 비슷한 일이 반복된다. '나중에 하자'고 미룬 선택은, 결국 기회를 놓치거나 비용을 더 들이게 만든다.

선택 후회는 감정의 문제이기도 하다

이처럼 선택이 많아졌다고 해서 행복이 늘어나지 않는 이유는, 선택 자체보다 '선택한 후의 감정'이 문제이기 때문이다. 사람은 선택의 결과가 아닌, 그 선택으로 인해 무엇을 놓쳤는지에 더 민감하다. 선택하지 않은 다른 옵션에 대한 미련, 남과의 비교에서 오는 박탈감, 내가 기대한 만큼의 만족을 느끼지 못했을 때의 실망 등이 복합적으로 작용한다.

조직에서는 이 감정이 더 민감하게 작용한다. 교육 프로그램을 선택한 후 "그 시간에 차라리 프로젝트를 했으면…" 하고 후회하거나, 사내 이직 후 "그 팀이 더 나았을지도"라고 느끼는 일도 많다. 성과 평가에서 높은 점수를 받고도, 동료보다 낮은 점수에 속상해하는 직원도 있다.

그럼에도 우리는 선택해야 한다

선택의 부담을 줄이기 위해서는 모든 옵션을 비교하기보다는, 자신이 중요하게 생각하는 기준을 먼저 정하는 것이 필요하다. 그리고 '충분히 괜찮다'는 만족점을 찾는 연습이 필요하다. 조직 설계자 입장에서도, 너무 많은 옵션을 제시하기보다 단순하고 핵심적인 선택지를 제공하는 것이 구성원의 행동을 유도하는 데 효과적이다.

행동경제학은 우리에게 이렇게 말한다. 사람은 선택할 수 있는 존재지만, 언제나 후회할 수 있는 존재이기도 하다. 그러나 그 감정의 흐름을 이해하고, 그 흐름에 맞는 설계를 한다면, 후회보다 만족에 가까운 선택을 유도할 수 있다.

7. 실수 같지만, 반복되는 심리의 규칙들

사람은 누구나 실수를 한다. 이 말은 너무나도 자명하게 들리지만, 한 가지 의문은 여전히 남는다. 왜 우리는 비슷한 실수를 반복할까? 더 나아가, 왜 대부분의 사람들이 서로 다른 상황에서도 똑같이 실수하는 것처럼 보일까? 행동경제학은 여기에 주목한다. 단순한 실수가 아니라, 패턴 있는 오류라는 점에 말이다.

우리는 일반적으로 실수를 예외적인 상황으로 인식한다. "그땐 정신이 없어서", "정보가 부족해서", "내가 실수했네"라고 말하며 다음에는 다르게 행동할 수 있으리라 기대한다. 그러나 실상은 다르다. 같은 조건이 주어지면 우리는 또 같은 판단을 하고, 또 같은 후회를 한다. 실수가 아니라, 반복적인 반응이다. 행동경제학은 이러한 반복성에 의미를 부여하며, 바로 그 지점에서 심리의 법칙을 발견한다.

그 대표적인 현상이 바로 앵커링(Anchoring) 효과다. 사람은 기준점이 주어지면, 그 기준에 무의식적으로 기대어 판단을 내리는 경향이 있다. 이를테면 누군가 "당신의 집값은 6억 원쯤 되지 않나요?"라고 묻는 순간, 6억이라는 숫자가 그 사람의 머릿속에 기준점으로 박힌다. 실제로는 5억에 가까운 집이더라도, 처음 제시된 숫자가 사고 판단의 기준이 되어버리는 것이다.

이 현상은 일상뿐 아니라 조직의 판단에서도 광범위하게 작용한다. 인사 면접에서 "이 지원자의 전 직장 연봉이 4천만 원이었다"고 언급되는 순간, 평가자들은 그 수치를 중심으로 기대치를 조율하게 된다. 그 후보자의 실제 역량이나 포지션보다도, 숫자 하나가 기준점이 되어 전체 판단의 프레임을 형성한다. 그 숫자가 객관적 근거나 합리적 분석이 아닌데도 불구하고 말이다.

비슷한 예로, 매몰비용의 오류(Sunk Cost Fallacy)도 우리가 반복하는 전형적인 심리적 착각이다. 어떤 선택에 이미 시간, 돈, 노력을 들였다는 이유만으로 그 선택을 쉽게 포기하지 못하는 것이다. 예컨대 영화가 재미없다는 걸 알면서도 "돈 냈으니까 끝까지 봐야지"라고 생각하거나, 이미 진행한 프로젝트가 실패 가능성이 높지만 "지금까지 쏟아부은 게 아까워서" 중단을 못하는 경우가 이에 해당한다.

이 오류는 특히 조직에서 큰 손실을 낳는다. 프로젝트 실패 가능성이 명확해졌음에도 불구하고 "여기까지 온 게 어디냐", "성과가 날 때까지 버텨보자"며 무리하게 자원을 추가 투입하다 보면 오히려 손실이 눈덩이처럼 커진다. 논리적으로 보면 빠르게 철수하는 것이 맞지만, 사람의 감정은 그렇게 움직이지 않는다. 이미 들인 것이 아깝기 때문이다. 그래서 포기하지 못하고, 오히려 더 매몰되어 간다.

이처럼 사람의 행동은 불완전하지만 일정한 규칙을 따른다. 이것이 바로 행동경제학의 핵심 관점이다. 단순한 충동이나 순간적인 실수로 보기보다는, 사람이라면 누구나 빠지는 심리적 함정으로 바라보는 것이다. 다시 말해, 우리는 예외적으로 잘못 판단하는 것이 아니라, 예측 가능하게 잘못 판단한다. 이 점이 중요하다. 실수는 '오류'지만, 그 오류가 반복되고 체계적이라면 그것은 하나의 '법칙'이 된다.

예를 들어보자. 사람들이 어떤 상품을 평가할 때 가격이 낮은 순서로 배열된 경우보다, 높은 가격에서 낮은 가격으로 배열된 경우에 상대적으로 더 싸게 느끼는 경향이 있다. 고가 상품이 먼저 제시되면, 이후의 상품은 '저렴하게 느껴지는' 기준점의 효과를 누리게 된다. 이 또한 앵커링의 일종이다.

혹은 조직 내 보상 정책을 예로 들어볼 수 있다. 같은 보너스를 주더라도, 기준 없이 갑작스럽게 지급하면 '혜택'으로 느껴지지만, 이전에 더 큰 보너스를 받았던 직원에게는 동일 금액이 '감소된 보상'처럼 인식되어 오히려 불만의 씨앗이 된다. 과거의 보상이 기준점이 되어버린 결과다. 객관적 수치가 아니라, 심리적 비교가 행동을 좌우한다.

또한 우리는 어떤 대상에 대해 호감을 갖고 있으면, 그 사람의 다른 특성까지 긍정적으로 평가하는 후광효과(Halo Effect)에도 자주 영향을 받는다. 외모가 단정하거나, 말투가 부드러운 직원은 실적이 명확히 입증되지 않아도 '일 잘할 것 같다'는 평가를 받는다. 반대로, 한 번 부정적 인상을 준 사람은 작은 실수조차 과도하게 비난받는 경우도 있다. 한 가지 정보가 전체 판단에 영향을 주는 것이다.

그렇다면, 이러한 오류들을 방지할 방법은 없을까? 사실 완전히 피하는 것은 어렵다. 우리는 감정의 존재이고, 인지적 에너지를 아끼기 위해 빠른 판단(시스템1)에 의존하며 살아가기 때문이다. 하지만 중요한 결정일수록, 의도적으로 '한 걸음 물러서서' 사고할 여지를 주는 장치를 마련하는 것이 필요하다. 예컨대, 면접 점수를 매기기 전 사전에 체크리스트를 작성해두거나, 보상 설계를 할 때 비교 대상군을 명확히 설정해 심리적 기준점을 조절하는 식의 조치가 도움이 된다.

결국, 행동경제학이 알려주는 중요한 사실은 이것이다. 사람은 비합리적이지만, 그 비합리성은 일정한 흐름을 따라 움직인다. 그리고 그 흐름을 이해할 수 있다면, 우리는 '더 나은 실수'를 설계할 수 있고, '덜 후회하는 선택'을 유도할 수 있다. 이것이 바로 심리의 경제학이 인사관리 현장에서 가지는 힘이다.

8. 조직과 제도, 왜 늘 오해받는가

조직은 종종 자신들이 '좋은 제도'를 설계했다고 믿는다. 공정한 평가 기준, 성과 중심의 보상 시스템, 투명한 승진 절차, 구성원의 의견을 반영한 피드백 구조까지. 어느 하나 빠지지 않게 마련된 제도를 보면, 그 자체로는 이상적이라 할 만하다. 하지만 막상 제도가 운영되는 현장에선 전혀 다른 목소리가 들려온다. "이건 형식적인 절차일 뿐이야." "공정한 척하지만 다 정해진 결과 아니야?" "위에서 정하고 우리는 따르기만 하는 거지." 누군가는 노력했지만, 누군가는 받아들이지 않는다. 그 간극은 어디서 비롯되는 걸까?

행동경제학은 이 현상을 제도 설계자와 수용자 간의 '해석 차이'로 바라본다. 조직은 설계를 할 때 주로 합리적 기준에 의존한다. 데이터를 분석하고, 외부 사례를 비교하고, 가장 효율적인 방식을 선택한다. 제도는 그렇게 태어난다. 하지만 구성원이 이 제도를 받아들이는 방식은 전혀 다르다. 그들은 데이터를 보지 않는다. 대신, 느낌으로 판단하고, 경험으로 평가한다. '이 제도가 나에게 어떤 감정을 불러일으키는가', '이 기준이 나를 진짜 이해하고 있는가', '이 과정이 내게 의미가 있는가'가 핵심이다.

예를 들어, 어떤 회사가 연봉 인상률을 정할 때, 시장 평균보다 높은 수준을 반영했다고 해보자. 경영진은 이를 자랑스럽게 발표한다. "우리 회사는 업계 평균보다 높은 인상률을 제공하고 있다. 공정하고, 합리적이다." 하지만 구성원의 반응은 의외로 냉담하다. "왜 내 연봉은 동료보다 적지?", "나는 더 기여한 것 같은데 왜 이 정도밖에 안 오르지?", "결국 정해진 틀 안에서 조정된 거잖아." 여기서 중요한 건 **사실**(fact)이 아니라 **지각**(perception)이다. 같은 수치라도, 비교 대상이 바뀌면 받아들이는 감정도 달라진다. 사람들은 항상 '옆 사람'과 비교한다. 그리고 그 비교에서 불리하다고 느끼는 순간, 공정하다고 설계된 제도조차 신뢰를 잃는다.

비슷한 일이 성과 평가에서도 일어난다. 평가 기준이 아무리 명확하고, 수치화되어 있으며, 객관적인 지표에 따라 운영된다고 하더라도, 결국 구성원이 중요하게 여기는 건 하나다. "나를 제대로 봤는가?"라는 것이다. 평가 결과가 기대에 미치지 못했을 때, 구성원은 "이건 숫자 놀음

일 뿐이야", "팀장이 나를 잘 모르니까 저렇게 썼지"라는 식으로 받아들인다. 때문에 중요한 건 기준 자체가 아니라, 그 기준이 나를 어떤 방식으로 이해하고 반영했는가에 대한 신뢰다.

이러한 인식 차이는 커뮤니케이션 방식에서 더 크게 드러난다. 리더가 "정책상 어쩔 수 없었어. 기준에 따라 처리한 거야."라고 말하면, 구성원은 그 말을 차갑고 기계적인 변명으로 듣는다. 반면, 똑같은 상황에서도 리더가 "나도 고민이 많았고, 네 입장을 충분히 반영하지 못한 건 내 부족이었어. 미안해."라고 말하면, 그 메시지는 전혀 다른 감정으로 받아들여진다. 이때 사람들은 이성보다 감정에 먼저 반응한다. '사실을 받아들이는가'보다, '그 말을 누가 어떤 마음으로 전달했는가'가 훨씬 더 중요하다.

그렇기에 조직의 제도는 '정책적으로 옳은가'라는 기준만으로는 충분하지 않다. 그것이 어떻게 받아들여지는가, 심리적으로 어떤 영향을 주는가, 그리고 구성원의 정체성과 감정에 어떻게 닿는가까지 고려되어야 한다. 이것이 행동경제학이 인사관리자와 리더에게 던지는 근본적인 질문이다.

"지금 당신이 설계한 제도는, 구성원에게 '이해'되고 있는가? 아니면 단지 '해석'되고 있는가?"

이 질문은 단순한 언어의 차이가 아니다. 그것은 제도의 설계 철학을 다시 묻는 것이다. 많은 조직은 '공정한 기준'을 제공하면 모두가 납득할 것이라 믿는다. 그러나 사람은 데이터를 받아들이는 존재가 아니라, 경험을 통해 해석하는 존재다. 그래서 '공정한 제도'가 필요한 만큼, '심리적으로 수용 가능한 설계'가 함께 필요하다. 제도는 이성으로 설계되지만, 심리로 작동한다는 것을 기억해야 한다.

9. 행동경제학, 인사관리의 감춰진 지도를 펼치다

행동경제학은 더 이상 실험실에 갇혀 있는 이론이 아니다. 이제 그것은 직장과 조직이라는 현실 공간 속으로 깊숙이 들어와 있다. 특히 인사관리 영역은 행동경제학이 가진 실용성과 통찰이 가장 강력하게 발휘되는 무대 중 하나다. 왜냐하면 인사제도의 대상은 언제나 '사람'이며, 사람은 감정, 인식, 기억, 비교, 오류 같은 심리적 변수의 총합으로 움직이기 때문이다.

그동안 많은 조직은 인사제도를 설계하면서 '합리적인 기준'에만 초점을 맞췄다. 예컨대 직무분석을 바탕으로 평가 기준을 세우고, 성과에 따른 보상 설계를 하고, 역량에 따라 승진 기회를 부여하며, 이 모든 것을 객관적으로 작동시킨다는 명분을 내세웠다. 하지만 구성원들의 반응은 항상 같지 않았다. 때로는 반발이 일어나고, 때로는 냉소가 퍼지며, 제도의 취지와 달리 제도 자체가 조직 내 불신의 원인이 되기도 한다. 행동경제학은 이 간극의 이유를 설명한다. 제도는 설계된 대로가 아니라 '심리적으로 수용된 만큼' 작동하기 때문이다.

채용의 영역에서, 우리는 후보자의 능력만을 본다고 말하지만 실제로는 첫인상의 강력한 힘이 작용한다. 인터뷰가 시작된 지 5분 만에 평가자의 뇌는 어떤 이미지를 형성하고, 이후의 질문은 그 이미지를 뒷받침할 증거를 찾는 방향으로 흘러간다. 이른바 '확증편향'이다. 또한 낯익음의 힘, 즉 '노출효과'도 작동한다. 특정 지원자의 이름이나 얼굴을 여러 차례 보게 되면, 아무 근거 없이 친숙함을 느끼고 더 긍정적으로 평가하는 경향이 나타난다. 결국 채용이라는 중요한 의사결정도 심리적 단서에 의해 크게 영향을 받는다.

평가의 장면에서도 행동경제학은 깊은 통찰을 제공한다. 평가자는 객관적으로 점수를 매긴다고 생각하지만, 실제로는 평가 대상자의 전반적 이미지나 성격 특성이 성과와 무관하게 점수에 영향을 주는 경우가 많다. 이를 '후광효과'라고 한다. 예컨대 활기차고 유쾌한 직원이 실제 결과보다 높은 평가를 받거나, 반대로 조용하고 말수가 적은 직원이 과소평가되는 경우다. 또한 상·하반기 중 유독 뛰어난 성과를 냈던 직원은 다음 분기에 평균으로 회귀했음에도 불구하고, 성과가 떨어졌다는 부정적 낙인이 찍히기도 한다. 이는 '평균회귀'의 착각이다. 실은 자연스러운 변동임에도, 우리는 그것을 변화로 해석하고 인상으로 연결시킨다.

보상의 영역에서는 '절대 금액'보다 '상대적 위치'가 구성원의 만족도를 결정하는 주요한 심리 요인이 된다. 나는 500만 원을 받았지만, 옆자리 동료가 600만 원을 받았다는 사실을 안 순간, 내가 받은 돈의 가치가 반감된다. 이처럼 인간은 자신의 보상을 주변과 비교하며 판단하는 '비교의 동물'이다. 또한 보너스가 주어졌을 때 그것을 일시적인 특별 보상이 아니라 '기본급의 연장'으로 받아들이는 경우, 그 보상은 더 이상 특별한 기쁨을 주지 못하고 일상의 소비에 흡수되어버린다. 이처럼 사람들은 금전적 보상을 감정의 장부에 따라 다르게 인식하며, 이는 행동경제학에서 말하는 '감정 회계'의 전형적인 사례다.

직무 이동이나 조직 개편, 인사 제도 개편 등의 변화 관리 상황에서는 '손실 회피' 심리가 강력하게 작동한다. 사람은 기존에 갖고 있는 것을 잃는 것에 대해 매우 민감하게 반응한다. 이 때문에 객관적으로 더 나은 기회가 주어지는 이동이라 하더라도, 현재의 익숙한 자리를 떠나는 것 자체에 부담을 느끼고 거부감을 갖는다. 변화는 '미지의 불확실성'으로 해석되고, 현재는 '손 안에 쥔 안정감'으로 느껴진다. 이때 사람은 이익이 아닌 손실을 중심으로 사고한다. 또한 이러한 현상은 '현상 유지 편향'과 맞물려, 변화 그 자체에 대한 본능적 저항으로 나타난다.

이처럼 인사관리 전반에는 수많은 행동경제학적 편향이 작동하고 있다. 문제는 그 편향이 단순한 오류가 아니라 '예측 가능한 규칙'이라는 점이다. 이것이 바로 행동경제학이 조직 운영에 강력한 도구가 될 수 있는 이유다. 우리는 이 규칙들을 알면 더 나은 설계와 실행이 가능하다. 실수하지 않게 만드는 것이 아니라, 실수를 예상하고, 그것이 만들어낼 심리적 파장을 고려해 제도를 디자인할 수 있게 되는 것이다.

따라서 행동경제학은 인사담당자와 리더에게 '보이지 않는 지도'를 제공한다. 이 지도에는 구성원의 감정, 비교심리, 인식 오류, 의사결정의 편향 등이 정밀하게 새겨져 있다. 그 지도를 참고하면, 동일한 제도도 훨씬 더 심리적으로 설득력 있게 설계할 수 있다. 사람은 숫자로 움직이지 않고, 느낌으로 반응한다. 조직이 아무리 잘 짜인 구조를 갖췄다고 해도, 그 안에서 살아 움직이는 것은 감정의 흐름이다.

이제 인사는 단순한 제도 관리가 아니라, 심리의 흐름을 설계해야 한다. 행동경제학은 그 흐름의 맥을 짚는 기술이며, 인사관리의 감춰진 지도를 펼쳐주는 학문이다. 그리고 그 지도를 이해하는 사람만이, 제도를 넘어 진정한 '운영의 힘'을 가질 수 있다.

10. 감정의 경제학, 심리의 경영학

행동경제학은 말한다. 사람은 항상 이성적으로 판단하지 않는다고. 아니, 대부분의 경우 감정과 직관에 더 의존한다고. 이것은 인간의 오류를 지적하기 위한 말이 아니다. 오히려 인간의 본성에 대한 따뜻한 통찰이다. 비합리적이지만 예측 가능한 패턴을 가지고 있다는 것은, 그만큼 우리가 사람을 더 잘 이해할 수 있다는 의미다. 그리고 그 이해는 조직을 설계하고 운영하는 데 가장 강력한 무기가 된다.

조직은 데이터를 다룬다. 수치와 지표, 보고서와 평가지표, KPI와 OKR. 하지만 그런 도구들이 움직이려면, 그 안에서 살아 숨 쉬는 사람들이 먼저 움직여야 한다. 그리고 사람은 데이터보다 감정에, 논리보다 분위기에, 명분보다 관계에 더 쉽게 반응한다. 감정의 흐름이 설계의 논리를 삼키는 순간, 아무리 정교한 인사제도도 현장에서 힘을 잃는다. 실무자는 이를 '정책의 공허함'으로, 구성원은 이를 '제도의 냉정함'으로 체감한다.

예컨대 연봉 인상률이 예년보다 높았다고 해서 모두가 만족하지는 않는다. 동료보다 적게 받았다는 상대적 인식, 나의 기여가 충분히 반영되지 않았다는 느낌, 설명 없이 일방적으로 통보받았다는 방식의 문제들이 감정의 저항을 만든다. 그것은 숫자와는 별개로 움직이는 정서적 평가이며, 조직에 대한 신뢰를 구분짓는 결정적인 요인이다.

마찬가지로, 평가나 보상에서 공정한 기준을 세우는 일만큼이나 중요한 것은 그것이 '공정하다고 느껴지는 방식'으로 전달되는 것이다. 행동경제학은 바로 이 '느낌의 구조'를 밝힌다. 우리가 어떻게 해석하고, 무엇에 기분이 상하고, 어떤 순간에 납득하게 되는지를 밝혀내는 것이다. 이는 심리의 구조이자, 조직 운영의 감춰진 설계도다.

리더십 역시 마찬가지다. 강한 리더가 모든 상황을 통제하는 것이 아니라, 구성원의 감정과 인식을 섬세하게 읽고 반응하는 사람이 진정한 리더가 된다. "정책상 어쩔 수 없었다"는 설명은 조직의 논리일 수는 있어도, 사람의 언어는 아니다. 반면 "당신의 입장을 생각하지 못했다, 그

부분은 내 실수였다"는 말은 조직의 정책을 넘어서 사람의 감정을 어루만진다. 조직은 언어로 설명되지만, 구성원은 감정으로 설득된다.

우리는 종종 '좋은 제도는 이성적이어야 한다'고 믿는다. 그러나 행동경제학은 이렇게 말한다. "좋은 제도는 데이터를 통해 설계되지만, 실천되는 제도는 감정을 통해 살아난다." 제도는 구조를 통해 존재하지만, 감정을 통해 실현된다. 그렇기에 인사는 심리를 다루는 일이며, 제도 설계는 감정과의 접점을 찾아내는 기술이다.

이 책이 행동경제학의 언어를 빌려 인사의 지도를 다시 그리려는 이유도 여기에 있다. 실무자는 복잡한 현실 속에서 수많은 선택을 마주한다. 그때마다 사람의 심리를 이해하는 지도 하나만 있다면, 그 선택은 조금 덜 후회스러울 수 있고, 제도는 조금 더 살아 숨 쉬게 될 수 있다.

사람을 이해한다는 것은, 단지 그들의 행동만 보는 것이 아니라, 그 밑에 있는 심리적 동기를 읽는 일이다. 우리가 눈으로 보는 '행동'이라는 것은 빙산의 일각이며, 그 아래에는 비교, 회피, 기억, 기대, 감정 같은 수많은 심리 메커니즘이 작동하고 있다. 행동경제학은 그 심리의 맥락을 구조적으로 파악하게 해준다. 감정이라는 흐름 속에서 제도를 운용하는 능력, 바로 그것이 지금 시대 인사관리자의 핵심 역량이다.

이제 우리는 새로운 질문을 던져야 한다.
"이 제도는 잘 설계되었는가?"가 아니라 "이 제도는 사람의 감정에 얼마나 잘 닿는가?"이다.

사람은 숫자가 아니라 맥락에서 움직이고, 논리가 아니라 납득에서 반응한다. 그 복잡한 심리의 지도를 손에 넣었을 때 비로소 우리는 조직과 사람 사이의 간극을 조금 더 좁힐 수 있다. 그리고 바로 그 지점에서, 행동경제학은 인사관리의 미래를 위한 나침반이 되어줄 것이다.

행동경제학은 우리의 일상 곳곳에 스며들어,
생각보다 더 많은 선택과 행동에 영향을 미치고 있다.
무심코 누른 버튼, 무의식적으로 따르는 행동 뒤에는
보이지 않는 심리 설계가 작동 중이다.

이 장에서는 생활 속 행동경제학의 실체를 다양한 사례로 살펴본다.

제 2 부

생활 속의 행동경제학

1장. 일상 생활 속에 감춰진 선택설계들

이 장에서는 우리 생활 속에서 움직이고 있는 행동경제학을 조금 다루어 보고자 한다. 사실 행동경제학은 우리들의 생활 속 많은 영역에서 우리의 행동을 통제하고 있다. 다만, 우리는 그것을 의식하지 못한 채 생활하고 있을 뿐이다. 과연 행동경제학은 어떤 방식으로 우리의 생각과 행동에 영향을 미치고 있는 것일까?

Case 1 - 왜 엘리베이터 안에는 거울이 있을까?

1. 문제인식

서울 시내의 오래된 아파트 단지. 그곳의 엘리베이터는 천천히 움직인다. 층간 이동이 길게 느껴지는 동안, 그 안에 탄 사람들은 거의 본능적으로 스마트폰을 꺼내거나, 앞에 있는 거울을 무심히 바라보곤 한다. 이 장면은 너무나 익숙해, 오히려 아무도 이상하게 여기지 않는다. 그러나 이 일상의 풍경 속에는 우리도 모르는 '심리적 설계'가 작동하고 있다.

엘리베이터 안에 왜 거울이 있을까? 외모를 점검하려는 편의성일 수도 있지만, 실은 사람의 감정과 체감 시간에 영향을 주기 위한 장치로 설치된 경우가 많다. 특히 속도가 느린 엘리베이터의 경우, 기다리는 시간이 길어질수록 사람들은 쉽게 불만을 갖고 스트레스를 느낀다. 이 스트레스는 단순히 시간 때문이 아니라, 밀폐된 공간이라는 심리적 특성과 통제불가능한 상황에서 유발되는 '무력감' 때문이다.

엘리베이터처럼 좁고 닫힌 공간에서 우리는 방향도, 속도도, 목적지 도착 시점도 직접 제어할 수 없다. 이로 인해 사람들이 느끼는 '기다림의 불편함'은 실제 시간보다 훨씬 과장되기 쉽다. 1분의 대기 시간이 마치 3분처럼 길게 느껴지는 이유다.

행동경제학은 바로 이런 지점에 주목한다. 사람들은 절대적인 시간이나 정보보다, 그것을 어떻게 느끼는지, 즉 '지각된 시간(perceived time)'에 훨씬 더 영향을 받는다. 실제로 사람들이 경험하는 '기다림'의 불만은 대부분 이 지각된 시간에서 비롯된다. 따라서 문제 해결의 포인트는 '시간을 단축하는 기술'이 아니라, '기다림을 다르게 느끼게 만드는 심리 설계'에 있다.

그렇다면, 어떻게 하면 기다림이 지루하지 않게 느껴질 수 있을까? 어떻게 하면 통제불가능한 공간에서도 감정을 다르게 조율할 수 있을까? 이 질문에서 출발한 것이 바로 '거울을 통한 심리적 개입'이다. 그리고 이것은 단순한 인테리어가 아니라, 행동경제학이 설계한 정교한 선택 구조의 일부다.

2. 선택 설계를 통한 문제해결

행동경제학적 접근은 사람의 인지, 감정, 행동을 예측하고 유도하기 위한 환경 설계를 지향한다. 이를 대표하는 개념이 넛지(nudge)와 선택 설계(choice architecture)다. 엘리베이터 거울은 이 개념들이 실제로 일상에서 어떻게 작동하는지를 보여주는 좋은 사례다.

거울은 겉보기에 단순한 장식처럼 보이지만, 그 안에는 여러 심리 메커니즘이 숨어 있다. 거울 앞에 선 사람은 자연스럽게 자신의 모습을 살핀다. 머리를 다듬거나, 옷매무새를 정리하고, 피부를 들여다보며 자신에게 집중한다. 이렇게 '자기 인식(self-awareness)'을 유도하는 환경은, 기다림의 지루함을 잊게 만드는 데 매우 효과적이다.

더불어, 사람들은 낯선 타인과 밀접한 공간에 함께 있을 때 불편함을 느끼곤 한다. 이때 거울은 일종의 정서적 회피 도구 역할도 한다. 낯선 사람과 직접 눈을 마주치는 대신, 거울 속 자신의 모습에 시선을 두게 하면서 불편한 상호작용을 줄이고 감정의 안정감을 준다.

이처럼 지루함의 감정을 해소하고, 감정 상태를 안정시켜주는 이중 역할 덕분에, 엘리베이터 거울은 '대기 시간을 줄이기 위한 기술' 없이도 탑승자의 만족도를 높이는 데 기여한다. 기다리는 시간이 동일해도, 그 시간을 '덜 지루하게' 느끼는 사람들은 엘리베이터에 대한 불만이 훨씬 적다. 이것이 바로 지각 시간의 재설계다.

또한, 거울은 사회적 행동 조절 효과도 함께 갖는다. 사람들은 자신이 누군가에게 '보여지고 있다'고 느낄 때, 무의식적으로 행동을 더 조심스럽고 질서 있게 하려는 경향이 있다. 연구에 따르면, 공공장소에서 거울이 있을 경우 쓰레기를 무단투기하거나 벽에 기대는 비매너 행동이 줄어든다고 한다. 이런 효과는 '자기 감시(self-monitoring)' 기제로 설명되며, 거울이라는 장치는 사람들의 행동을 보다 책임감 있게 만들도록 유도한다.

요컨대, 엘리베이터 거울은 단순한 편의 요소를 넘어, 기다림에 대한 감정 조절, 질서 유도, 사회적 인식의 강화 등 복합적인 심리 작용을 설계한 넛지 장치다. 실제 시간은 전혀 바뀌지 않았지만, '기다리는 방식'과 '느끼는 방식'을 바꿈으로써 사람들의 경험이 개선되었다.

이 사례가 주는 행동경제학적 메시지는 명확하다. 사람을 바꾸려 하기보다, 사람이 반응할 수밖에 없는 환경을 설계하라는 것이다. 때로는 기능을 개선하는 것보다 감정을 설계하는 것이 더 빠르고 강력한 해결책이 된다. 엘리베이터의 속도를 높이는 것이 아니라, 그 안에 거울을 다는 것이 오히려 더 경제적이며 효과적인 선택이었던 것처럼.

Case 2 – 어떻게 하면 운전자의 행위를 바꿀 수 있을까?

1. 문제인식

　운전을 하다 보면 속도를 줄이라는 표지판은 자주 보지만, 실제로 그 지시를 따르기란 쉽지 않다. 특히 스쿨존이나 과속 방지 구간에 진입했을 때, "속도를 줄이세요"라는 문구나 경고 표시가 있어도 운전자는 이를 무심코 지나치기 쉽다. 말 그대로 익숙해진 풍경이 되어버린 것이다. 규칙은 분명 존재하지만, 그 존재만으로는 행동 변화를 유도하기 어렵다. 이처럼 규범과 실제 행동 사이의 간극은 교통 안전 영역에서 특히 뚜렷하게 드러난다.

　스쿨존의 경우는 더욱 심각하다. 제한 속도 30km/h가 분명히 표기되어 있어도, 상당수 운전자는 그보다 빠르게 주행하며 어린이의 안전을 위협한다. 행정적으로 규정은 완비되었지만, 운전자의 무의식적 습관이나 주행 흐름은 쉽게 바뀌지 않는 것이다. 실제로 많은 교통 사고들이 "표지판은 있었지만 보지 못했다", "속도를 줄여야 했지만 깜빡했다"는 식의 인지적 실수에서 비롯된다. 그렇다면, 이 문제는 과연 '더 큰 처벌'이나 '더 많은 경고'로 해결할 수 있을까?

　현실은 그렇지 않다. 강한 규제가 오히려 반감을 불러일으키고, 규칙이 많을수록 사람들은 그것을 회피하거나 무시하는 경향을 보인다. 운전자의 행위를 바꾸려면 단순한 법령 이상의 접근이 필요하다. '주의하라'고 외치는 것보다, 주의를 기울이게 만드는 것이 중요하다. 여기서 필요한 것은, 바로 인간의 인지구조에 기반한 '심리적 개입'이다. 그리고 그 대표적 해법이 바로 도로 위 **'감속 유도 착시 패턴'**이다.

2. 선택 설계를 통한 문제해결

도로 위 감속 유도 착시 패턴

　감속 유도 착시 패턴은 일종의 넛지(Nudge) 기법으로, 사람의 행동을 통제하지 않고 유도하는 방식이다. 이 패턴의 핵심은 '운전자 스스로 속도를 줄이게 만든다'는 점이다. 예컨대 도로 바닥에 일정 간격으로 그려진 흰색 띠가 점점 좁아지는 구조를 가지고 있을 경우, 운전자는 점점 속도가 빨라지고 있다는 착각에 빠진다. 이에 따라 본능적으로 브레이크에 발을 얹게 되고, 실질적인 감속 효과가 발생한다. 이처럼 착시 패턴은 단순한 시각 정보를 넘어서, 심리적 제동 장치 역할을 수행한다.

　부산시는 국내에서 선도적으로 이 패턴을 도입했다. 주요 초등학교 앞 스쿨존에 착시 유도 도색을 적용한 결과, 해당 구간의 평균 차량 속도가 약 시속 7~10km 감소했다는 조사결과가 나왔다. 이는 기존의 방지턱이나 단속 카메라 없이도 운전자 행동이 달라질 수 있음을 보여주는 수치다. 더욱 흥미로운 점은, 운전자들이 자발적으로 속도를 줄였다는 점이다. 아무도 "속도를 줄여라"고 명령하지 않았지만, 시각 정보만으로도 행동이 유도된 것이다.

이 방식이 효과적인 또 다른 이유는 인간의 '시각 중심 정보 처리' 구조 때문이다. 도로를 주행 중인 운전자는 소리나 텍스트보다 시각적 패턴에 훨씬 더 빠르게 반응한다. 특히 도로 위에 입체적으로 보이도록 설계된 도형이나 선은 뇌에 즉각적으로 '장애물', '위험', '급감속 필요'라는 신호로 전달된다. 이는 '인지적 단축키(cognitive shortcut)'를 자극하여, 판단 이전에 반응을 이끌어내는 방식이다. 행동경제학에서는 이러한 메커니즘을 '프라이밍(Priming)'이라고 부른다.

또한 이 착시 패턴은 제도적·예산적 측면에서도 매우 효율적이다. 기존의 방지턱이나 물리적 차단 시설은 설치에 많은 예산과 시간이 필요하지만, 착시 도색은 짧은 시간 안에, 저비용으로 구현이 가능하다. 유지보수도 간단하고, 지역 상황에 맞춰 색상이나 형태를 변형할 수 있어 유연성도 높다. 이 때문에 최근에는 스쿨존뿐 아니라 고속도로 진입 전, 터널 입구, 사고 다발 교차로 등 다양한 위치로 적용 범위가 확대되고 있다.

다만 이 방식이 가진 한계도 무시할 수는 없다. 착시 패턴은 '신선함'에 기초한 심리적 개입이기 때문에, 시간이 지나면 운전자들이 해당 패턴에 익숙해지며 효과가 감소할 수 있다. 이를 보완하기 위해 지자체는 주기적으로 도색 디자인을 변경하거나, 새로운 색상 조합을 도입하고 있다. 또한 야간이나 비 오는 날에는 시인성이 떨어지는 문제도 있어, 반사재 활용이나 보조 조명과의 결합이 검토하고 있다.

이처럼 감속 유도 착시 패턴은 사람의 시선과 인지를 디자인하여 행동을 바꾸는, 대표적인 선택 설계 전략이다. 이 방식은 "법으로 명령하지 않아도, 사람은 스스로 행동을 바꾼다"는 넛지의 철학을 실질적으로 구현한다. 눈에 보이는 것만 바꿨을 뿐인데, 사람의 마음이 움직이고, 그로 인해 행동이 달라지는 것이다.

Case 3 – 횡단보도의 바닥에 신호등을 표시하는 이유

1. 문제인식

서울의 한 복잡한 교차로. 횡단보도 앞에 서 있는 수십 명의 보행자들은 초록불이 켜졌음에도 쉽게 발을 떼지 않는다. 눈앞에 신호가 바뀌었지만, 정작 아무도 그것을 인식하지 못한 채 고개를 숙인 채 서 있다. 이유는 간단하다. 거의 모두가 스마트폰에 시선을 고정한 채 서 있기 때문이다. 문자 메시지 확인, 뉴스 헤드라인 읽기, 소셜미디어 피드 넘기기. 바쁜 일상 속 잠시 멈춘 이 시간은, 오히려 가장 집중해서 화면을 들여다보는 순간이 된다.

이와 같은 '스몸비(Smombie: smartphone + zombie)' 현상은 이제 더 이상 드문 풍경이 아니다. 지하철역, 버스정류장, 그리고 특히 횡단보도 앞에서 더욱 자주 마주하게 된다. 사람들은 교통 신호보다도 더 강한 집중을 휴대전화에 두고 있으며, 이로 인해 보행 중 사고의 위험은 갈수록 커지고 있다. 도로교통공단의 통계에 따르면 보행 중 스마트폰 사용으로 인한 사고는 매년 증가 추세이며, 특히 청소년과 20대에서 그 비중이 높다.

이런 현상을 단순한 개인의 부주의나 무책임으로 치부할 수 있을까? 실제로 많은 공공안전 캠페인은 "보행 중 휴대전화 사용을 삼가세요"라는 문구를 강조해 왔다. 지자체 차원의 안내판, 지면 스티커, 또는 캠페인 영상을 통해 위험성을 끊임없이 알리고 있지만, 사람들의 행동은 쉽게 바뀌지 않는다. 이유는 간단하다. 습관은 인식보다 강하고, 의도는 자동행동 앞에서 무력하다.

사람은 대개 하루의 많은 시간을 '자동 조종 상태(auto-pilot)'로 보낸다. 특히 이동 중인 상황은 뇌의 절반 이상이 자동화된 루틴을 따르는 시간이다. 이런 조건에서는 논리적 사고보다 시각 자극과 환경 요인이 행동에 더 큰 영향을 미친다. 다시 말해, 우리가 '왜 그런 행동을 했는가'를 인식하기도 전에 행동은 이미 끝나 있는 것이다.

결국 이 문제는 단지 '정보를 더 알리는 것'이나 '경고 메시지를 더 크게 붙이는 것'만으로는 해결되지 않는다. 사람들의 인식 너머, 행동의 실제 조건을 바꾸는 전략이 필요하다. 바로 그 지점에서 '행동경제학'이 개입할 수 있는 틈이 생긴다.

2. 선택설계를 통한 문제해결

이런 복잡한 문제를 풀기 위해 등장한 것이 바로 **'바닥 신호등'**이다. 서울시 일부 지역에서는 횡단보도 앞 보도블록에 LED 라인을 설치해, 교통 신호에 따라 바닥에 색이 비치도록 설계했다. 초록불이 켜지면 사람들의 발밑에 초록빛이 퍼지고, 빨간불일 땐 붉은 빛으로 발 아래 공간 전체가 물든다. 스마트폰을 보고 있는 사람조차도 눈 아래로 들어온 빛의 변화를 통해 무의식적으로 '신호가 바뀌었구나'를 인지하게 된다.

이 장치는 사람의 행동을 억지로 교정하지 않는다. '화면을 보지 마세요'라고 말하지 않는다. 대신, 사람이 실제로 취하고 있는 시선의 방향에 맞춰 정보를 '따라간다.' 이것이 바로 넛지(nudge)의 핵심 철학이다. 넛지는 강제하지 않지만, 행동이 달라지게 한다. 사람들이 실제로 반응하는 방식에 맞춰 환경을 재설계함으로써, 보다 바람직한 선택이 자연스럽게 유도되도록 돕는다.

전통적인 방식이라면 '과태료 부과', '경고 문구'처럼 위에서 누르는 식의 규제가 중심이 된다. 하지만 이런 방식은 처음에는 효과가 있더라도, 시간이 지날수록 그 효과는 무뎌지며 반복적인 습관 앞에 무너지기 마련이다. 반면 바닥 신호등처럼 '사람의 주의를 끌어올리지 않고도' 작동하는 방식은, 행동 그 자체에 깔려 있는 심리적 기제를 활용한다.

바닥 신호등은 또한 '선택 설계(choice architecture)'라는 개념의 적용 사례이기도 하다. 이 개념은 사람들이 결정을 내리는 방식을 분석하고, 그 구조를 설계함으로써 더 나은 행동을 유도하려는 것이다. 예컨대, 스마트폰을 보는 보행자는 시선을 들지 않는 이상 기존의 신호등은 보지 못한다. 그렇다면 시선을 바꿔달라고 요구할 것이 아니라, 신호등을 시선이 있는 위치로 옮겨야 한다. 바닥 신호등은 바로 그런 전환의 결과물이다.

더 나아가, 이 사례는 주의력 분산(distraction)이라는 사회적 문제를 제도적으로 어떻게 대응할 수 있는지를 보여준다. 누구나 위험을 안다. 하지만 **지속적 인식보다 강력한 것은 '익숙한 습관'**이다. 이처럼 행동은 정보를 충분히 아는 것만으로는 바뀌지 않는다. 사람은 '논리'보다는 '경험'에 의해 행동하고, '경고'보다는 '환경'에 의해 유도된다. 행동경제학은 그 지점을 정확히 파고든다.

서울시의 바닥 신호등은 단순한 기술이 아니다. 이는 사람들의 무의식적 행동을 존중하면서도 안전을 지키는, 일종의 '사려 깊은 개입'이다. 이 작은 장치는 우리에게 큰 교훈을 준다. 사람을 설득하려 애쓰기보다, 사람이 움직이는 조건을 다시 설계하는 것. 이것이 지속가능하고 강력한 변화의 출발점이라는 것을.

Case 4 – 어떻게 하면 쓰레기 분리수거율을 높일 수 있을까?

1. 문제인식

서울 성북구의 한 주민센터 앞, 아이들의 키에 맞춰진 알록달록한 분리수거함이 지나가는 이들의 시선을 사로잡는다. 동글동글한 눈과 미소 띤 입을 가진 이 귀여운 쓰레기통은, 얼핏 보면 놀이기구 같기도 하다. 아이들은 이 쓰레기통 앞에서 멈춰 선다. 종이와 플라스틱을 번갈아 들어 보며 친구와 함께 "이건 어디에 넣는 걸까?"를 고민한다. 그리고 그 모습은, 지나가던 어른들의 손길마저 멈추게 만든다. 버리는 행동에 잠깐의 '고민'과 '주의'가 생겨나는 순간이다.

하지만 이 특별한 장면은 여전히 일부 장소에만 국한된 모습이다. 우리 사회 전반의 분리배출 풍경은 그리 아름답지 않다. 아파트 단지, 거리의 쓰레기통, 사무실 내 휴지통을 들여다보면, 플라스틱과 비닐, 종이와 음식물이 뒤섞인 채 버려진 것을 쉽게 볼 수 있다. 분리수거 구역임에도 불구하고 일반 쓰레기통처럼 사용되는 경우도 많다. 분명 정부나 지자체는 다양한 캠페인과 규제를 시행하고 있다. 분리배출의 중요성을 알리는 홍보물도 흔하게 보인다. 그럼에도 불구하고 시민들의 분리배출 실천은 여전히 '말처럼 쉽지 않다'.

왜 그럴까? 단순히 몰라서일까? 대부분의 시민들은 '분리수거가 환경을 위해 중요하다'는 사실을 안다. 어떤 재질이 어느 통에 들어가야 하는지도 대체로 알고 있다. 하지만 알고 있다는 것과, 실제로 실천하는 것은 완전히 다르다. 쓰레기를 버리는 행위는 너무 일상적이고 반복적이라, 대부분 무의식적으로 이루어진다. 바쁘고 피곤한 일상 속에서 쓰레기 하나를 어떤 통에 넣을지를 매번 고민하긴 어렵다. 결국 잘못된 습관이 굳어지고, '대충 버리기'가 일상이 되는 것이다.

이 지점에서 우리는 행동경제학의 기본 질문을 던질 수 있다. "왜 사람들은 올바른 선택을 하지 않을까?" 그리고 더 중요한 질문은 이것이다. "어떻게 하면 사람들이 더 나은 선택을 하도록 유도할 수 있을까?" 쓰레기통을 늘리고 경고문구를 붙이는 것은 한계가 있다. 오히려 '행동의 환경'을 바꾸는 방식, 즉 **사람들의 인지 구조와 습관에 맞춘 선택 설계** (choice architecture)가 필요한 순간이다.

2. 선택설계를 통한 문제해결

서울 성북구가 도입한 '**감성형 분리수거함**'은 바로 이런 행동경제학적 접근의 결과물이다. 기존의 분리수거함은 대부분 회색 또는 초록색 플라스틱 통이었다. 기능성은 충분했지만, 사람의 감정이나 주의를 끌기에는 부족했다. 이와 달리, 감성형 수거함은 아예 발상을 전환했다. '정보를 전달하는 수단'이 아닌, '소통하는 캐릭터'로 쓰레기통을 재디자인한 것이다.

각 수거함은 눈과 입이 달려 있고, 유쾌한 표정을 짓고 있다. 음식물, 종이, 플라스틱 등 종류마다 다른 얼굴과 입 모양을 하고 있어서, 사람들은 무심코 지나치기 어려워진다. 아이들은 마치 인형에게 말을 걸듯 쓰레기통에 다가가고, 어른들도 자기도 모르게 멈춰 서게 된다. 이는 단순한 장식이 아니라, '주의 전환'이라는 심리적 작용을 이용한 설계다. 행동경제학적으로는 이를 '인지적 유도(cognitive nudge)'라고 부른다.

게다가, 이 분리수거함은 감성적 요소뿐 아니라 실용성도 고려됐다. 눈에 띄는 색상과 명확한 라벨, 재질에 따라 다른 입 모양 등은 시각적 정보 전달을 돕는다. 사람들은 긴 설명 없이도 어느 항목이 어느 통에 들어가는지를 직관적으로 파악할 수 있다. 이는 '인지 부하를 줄여주는 선택 설계'의 대표적 방식이다.

이러한 변화는 단지 '귀엽다'는 이유로 관심을 끄는 것을 넘어, 행동 자체를 변화시킨다. 아이들은 쓰레기 버리기를 놀이처럼 받아들이고, 어른들은 자신도 모르게 올바른 분리배출을 실천하게 된다. 이는 마치 어린이들이 숙제나 청소를 '게임'처럼 받아들일 때 더 적극적으로 참여하는 것과 비슷하다. 쓰레기통은 더 이상 무시되는 존재가 아니라, 시민의 참여를 이끌어내는 주체가 된다.

이 시도는 성북구에만 머물지 않았다. 서울시청, 강남구청, 용산구청 등에서도 유사한 캐릭터형 수거함을 설치하고 있으며, 환경부는 이를

'분리배출 가이드라인' 개선 사례로 소개했다. 특히 유치원, 초등학교, 도서관 등 어린이 접근이 많은 곳에서는 그 효과가 더 두드러졌고, 지역 주민과 함께하는 캠페인, 분리배출 교육 프로그램과 연계되며 교육적 효과까지 함께 얻고 있다.

결국 이 사례는 이렇게 말한다. 사람의 행동을 바꾸고 싶다면, 그 사람의 감정과 습관, 인지를 이해해야 한다. 감정은 정보보다 빠르게 반응하고, 습관은 규칙보다 강하다. 쓰레기통의 색을 바꾸고, 표정을 더하고, 라벨을 눈에 띄게 만든 것만으로도, 사람들은 달라진다. 그리고 이 모든 변화는 단 하나의 전제에서 출발했다. "사람을 바꾸기보다, 사람을 둘러싼 환경을 바꾸자"는 선택 설계의 힘이다.

Case 5 - 엘리베이터 사용을 줄이고 계단을 이용케 하자.

1. 문제인식

서울 시내의 지하철역, 공공청사, 복지센터, 대형 빌딩 안. 어디서나 흔히 볼 수 있는 풍경이다. 에스컬레이터 앞에는 줄이 길게 늘어섰고, 옆에 있는 계단은 상대적으로 한산하다. 분명 같은 층으로 올라가는 길인데, 사람들은 '움직이지 않아도 되는' 쪽을 본능적으로 택한다. 이는 단지 게으르다는 문제를 넘어선다. 사람은 '편리함'을 우선적으로 선택하도록 진화해왔고, 조금이라도 덜 피로하고 덜 번거로운 행동을 무의식적으로 고른다.

이러한 선택은 건강 측면에서는 문제가 된다. 생활 속 운동 부족, 만성적인 신체 비활동이 당뇨, 고혈압, 심장질환 등 여러 질환의 위험 요인이 된다는 사실은 잘 알려져 있다. 많은 공공기관은 이런 문제를 해결하기 위해 '일상 속에서 자연스럽게 움직이게 하자'는 취지로 계단 이용을 권장한다. "하루 30분 걷기", "엘리베이터 대신 계단 이용하기" 같은 문구는 너무 익숙해져서 이제는 배경처럼 느껴지기도 한다.

문제는 바로 여기에 있다. 아무리 건강 정보를 제공해도, 실제 행동으로 이어지지 않는 것이다. 사람들은 이미 계단 이용의 필요성과 효과를 '지식으로는' 알고 있다. 그러나 몸이 피곤하거나, 급하게 이동 중일 때, 혹은 무의식 상태로 이동할 때, 대부분은 쉽게 움직이지 않는다. 이는 단지 '의지 부족'이 아니라, 인간의 행동 시스템이 가진 한계 때문이다. 사람은 대부분의 선택을 '합리적 사고'가 아니라 '자동적 직감'에 의존한다. 이때 관건은 '어떻게 하면 계단이 더 쉬워 보이게 만들 수 있을까?'이다. 그리고 이 질문이 바로 행동경제학의 접근이 시작되는 지점이다.

2. 선택설계를 통한 문제해결

서울시가 시행한 '**계단 이용 유도 캠페인**'은 단순한 공공 캠페인을 넘어, 도시 공간을 재구성한 하나의 행동 실험이었다. 서울시청과 지하철 역사, 시민청, 공공건물 등 여러 장소에 피아노 건반 계단, LED 불빛 계단, 감성 문구 계단이 하나둘 생겨났다. 기존에는 회색 콘크리트로 이루어진 무심한 계단이었다면, 이제는 하나의 '참여형 공간'으로 변화한 것이다.

피아노 계단은 특히 상징적인 사례다. 계단을 밟을 때마다 각 발판에서 실제 피아노 소리가 나도록 센서를 달았다. 이 장치는 어린이와 청소년은 물론 성인들에게도 호기심과 흥미를 불러일으켰다. 처음에는 '한 번만 밟아보자'는 마음으로 시작했지만, 반복적으로 이곳을 지나다니는 시민들은 어느새 자연스럽게 계단을 이용하게 되었다. 이는 행동경제학에서 말하는 즉각적인 피드백(immediate feedback)과 긍정적 보상(positive reinforcement)의 대표적 사례다.

또 다른 방식으로는 감성적 문구를 활용한 계단 디자인이 있었다. 예를 들어 "하루 10분 계단 오르기로 수명 2년 연장!", "지금보다 한 걸음 더 나은 하루", "당신의 심장을 응원합니다" 같은 문구들이 계단에 붙었다. 단순한 건강 지식이 아닌, 자기효능감(self-efficacy)과 감정 이입(emotional resonance)을 유도하는 방식이다. 특히 이 문장들은 문구의 길이, 색상 대비, 글꼴 가독성까지 모두 고려되어 디자인되었다. 단어 하나, 색상 하나가 사람의 '한 걸음'을 바꿀 수 있다는 전제 하에 공간이 구성된 것이다.

이러한 설계는 '에스컬레이터는 편하고, 계단은 힘들다'는 기존의 인식을 전환하는 데 기여했다. 계단을 재미있게 만들면, 사람들은 '노력의 감각'보다 '참여의 재미'를 먼저 느끼게 된다. 그리고 이 '즐거움'이 반복되면, 하나의 습관으로 굳어진다. 이는 행동경제학의 또 다른 핵심 개념인 '이정표 효과(signpost effect)'와 '프레이밍 효과(framing effect)'의 결합이라고 볼 수 있다. 선택지를 어떻게 보여주느냐에 따라 사람의 행동은 전혀 달라진다.

서울시 자료에 따르면, 피아노 계단 설치 이후 계단 이용률은 평균 30% 이상 증가했고, 주기적으로 해당 장소를 이용하는 시민들 사이에서는 계단 이용이 '기본값(default)'처럼 자리잡았다. 이는 '한 번의 참여'를 유도한 것이 아니라, 일상의 루틴을 변화시킨 장기적 설계였다는 점에서 주목할 만하다.

뿐만 아니라, 이 캠페인은 비교적 적은 비용으로 큰 효과를 얻었다는 점에서도 의미가 깊다. 인프라나 제도를 바꾸지 않고도, 도시 설계와 심리적 개입만으로 시민 건강, 공공 에너지 절감, 도시 이미지 개선이라는 세 마리 토끼를 잡은 셈이다. 이후 서울의 사례는 전국 여러 지자체로 확산되었고, 대형 쇼핑몰과 민간건물까지 이 개념을 벤치마킹하는 흐름이 이어졌다.

이 캠페인이 던지는 핵심 교훈은 명확하다. "사람은 정보를 안다고 움직이지 않는다. 행동하려면, 그 행동이 쉬워야 하고, 때로는 재미있어야 한다." 결국 시민의 자발적 변화를 이끌어내는 가장 효과적인 방법은 사람의 인지와 감정, 습관에 기반한 환경 설계에 있다. 이는 공공정책은 물론, 기업 마케팅, 조직문화, 건강관리 등 수많은 분야에서 널리 활용될 수 있는 강력한 시사점이다. 서울의 한 계단에서 시작된 이 작지만 의미 있는 변화는, 이제 도시 전체의 시민 문화를 천천히 바꾸고 있다.

Case 6 - 공공장소를 조용한 휴식공간으로 만들자

1. 문제인식

기차나 지하철을 이용해 본 사람이라면, 한 번쯤은 이런 경험을 해봤을 것이다. 옆자리 승객이 이어폰 없이 영상을 틀어놓는 소리, 객실 끝에서 들려오는 통화 음성, 심지어는 사소한 말다툼이 커져버린 고성과 언쟁. 장거리 이동 중의 객실은 원래 독서나 업무, 조용한 휴식을 위한 공간이지만, 이런 소음은 단순히 순간적인 불쾌감을 넘어 승객 전체의 경험을 망치게 된다.

특히 고속철도나 장거리 열차처럼 한 공간에서 오랜 시간을 함께 보내야 하는 경우, 사소한 소음도 반복되면 스트레스가 누적된다. 이런 불편함은 승객 간의 미묘한 갈등으로 이어지기도 한다. 그러나 대부분의 사람은 직접 항의하기 어렵다. "괜히 상황이 더 불편해질까 봐" 침묵을 택하거나, 불만을 속으로 삼킨 채 목적지까지 참고 가는 경우가 많다.

이 문제는 단순히 '매너'나 '예의'의 문제가 아니다. 폐쇄된 공간에서 반복적으로 발생하는 소음은 집단 전체의 정서를 해치고, 장기적으로는 공공 교통에 대한 만족도를 낮춘다. 일본의 철도 운영사들 역시 이러한 문제를 오래전부터 인식하고 있었다. 기존의 대응 방식은 주로 안내 방송, 금지 문구 부착, 승무원의 개별 제지, 심한 경우 과태료 부과였다. 하지만 안내 방송은 반복될수록 주목도가 떨어지고, 강제 조치는 오히려 '감시받는다'는 불쾌감을 주어 반감을 일으킬 수 있었다.

이런 한계를 극복하기 위해 일본철도(JR)와 일부 사철은 보다 정교한 심리적 접근을 시도했다. 목표는 간단했다. 사람들의 행동을 억지로 바꾸기보다, 조용히 행동하고 싶어지도록 환경을 설계하는 것이었다. 그 결과 등장한 것이 바로 '**사일런트 카**(Silent Carriage)'다.

2. 선택설계를 통한 해결

　신칸센과 일부 특급 열차에 운영되는 '**사일런트 카**'는 흥미롭게도 강제력이 거의 없다. 별도의 추가 요금을 받지도 않고, 물리적으로 칸을 차단하지도 않는다. 대신 좌석 예약 단계에서 해당 객실이 '사일런트 카'임을 명확하게 안내하고, 객실 출입문과 좌석 머리받이, 테이블 표면 등 시선이 자주 머무는 곳에 "이 객실은 조용한 휴식 공간입니다"라는 문구와 상징 아이콘을 배치한다.

　승무원은 특별히 감시하거나 단속하지 않는다. 그럼에도 불구하고 대부분의 승객은 자연스럽게 조용히 행동한다. 여기에는 행동경제학의 라벨링 효과(Labeling Effect)가 강하게 작용한다. 특정 공간에 이름과 성격을 부여하면, 사람들은 스스로 그 규범에 맞추려는 경향이 생긴다. '사일런트 카'라는 명칭은 승객들의 머릿속에 "여기서는 조용히 해야 한다"는 이미지를 심어주고, 행동의 기준점을 형성한다.

또한 곳곳에 배치된 안내 문구와 아이콘은 프라이밍 효과(Priming Effect)를 발휘한다. 사람은 무의식적으로 환경에서 주는 신호에 반응하는데, 시각적으로 반복되는 '조용함'의 메시지가 잠재적으로 행동을 조율한다. 별도의 인지적 노력 없이도, 마치 "이 객실의 분위기에 동화되는 것"처럼 승객의 태도가 변화한다.

여기에 사회적 증거(Social Proof)가 더해진다. 이미 객실에 앉아 있는 다수의 승객이 조용히 책을 읽거나 눈을 감고 휴식을 취하고 있으면, 새로 들어온 승객도 그 분위기에 맞춘다. 누가 시키지 않아도, 다수가 하는 행동이 곧 '규범'이 되는 것이다. 이처럼 자연스럽게 형성된 묵시적 규범은 법적 강제보다도 강력하게 작용한다.

이 방식의 가장 큰 장점은 '억압이 없는 규율'이다. 규칙 위반에 따른 벌칙이나 감시를 전면에 내세우지 않으면서도, 사람들이 스스로 기대하는 행동을 선택하도록 만든다. 이는 행동경제학에서 말하는 선택 설계의 정수다. 사람들은 선택권을 잃지 않으면서도, 특정 방향으로 부드럽게 이끌린다.

결과적으로 '사일런트 카'는 단순한 객실 구분이 아니라, 심리적·사회적 메커니즘을 활용한 환경 디자인이다. 이 작은 변화는 장거리 이동의 질을 크게 높이고, 공공 교통 서비스 전반에 대한 만족도를 개선했다. 일본 신칸센의 사례는, '조용함'이라는 문화가 단순히 매너 교육이나 강제 규정이 아니라, 환경과 심리를 함께 설계해야만 비로소 자리 잡을 수 있다는 사실을 잘 보여준다.

Case 7 - 청와대 국민청원 인원이 최소 20만인 이유

1. 문제인식

 2017년, 청와대는 국민의 목소리를 직접 듣겠다는 명분 아래 '청와대 국민청원'이라는 온라인 플랫폼을 출범시켰다. 누구나 온라인으로 청원을 작성할 수 있으며, 그 청원에 대해 30일 안에 20만 명 이상이 동의할 경우 청와대의 공식 답변을 받을 수 있다는 제도였다. 처음에는 다소 실험적인 시도로 보였지만, 이 플랫폼은 순식간에 뜨거운 관심을 모으며 국민적 참여를 이끌어냈다.
 하지만 단순히 제도가 새롭고 참여가 쉬워서 흥행한 것일까? 시간이 지날수록 사람들은 눈치채기 시작했다. 이 시스템에는 단순한 정치적 소통 이상의 어떤 '설계된 구조'가 숨어 있다는 것을. 많은 이슈들이 갑작스럽게 '20만 명 동의'를 돌파하고, 새로운 청원이 폭발적인 속도로 퍼지는 것을 보며 사람들은 자기도 모르게 클릭하고 있었다. 그리고 그 참여는 이성적 판단이라기보다는 집단 심리와 감정적 동조에 의해 촉진되고 있었다.
 가장 인상적인 것은 '내 참여가 세상을 바꾼다'는 감각이었고, 이는 다른 정치적 활동이나 행정적 절차에서는 느끼기 어려운 경험이었다. 하지만 그 이면을 살펴보면, 이것은 단순한 시민의식의 발현이 아니라, 아주 정교한 심리적 유인 장치들이 만들어낸 결과였다. 행동경제학에서 말하는 '사회적 증거', '부여된 진행효과', '기여의 환상', '임계점 효과', '게임화' 등이 절묘하게 설계된 참여 구조 속에서 작동하고 있었던 것이다.
 즉, 이 시스템은 "국민이 자유롭게 참여한다"는 겉모습과 달리, 사람들의 무의식적 심리 패턴을 자극해 자발적 참여를 유도하도록 설계된 하나의 '심리적 인프라'였다. 누구도 강요하지 않았지만, 누구도 쉽게 외면할 수 없었던, 그 묘한 유인 구조가 제도의 성공을 이끌어낸 숨은 동력이었다.

2. 선택 설계를 통한 문제해결

청와대 국민청원 제도에서 가장 핵심적인 선택 설계는 '20만 명'이라는 수치 목표 설정이었다. 이 숫자는 결코 우연이 아니다. 10만 명이라면 너무 쉬워 보이고, 50만 명이라면 비현실적으로 느껴진다. 반면 20만 명은 도달 가능성이 있으면서도 도전 의식을 자극하는, 이른바 '행동의 문턱'으로 작용한다. 이는 행동경제학에서 말하는 '부여된 진행효과(endowed progress effect)'의 전형적 사례다. 특정 수치를 제시하고, 그 수치에 접근해가는 과정을 시각화할 때, 사람들은 스스로 동기를 부여받고 참여 행동을 지속하게 된다.

이 목표에 가까워질수록 참여는 더 가속된다. 15만 명을 넘긴 청원에는 "내가 마지막 한 손가락이 될 수 있다"는 기대감이 개입되며, 참여는 일종의 '완성'에 대한 욕구로 이어진다. 이 과정에서 사람들은 자신의 클릭 한 번이 실제로 의미 있는 영향을 줄 수 있다는 착각—'기여의 환상(illusion of contribution)'—에 빠진다. 물론 수십만 명 중 한 명의 행동은 결과를 좌우하진 않지만, '지금 이 순간 내가 동참하면 달성된다'는 감각은 사람들을 움직이게 만든다.

이 설계는 실시간 참여자 수 공개와 결합되며 더욱 강력해진다. 청원 페이지에 표시된 "현재까지 ○○명이 동의했습니다"라는 숫자는 단순한 정보 제공이 아니다. 이는 행동경제학에서 말하는 '사회적 증거(social proof)'다. 수많은 사람들이 참여하고 있다는 사실은, 아직 참여하지 않은 사람에게 '이건 중요한 문제다', '나도 해야겠다'는 인식을 심어준다. 특히 언론에 노출되거나 SNS에서 공유되면, 해당 청원은 사회 전체의 이슈로 확대된다. 이때 참여는 개인의 판단이 아니라 '남들도 하니까 나도'라는 집단행동 동기로 전환된다.

더욱이 참여 과정이 너무나도 간편하다. 따로 회원가입이나 공인인증 절차 없이 포털 계정 하나면 클릭 한 번으로 참여가 가능하다. 이는 선택 장벽을 낮추는 '디폴트 효과(default effect)'와도 연결된다. 참여가 어렵지 않다는 인식은 행동 장벽을 극적으로 낮춰주고, 즉흥적 참여를 유도하는 기반이 된다. 이처럼 설계된 접근성은 '나중에'가 아닌 '지금' 행동하게 만든다.

또한 청와대 국민청원 플랫폼은 일종의 '게임화(gamification)' 구조를 통해 사용자에게 몰입감을 제공한다. 청원이 화제가 되어 언론에 소개되면, 유사한 주제의 청원들이 경쟁하듯 올라온다. 사용자들은 마치 '이번엔 이 청원이 20만을 넘게 만들어보자'며 전략적 행동에 나서고, 그 과정을 놀이처럼 경험한다. 참여는 단지 의견 개진이 아니라, 공동의 목표를 달성하는 협업이 되고, 때로는 경쟁이 되기도 한다. 이는 행동을 장기적으로 유지하게 만드는 강력한 심리적 요소다.

마지막으로 주목할 지점은 '임계점의 심리(threshold effect)'다. 어떤 청원이 5만 명 선을 넘기기 전까지는 반응이 미미하다가, 10만 명을 돌파하는 순간 급격한 상승세를 타는 경우가 많다. 이는 사람들이 행동에 나서기 위해 '충분한 사회적 지지'를 필요로 한다는 것을 보여준다. 일정 수 이상의 참여가 확보되었을 때 사람들은 '이건 움직일 만한 가치가 있다'는 확신을 가지게 되고, 그제서야 비로소 클릭에 나선다. 이는 군중 심리와 임계점 이론이 디지털 공간에서도 여전히 유효하게 작동한다는 것을 보여주는 사례다.

이처럼 청와대 국민청원은 단순한 청원 시스템이 아니다. 이것은 '참여를 유도하는 구조' 그 자체로서, 행동경제학의 핵심 설계 원리를 집약한 플랫폼이었다. 수치 목표의 명확성, 실시간 피드백, 타인의 참여 가시화, 간편한 절차, 몰입과 경쟁 요소 등은 모두 사람들의 무의식적 심리를 겨냥한 설계다. 이는 참여민주주의라는 이상을 기술과 심리학의 언어로 구현한 하나의 성공 사례로 평가할 수 있다.

2장. 소비 구매행동에 감춰진 선택설계들

물건을 살 때 우리는 늘 비교하고 분석하며 '합리적 선택'을 한다고 믿는다. 하지만 실제로는 감정, 맥락, 주변 환경에 따라 우리의 선택은 쉽게 흔들린다. 가격표의 배치, 문구 하나, 할인 방식에 따라 같은 물건도 다르게 인식한다. 이 장에서는 소비 구매의 상황에서 행동경제학을 활용한 선택설계를 통해 우리들의 소비 구매행동이 어떻게 바뀌는지를 알아보고자 한다.

우선, 여기 3개의 질문으로 이 장의 문을 열어볼 생각이다.

"과연 소비자는 항상 합리적인 판단만 하는 것일까?" "어떤 물건에 대해 갖는 니즈는 시간이 가도 변함이 없는 것일까?" "그것이 필요하다면 꼭 사는 것일까?" 만일 당신이 마케팅전략을 수립하는 사람이라면 위의 질문에 대해 어떻게 답을 하겠는가?

1) 소비자는 항상 합리적인 판단을 내린다.
조사해서 소비자가 무엇을 원하는지를 밝혀낸다 (니즈가 없다면 여기서 종료).
원하는 것을 제공하게 되면 합리적 판단에 근거하여 구매에 이르게 된다.

2) 소비자가 항상 합리적인 판단을 내리는 것은 아니다.
조사해도 소비자의 진짜 니즈를 파악하기 어려울 때가 많다 (그래도 조사한다).
원하는 것을 제공해도 반드시 구매로 이어지지는 않는다.

개인적인 관점에서 본다면 현실감이 있는 답변은 후자이다.
"소비자는 생각보다 훨씬 '합리적이지 않은 선택'을 한다"는 것이 유명한 행동경제학자 댄 에리얼리 교수의 주장이다. 나도 그렇게 생각하지만 아마도 이 글을 읽고 있는 여러분도 애리얼리 교수의 주장에 동의할 것이라고 생각한다.

교과서에는 "필요한 것을 올바른 순서대로 소개하면 고객은 반드시 반응을 보인다"고 쓰여 있다. 하지만 이런 일이 현실적으로는 절대 불가능하다는 것을 나도 알고 여러분도 알고 있다. 소비자는 논리적 합리적인 판단보다는 '논리적으로 설명할 수 없는 비합리적 판단'에 의해 대부분의 의사결정을 내리는 경우가 많다.

'비합리적 판단'이란 아마도 이런 경우일 것이다.
내키지 않은 기분
주변에 대한 의식이나 허영심
물건이 놓여 있는 장소
순간적인 인상
세상의 평판
어려운 선택을 피하고자 하는 심리
감정의 기복
평상시의 습관
주변 누군가가 정한 규칙

여러분이 상대해야 하는 대상이 '사람'이라면, 실효성 있는 마케팅 전략을 수립하기 위해서는 위에 열거한 것들을 고려하지 않을 수가 없다.

지금부터 전형적인 소비자의 비합리적 판단의 사례를 몇 가지 소개할 것이다. 우선은 실생활에서 많이 접하고 있는 실제사례에 대해 이야기를 해 볼까 한다. 댄 애리얼리(Dan Ariely) 교수가 저술한 『인간의 비합리성』에 소개된 사례가 상당히 구체적이기 때문에 책의 내용을 중심으로 글을 구성했다.

Case 8 - '미끼상품'의 역할

1. 문제인식

한 가전제품 회사는 자신 있게 새로운 전자제품을 출시했다. 실용성과 디자인, 편의성을 모두 갖춘 혁신적인 기능이 포함된 제품이었다. 내부에서는 "이번엔 진짜 대박이 날 거야"라는 자신감이 넘쳤고, 여러 차례의 품평회와 소비자 테스트에서도 긍정적인 반응이 이어졌다. 모든 것이 완벽하게 준비된 듯 보였다. 제품 자체의 완성도는 물론이고, 가격도 경쟁사 대비 적절했으며, 마케팅 예산도 충분히 확보되어 광고 캠페인 역시 전국 단위로 시작됐다. 그러나 막상 시장에 출시되자, 예상과는 전혀 다른 현실이 펼쳐졌다.

소비자들의 반응은 차갑기만 했다. 온라인 쇼핑몰의 리뷰는 거의 없었고, 대형 매장에서도 체험은 많았지만 실제 구매로 이어지는 경우는 드물었다. 시장 반응을 확인한 경영진은 충격을 받았다. "제품도 좋고 가격도 합리적인데, 왜 안 팔릴까?" 하는 의문이 팀 전체를 휘감았다. 제품의 기능이나 품질에는 하자가 없었다. 마케팅 전략도 교과서적이었다. 그럼에도 불구하고 소비자들은 무심했다.

문제는 눈에 보이지 않는 다른 곳에 있었다. 바로 '비교할 대상이 없다'는 점이었다. 소비자가 그 제품을 좋다고 판단하기 위해서는 기준점이 필요하다. 하지만 신제품 하나만 놓여 있는 상황에서는 그것이 비싼 건지, 저렴한 건지, 더 좋은 건지 판단할 기준이 없었다. 아무리 완성도가 높더라도, 그것이 상대적으로 '합리적인 선택'이라는 확신이 없으면 소비자의 손은 움직이지 않는다. '좋아 보이지만, 딱히 사야 할 이유도 없다'는 애매한 감정은 결국 구매 회피로 이어졌다.

이때 마케팅팀은 통념을 깨는 전략을 제시했다. 성능이 조금 떨어지는 이전 모델을 되살려, 오히려 신제품보다 더 비싼 가격에 다시 출시하자는 것이었다. 구형 모델은 외형만 약간 다듬고, 가격은 신제품보다 50% 이상 높게 책정되었다. 내부 반응은 반신반의였다. 누가 비싼 구형을 사겠느냐는 반론도 있었지만, "비교 구도를 만들 수 있다면 소비자 반응은 달라질 수 있다"는 주장이 받아들여졌다. 그리고 놀랍게도, 이 시점부터 신제품의 판매량은 급증하기 시작했다.

2. 선택 설계를 통한 문제해결

사람은 합리적인 듯 보이지만, 실제로는 비교 대상과 제시 방식에 따라 판단이 크게 달라진다. 신제품 옆에 더 비싸고 덜 매력적인 구형 제품이 나란히 진열되자, 소비자들은 신제품을 '훨씬 가성비 좋은 선택'으로 인식하기 시작했다. 같은 가격이어도 상대적 우위에 있는 선택지를 더 선호하게 되는 이 심리를 행동경제학에서는 '맥락효과(Context Effect)' 또는 '선택역전(Choice Reversal)'이라 부른다. 그리고 이 전략에는 보다 구체적인 심리 설계 기법, '미끼효과(Decoy Effect)'가 숨어 있다.

미끼효과란, 소비자가 본래 선택하려 하지 않았던 선택지를 의도적으로 제시함으로써 특정 방향의 선택을 유도하는 방식이다. 여기서 핵심은 '실제로 팔기 위한 제품'과 '팔기 위해 배치된 미끼 제품'을 구분하여 설계하는 것이다. 소비자는 그것이 미끼인지 인식하지 못한 채, 오히려 자신이 '합리적'이라고 생각하는 선택을 했다고 믿는다. 하지만 그 선택은 이미 누군가에 의해 정교하게 설계된 환경 안에서 이루어진 것이다.

서울의 한 식당 사례가 이를 잘 보여준다. 원래는 한 가지 런치 세트 B만 판매하던 식당이, A세트(1.2만 원)와 C세트(0.8만 원)를 새로 추가했을 때, 기존 세트 B의 매출이 폭발적으로 증가했다. A는 너무 비싸고, C는 너무 저렴해 보인다. 그러자 중간에 있는 B가 상대적으로 균형 잡힌 선택처럼 보이게 된다. 이처럼 소비자는 단독 가격보다는 상대적 비교에 따라 선택을 달리한다. **가격은 단지 숫자가 아니라 심리적 프레임이다.**

실제로 우리가 일상에서 자주 접하는 상품 진열 방식도 이런 원리에 충실하다. 영화관의 팝콘 사이즈가 항상 3단계로 나뉘는 이유, 커피숍에서 '미디엄' 사이즈가 가장 많이 팔리는 이유도 같다. 매장은 소비자가 '자발적으로' 선택하게 만들지만, 그 선택은 이미 프레임에 따라 유도되고 있다. 패스트푸드점의 세트 구성, 음료 사이즈의 가격 배열, 여행 상품의 구성 옵션도 대부분 미끼효과에 기반한 구성이다.

이러한 미끼효과가 효과적으로 작동하려면 다음과 같은 조건이 필요하다.
1) 선택지들이 서로 유사하고 비교 가능해야 한다.

2) 최소 3개 이상의 선택지를 제공해야 한다.

3) 특정 선택지가 상대적으로 더 우수해 보이도록 배치되어야 한다.

가전회사의 사례로 돌아가면, 이 조건은 완벽하게 충족되었다. 기능이 유사한 구형 제품과 신제품, 그리고 그 둘의 가격 차이를 의도적으로 설계함으로써 소비자의 선택이 신제품에 쏠리게 만든 것이다. 흥미로운 점은 소비자 스스로가 '합리적이고 똑똑한 선택'을 했다고 믿는다는 점이다. 이는 단순한 마케팅 기법이 아니라, 인간의 판단 시스템에 대한 깊은 이해에서 비롯된 선택 설계의 결과다.

기업 입장에서 보면 이러한 전략은 제품의 기능을 바꾸지 않고도, 구매율을 높이는 효과적인 방법이 된다. 그리고 이는 단지 가격에 민감한 소비자만의 문제가 아니다. 인간은 누구나 자신의 선택이 '합리적'이길 원하고, 비교를 통해 안심하길 원한다. 바로 그 점을 설계해주는 것이 '행동 설계자의 역할'이다.

Case 9 - 고급브랜드의 패밀리라는 이미지를 만들다.

1. 문제인식

한 보석 공예가는 오랜 연구 끝에 세상에 없던 완전히 새로운 색상의 진주를 만들어냈다. 그 색은 독특하면서도 세련됐고, 진주 특유의 우아함에 강한 개성과 현대적인 감각까지 더해져 있었다. 보석 전문가들은 이 진주를 두고 "진주의 미래를 연 시도"라고 평가했고, 공예가 본인도 "이제 시장에서 큰 반향을 일으킬 차례"라고 기대감을 드러냈다. 그는 곧바로 온라인과 오프라인에서 동시에 판매를 시작했고, SNS와 매거진 등 다양한 채널을 통해 적극적인 홍보에 나섰다.

하지만 예상과는 전혀 다른 현실이 펼쳐졌다. 판매는 거의 이루어지지 않았고, 소비자 반응도 싸늘했다. 제품의 품질이나 디자인에는 전혀 문제가 없었지만, 사람들은 "색이 너무 낯설다", "진주 느낌이 아니라 장난감 같다", "믿고 살 수가 없다"는 반응을 보였다. 도전적인 색상은 오히려 거부감을 불러일으켰고, 기존 진주의 고전적 이미지와 어울리지 않는다는 이유로 구매를 망설이는 소비자들이 대부분이었다. 심지어 일부는 "정체불명의 액세서리 같다"고까지 표현했다.

공예가는 당혹스러웠다. 새로운 시도가 왜 받아들여지지 않을까? 광고도 했고, 기능이나 품질도 뛰어난데 왜 이토록 외면받는 걸까? 그는 제품 자체의 문제가 아니라 소비자가 이 진주를 '어떤 위치의 제품'으로 인식하느냐가 핵심임을 깨닫기 시작했다. 이 진주는 객관적으로는 아름답고 정교했지만, 소비자의 머릿속에는 그것이 '고급 보석'으로 연결되지 않고 있었던 것이다. 결국 문제는 진주 그 자체가 아니라, 그 진주가 소비자의 머릿속에서 어디에 속해 있는가였다.

2. 선택 설계를 통한 문제해결

공예가는 제품 자체를 바꾸는 대신, 제품이 '속한 무리'를 바꾸는 전략을 선택했다. 그는 이 진주를 더 이상 일반 액세서리처럼 취급하지 않고, 고급 보석류 중 하나로 포지셔닝하기로 했다. 가장 먼저 실행한 일은 제품이 진열되는 환경을 바꾸는 것이었다. 고급 주얼리 브랜드들이 입점해 있는 럭셔리 주얼리숍 쇼케이스에 자신의 진주를 함께 진열했고, 가격도 오히려 20% 높였다. 이어서 유명 패션 매거진의 다이아몬드, 사파이어, 루비가 실린 페이지에 자신의 진주도 함께 등장하도록 광고를 집행했다. 광고는 제품 자체를 강조하기보다는 "이 진주가 다이아몬드와 나란히 소개될 만큼 격이 있는 보석"이라는 인상을 주는 데 집중했다.

그 이후 놀라운 변화가 일어났다. 소비자들은 "이게 원래 그런 고급 보석인가 보다", "처음엔 낯설었지만 다이아몬드 옆에 있으니 느낌이 다르다"는 반응을 보이며, 제품을 완전히 다르게 인식하기 시작했다. 색이 낯설다는 평가는 "세련되고 개성 있는 색상"으로 바뀌었고, 가격이 높다는 지적은 오히려 "프리미엄 보석답다"는 인식으로 반전되었다. 결과적으로 진주에 대한 시장의 반응은 극적으로 개선되었고, 구매율도 눈에 띄게 상승했다.

이 사례는 인간의 '연상 휴리스틱(Association Heuristic)'이 얼마나 강력하게 작동하는지를 보여주는 전형적인 예다. 사람들은 새로운 제품을 마주했을 때, 그 자체로 복잡한 분석을 하지 않는다. 대신, 그 제품이 어디에 위치해 있는지, 누구와 함께 있는지, 무엇과 연관되어 있는지를 보고 직관적으로 판단한다. 보석에 대한 지식이 없는 일반 소비자 입장에서는, 그것이 다이아몬드 옆에 있다면 '고급'이라고 받아들이게 되는 것이다. 사람은 '대상 그 자체'보다 '그것이 누구와 어울리는가'를 보고 판단하는 존재다.

이와 같은 전략은 다양한 산업에서도 활용된다. 신생 화장품 브랜드가 백화점의 고급관에 입점하거나, 무명 디자이너가 유명 패션 브랜드와 협업하는 이유, 신인 뮤지션이 스타 가수와 콜라보레이션하는 사례 등이 모두 같은 심리적 기제를 바탕으로 한다. 즉, "그 제품의 객관적 특성"이 아니라 "그 제품이 연상시키는 분위기와 집단"이 소비자 판단에 결정적 영향을 미친다.

이 원리는 가격 전략에서도 그대로 작동한다. 저렴한 이미지를 주지 않으려면 가격을 낮추는 것이 아니라 오히려 적당히 올리는 것이 낫다. 너무 싸면 '싸구려'로 인식되기 쉽기 때문이다. 또한 제품을 보여주는 방식—예컨대 고급 촬영, 고급 모델 활용, 명품 브랜드와의 병치, 고급 매장의 진열—이 제품의 사회적 등급을 규정하게 된다. 상품이 가진 객관적 품질과 상관없이, 그 주변이 고급스러우면 사람들은 그것 역시 고급이라고 받아들이는 경향이 있다.

결국 소비자는 **'무엇을 사는가'보다 '그것이 어떤 무리 속에 속하는가'**를 보고 구매를 결정한다. 특히 낯선 상품, 새로운 시도일수록 이 경향은 더욱 뚜렷하게 나타난다. 판단 기준이 부족한 상태에서, 소속 집단, 브랜드 연상, 가격, 배치 위치 등이 바로 직관적 판단의 기준이 되기 때문이다. 제품이 아무리 훌륭해도, 소비자의 머릿속에서 어디에 위치하느냐가 바뀌지 않으면 그 가치는 발현되지 않는다.

제품을 어떻게 만들 것인가만큼 중요한 것은, 그 제품이 소비자의 머릿속에서 어디에 속한 것처럼 보일 것인가를 설계하는 일이다. 이처럼 연상의 힘은 그 자체로 설득이며, 심리적 포지셔닝은 현실의 성과를 바꾸는 가장 강력한 레버리지가 될 수 있다.

Case 10 - 생존확률 90%와 사망확률 10%의 차이

1. 문제인식

한 사람이 병원에서 심각한 병을 진단받았다. 치료를 위해서는 고위험 수술이 필요했고, 의사는 이에 대한 성공률을 설명했다. "이 수술은 사망할 확률이 10%입니다."라는 말을 들은 환자는 얼굴이 하얗게 질렸다. 하지만 같은 상황에서 다른 의사는 이렇게 말했다. "이 수술은 생존할 확률이 90%입니다." 이번엔 환자의 반응이 조금 달랐다. 여전히 불안했지만, 적어도 90%는 살아남는다는 희망이 느껴졌다.

두 표현은 논리적으로 완전히 같은 정보다. 생존 90%와 사망 10%는 동일한 확률이다. 그러나 듣는 사람의 감정과 직관적 반응은 전혀 달랐다. 같은 사실도 표현의 방식, 즉 어떤 틀(Frame)로 말하느냐에 따라 의미가 바뀌고 판단이 달라지는 것이다.

이처럼 같은 내용을 다르게 받아들이게 만드는 심리적 효과를 행동경제학에서는 '프레이밍 효과(Framing Effect)'라 부른다. 사람들은 스스로를 논리적으로 판단하는 존재라고 생각하지만, 실제로는 정보의 전달 방식, 문장의 뉘앙스, 감정적 맥락에 따라 전혀 다른 결정을 내리곤 한다. 프레이밍은 단지 말투나 표현의 문제가 아니라, 의사결정과 감정 반응을 좌우하는 핵심 도구다.

비슷한 문제가 기술 제품 마케팅에서도 벌어졌다. 한 오디오 제조사가 세계 최초로 '미세 음향 재현 기술'을 개발해 새로운 고급 오디오 시스템을 출시했다. 지금까지 재생이 어려웠던 극미세 소리까지 표현 가능한 혁신적 기능이었고, 음질에 민감한 애호가들에게는 완벽한 제품이었다. 회사는 자신 있게 광고 문구를 내걸었다. "이 제품으로 새로운 소리를 경험할 수 있습니다." 기능 중심의 정직하고 강한 표현이었다.

하지만 반응은 뜻밖이었다. 기대한 열광은커녕, 마니아들은 별다른 반응을 보이지 않았다. 오히려 제품에 대한 의심과 거부감이 번졌고, 일부는 "괜히 괜찮던 시스템을 바꿔야 할까?", "기존 장비를 부정당하는 느낌이다"라는 반응을 보였다. 제품은 혁신적이었지만, 메시지는 소비자의 감정선을 건드리고 말았다. 문제는 기술이 아니라, 그 기술을 표현한 방식이었다.

2. 선택 설계를 통한 문제해결

문제를 분석한 회사는 소비자의 마음속에서 어떤 반응이 일어났는지를 파악했다. 오디오 마니아층은 매우 보수적이고, 자신이 이미 가진 기

기에 대한 애착이 강한 집단이다. "새로운 소리를 들을 수 있다"는 말은 곧 "지금껏 당신이 듣고 있던 소리는 부족했다"는 뜻으로 들릴 수 있다. 이는 소비자에게 정서적 방어를 불러일으킨다. 이러한 심리를 현상유지 편향(Status Quo Bias)이라고 한다. 사람은 기존 상태를 유지하려는 성향이 있으며, 자신이 선택한 것에 대한 비판에 민감하게 반응한다.

이러한 반발을 줄이기 위해 회사는 광고 문구를 바꿨다. "다른 제품으로는 경험할 수 없는 소리입니다." 이제는 소비자의 오디오를 직접 겨냥하지 않는다. 대신, 시장의 일반적인 제품을 비교 대상으로 삼았다. 소비자는 자신의 선택을 비판당하지 않은 채로, "내가 놓치고 있었던 특별한 무언가가 있지는 않을까?"라는 생각에 빠져든다.

이 새로운 문구는 두 가지 핵심 심리를 동시에 자극했다. 첫째, 프레이밍 효과를 통해 메시지의 각도를 바꿨다. 소비자를 설득하는 데 불편함을 주던 직설적 문장을, 간접적이고 포용적인 표현으로 전환해 방어심리를 줄였다. 둘째, 손실회피 성향(Loss Aversion)을 자극했다. 사람은 이득을 얻는 기회보다 손실을 피하려는 동기에 더 크게 반응한다. "새로운 소리를 들을 수 있다"는 표현은 이득을 주는 방식이지만, "이 제품이 아니면 들을 수 없다"는 표현은 지금 선택하지 않으면 손해 볼 수 있다는 두려움을 만든다. 같은 기능을 설명하더라도 손실 회피를 자극할 때 훨씬 강한 반응을 끌어낼 수 있는 것이다.

행동경제학자 대니얼 카너먼과 아모스 트버스키의 연구에 따르면, 사람들은 같은 크기의 이득보다 손실에 두 배 이상 민감하게 반응한다. 소비자가 제품을 통해 '얻는 것'보다, 지금 이 제품을 선택하지 않으면 '잃는 것'에 더 민감하게 반응하는 것은 이러한 심리적 비대칭 때문이다. 손실을 회피하기 위한 심리 반응은 단순한 논리를 뛰어넘는다.

이처럼 정보 자체가 아닌 전달 방식의 변화만으로도 소비자의 태도는 극적으로 달라질 수 있다. 표현의 각도, 비교 대상의 위치, 문장의 정서적 톤은 모두 강력한 선택 설계 수단이 된다. **"같은 말도 어떻게 하느냐에 따라 다르다"** 는 말은 단순한 의사소통 기술이 아니라, 인간 심리의 구조적 반응을 보여주는 말이다.

Case 11 - 선택지가 많으면 오히려 구매가 줄어든다.

1. 문제인식

대형 마트 한쪽에서 소비자 행동을 관찰하기 위한 흥미로운 실험이 진행되었다. 연구팀은 두 가지 다른 방식의 시식 코너를 설치했다. 하나는 무려 24종류의 잼을 진열한 시식대였고, 다른 하나는 단 6종류의 잼만을 진열한 간소한 시식대였다. 실험을 기획한 사람들 대부분은 전자의 시식대가 훨씬 많은 구매로 이어질 것이라 예상했다. 이유는 간단했다. 선택지가 많을수록 더 다양한 취향을 만족시킬 수 있고, 그만큼 많은 사람이 자신의 입맛에 맞는 제품을 발견할 확률이 높기 때문이다.

실제로 24종 잼 코너는 소비자들의 시선을 끌었다. 지나가던 이들은 "오, 종류가 진짜 많네"라며 발길을 멈췄고, 여기저기에서 시식하는 사람들이 모여들었다. 반면 6종 잼 코너는 상대적으로 조용했고, 흥미 유발도 약해 보였다. 그러나 정작 구매 데이터는 정반대 결과를 보여주었다. 24종 잼을 진열한 코너에서 시식한 사람들의 실제 구매 전환율은 매우 낮았고, 오히려 6종류만을 보여준 코너에서의 구매 전환율은 무려 10배나 더 높게 나타난 것이다.

이 결과는 실험에 참여한 연구진조차 놀라게 만들었다. 겉으로는 소비자 반응이 활발했던 24종 코너가, 실제 구매에서는 전혀 효과적이지 않았던 것이다. 다양한 선택지를 제공하면 더 높은 만족을 줄 것이라는 일반적인 가정이 무너지는 순간이었다.

그렇다면 왜 사람들은 선택지가 많을수록 오히려 결정을 내리지 못하는 걸까? 이는 단지 시간이 부족하거나, 너무 게을러서가 아니다. 심리학과 행동경제학에서는 이 현상을 '선택의 역설(The Paradox of Choice)' 또는 '결정 회피 효과(Choice Avoidance)'라고 부른다. 선택지가 너무 많아질 때 사람은 혼란을 느끼고, 무엇이 더 좋은 선택인지에 대한 불확실성과 후회 가능성에 압도당한다. "지금 고른 이 제품이 최선일까?", "혹시 다른 걸 골랐다면 더 좋지 않았을까?"라는 불안감이 스멀스멀 퍼지면서, 결국 아무것도 고르지 못하고 돌아서는 것이다.

이때의 회피는 논리적 판단의 부족이 아니라, 감정적 피로와 후회에 대한 방어기제에서 비롯된다. 사람은 선택 그 자체보다, '선택 이후에 찾아올 후회'를 더 두려워하는 존재다. 그래서 오히려 선택지를 좁혀주는 환경이 심리적으로는 훨씬 편안하고 결정을 쉽게 만들 수 있다.

2. 선택 설계를 통한 문제해결

선택의 역설을 실무에 적용한 사례는 실제로도 다양하게 존재한다. 내가 자주 이용하는 한 의류 쇼핑몰에서도 흥미로운 경험을 한 적이 있다. 평소에는 수많은 브랜드의 제품들이 한꺼번에 소개되곤 했는데, 그중에는 내가 선호하는 브랜드도 있었지만, 워낙 많다 보니 어떤 걸 봐야 할지 몰라 그냥 창을 닫은 적도 많았다.

그런데 어느 날 이 쇼핑몰에서 단일 브랜드 하나만을 집중 소개하는 '기간 한정 기획전'을 열었다. 처음에는 '선택지가 적어서 지루하진 않을까?' 싶었지만, 오히려 반응은 폭발적이었다. 브랜드 하나에만 집중하니 상품의 개성이 눈에 잘 들어왔고, 비교 대상이 없어 판단도 쉬웠다. 구매 결정을 내리는 데 걸리는 시간도 확실히 짧아졌고, 나를 포함한 많은 소비자들이 "선택하기 쉬워서 좋았다"는 후기를 남겼다.

이 경험은 선택 설계에 있어 '적절한 제한'이 얼마나 강력한 도구가 될 수 있는지를 보여준다. 사람들이 모든 가능성을 탐색할 수 있다고 해서 반드시 만족하거나 더 나은 결정을 내리는 것은 아니다. 오히려 '선택의 고통'을 덜어주는 구조, 즉 '고민하지 않게 해주는 구조'가 소비자에게는 더 편하고 만족스럽다.

또한, 이 원리는 온라인 콘텐츠 서비스나 정기 구독 모델에서도 유효하다. 예를 들어, 스트리밍 서비스에서 수천 개의 콘텐츠를 제공하면서도 '오늘의 추천'이나 '당신을 위한 큐레이션'을 따로 제공하는 이유도 같다. 추천 콘텐츠를 통해 선택지를 제한해 주는 것이 오히려 사용자 만족도와 시청 지속률을 높이는 것이다. 이는 무작위의 '풍성함'보다 잘 선별된 소수의 '선택할 수 있는 구조'가 훨씬 설득력 있다는 증거다.

행동경제학은 이 점에서 중요한 메시지를 준다. 소비자는 상품의 다양성을 원한다고 생각할 수 있지만, 실상은 결정의 명확성과 정서적 편안함을 원한다. 브랜드 입장에서 생각해보면, 수십 가지 제품을 늘어놓고

"맘에 드는 걸 고르세요"라고 말하는 것보다, 3~4개의 추천 제품만 제시하며 "이 중에서 어떤 게 가장 당신에게 맞을까요?"라고 묻는 쪽이 훨씬 설득력 있는 전략이 된다.

선택지를 적절히 제한하면 고객은 더 빠르고 덜 피로하게 결정을 내릴 수 있고, 선택 후의 만족도 역시 더 높다. 그 결과 구매 전환율도 자연스럽게 올라간다. 이는 단순히 심리학적 재미를 넘어 실질적인 매출 개선과 소비자 경험 향상에 직결되는 전략적 선택이라 할 수 있다.

결국, 소비자는 많은 것을 원하는 것처럼 보이지만, 실제로는 "잘 고른 느낌"과 "후회하지 않을 것 같은 구조"를 원한다. 진짜 고객 중심의 설계란, 더 많이 보여주는 것이 아니라 고르기 쉽게 도와주는 것이라는 점을 기억할 필요가 있다.

Case 12 - 이미 투자한 돈이 아까워서 빠져나올 수가 없다.

1. 문제인식

1970년대, 항공 역사에 길이 남을 야심 찬 국제 프로젝트가 탄생했다. 프랑스와 영국이 공동으로 추진한 초음속 여객기 '콩코드(Concorde)' 개발 사업이었다. 이 비행기는 마하 2 이상의 속도를 자랑하며, 뉴욕에서 파리까지 단 3시간 만에 도착할 수 있다는 전례 없는 기술력을 갖춘, 그야말로 시대를 앞선 혁신의 상징이었다. 과학자들과 기술자들은 흥분했고, 양국 정부는 이를 국가적 위신이 걸린 프로젝트로 추진했다.

하지만 문제는 일찍부터 제기됐다. 경제적 타당성이 낮다는 분석이 계속해서 나왔고, 석유 파동으로 인한 연료비 급등, 심각한 소음 문제, 환경 논란 등 악재가 줄줄이 이어졌다. 운영비용은 급상승했고, 상업적 수

익은 요원했다. 이쯤 되면 합리적 판단이라면 손실을 최소화하고 사업을 중단하는 것이 마땅해 보였다. 그러나 프로젝트는 끝내 멈추지 않았다. 왜일까?

바로 "지금까지 들인 돈이 너무 아깝다"는 심리 때문이다. 수십억 달러가 이미 투입됐고, 관련 기술자와 공무원, 정치인들의 자존심도 걸려 있었다. 수많은 회의와 의사결정, 실패를 딛고 이뤄낸 기술 개발의 과정이 그들에게는 쉽게 포기할 수 없는 감정적 부담으로 작용한 것이다. 마치 여기서 멈추는 것이 그 모든 노력을 배신하는 일처럼 느껴졌던 것이다.

결국 콩코드는 2003년까지 운항을 이어갔지만, 그동안 단 한 번도 수익을 내지 못한 채 꾸준히 적자를 기록했고, 최종적으로는 한 차례의 추락 사고를 계기로 운항이 중단됐다. 그리고 이 사례는 지금까지도 세계적인 '비합리적 투자 결정'의 전형으로 남아 있다.

행동경제학에서는 이처럼 이미 지출한 자원, 즉 '되돌릴 수 없는 과거의 투자'에 집착하여, 비효율적인 결정을 계속 이어가는 심리 현상을 '매몰비용 오류(Sunk Cost Fallacy)' 또는 '콩코드 효과(Concorde Effect)'라고 부른다. 인간은 과거의 손실을 받아들이는 것을 심리적으로 견디기 어려워하고, 손실을 만회하려는 비합리적 시도에 더욱 많은 자원을 투입한다.

그리고 이 오류는 거창한 국가사업에서만 일어나는 게 아니다. 오히려 우리 일상 곳곳에서, 아주 사소한 결정에도 반복적으로 나타난다. 예를 들어, 재미없는 영화를 끝까지 보게 되는 이유. "돈 내고 봤으니 끝까지 봐야지"라는 생각은, 앞으로 남은 시간을 더 낭비하게 만든다. 입주하기 꺼려지는 집을 계약금이 아깝다는 이유로 억지로 들어가는 일도 마찬가지다. 식당에서 맛없는 음식을 억지로 먹으며 "돈 줬는데 남기긴 아깝지"라고 중얼거리는 순간, 우리는 이미 이 오류의 덫에 걸려 있는 것이다.

2부. 생활 속의 행동경제학

2. 선택 설계를 통한 문제해결

 이처럼 무의식적으로 반복되는 '콩코드 효과'를 피하려면, 우리는 의사결정의 프레임을 바꾸는 훈련이 필요하다. 가장 중요한 포인트는 "과거의 비용은 돌이킬 수 없다"는 사실을 똑바로 인식하는 것이다. 투자한 시간이든, 돈이든, 감정이든 그것은 이미 지나간 일이며, 현재의 선택은 오로지 미래의 기대효과와 손실 위험을 기준으로 이루어져야 한다.
 예컨대 영화관에서 재미없는 영화임을 깨달았을 때, 남은 시간을 어떻게 사용하는 게 내게 더 가치 있는가를 판단해야 한다. 나머지 시간을 다른 일에 쓰는 것이 더 유익하다면, 과감히 나오는 것이 합리적이다. 과거에 이미 사용한 돈을 되돌릴 수 없다는 사실을 인정하는 것이 바로 손실을 줄이는 출발점이다.
 기업과 조직에서도 이 원리를 실천하는 방법은 있다. 우선, 프로젝트에 대한 평가 기준을 '초기 투자 대비 회수율'이 아니라, 현재 시점에서의 기대 수익률로 재정립해야 한다. 이 기준에 따라 진행 중인 사업이 미래에도 긍정적인 가치 창출이 어렵다고 판단된다면, 과감히 종료할 수 있는 프로세스를 설계하는 것이 좋다. 이를 '종료 판단 체크리스트' 혹은 'Exit Protocol'로 제도화해두면, 책임 회피성 연기나 정서적 집착을 줄일 수 있다.

또한, 매몰비용 오류에 빠지지 않기 위해서는 결정 구조를 객관화하는 것도 중요하다. 외부 전문가의 피드백을 의무화하거나, 전환점마다 '중립적 리셋' 회의를 거치게 하면, 과거 투자에 대한 감정적 집착에서 벗어나 보다 이성적인 판단을 도울 수 있다. 기업에서는 이를 'Go/No-Go Decision Point'라 부르며, 정기적으로 전략 검토를 수행하는 경우도 많다.

개인적인 삶에서는, 결정을 내릴 때마다 "지금 이 선택이 미래의 나에게 어떤 가치를 줄 것인가?"라는 질문을 던져보는 습관이 필요하다. 5년간 다닌 직장을 그만두기 어렵다면, 그 이유가 '지금까지의 시간과 노력' 때문인지, 아니면 '앞으로의 가능성' 때문인지를 구분해야 한다. 만약 그만두지 못하는 이유가 오로지 "지금까지 참았는데 아깝잖아"라는 생각 때문이라면, 이미 매몰비용의 오류 안에 있는 것이다.

더 나아가 교육과 조직문화 차원에서 '실패를 포기로 인정하지 않는 분위기'를 만드는 것도 도움이 된다. 많은 경우, 과거 투자를 정리하지 못하는 이유는 '포기했다는 낙인'이 두렵기 때문이다. 그러나 오히려 '과감한 정리와 방향 전환이야말로 리더의 전략적 판단'이라는 인식이 확산된다면, 콩코드 효과는 줄어들 수 있다.

Case 13 - '공짜'라는 말의 강력한 힘

1. 문제인식

한 온라인 쇼핑몰에서 매우 단순한 소비 실험이 진행됐다. 실험 조건은 이렇다. 고급 초콜릿은 개당 2,000원, 일반 초콜릿은 개당 1,000원. 소비자들에게 두 가지 중 하나를 고르라고 했을 때, 대부분의 사람들은 2,000원짜리 고급 초콜릿을 선택했다. 이유는 분명했다. "1,000원만 더 내면 더 좋은 품질의 초콜릿을 먹을 수 있으니 이게 더 가성비가 좋다"고 판단한 것이다. 이성적인 소비자라면 누구나 그렇게 판단할 수 있다. 실제로도 실험 초기에는 거의 대부분의 참여자가 그렇게 행동했다.

하지만 단 한 가지 조건만 바꾸자 모든 결과가 뒤바뀌었다. 일반 초콜릿의 가격을 1,000원에서 '0원', 즉 '공짜'로 바꿨을 때, 이제 대부분의 소비자들은 더 이상 고급 초콜릿을 선택하지 않았다. 거의 모든 사람들이 아무런 고민도 없이 무료로 제공되는 초콜릿을 집어 들었다. 이전에는 합리적 판단을 통해 '더 나은 품질'을 골랐던 소비자들이, 외면했던 물건이 공짜가 되자 감정적으로 흔들려버린 것이다.

이 실험이 흥미로운 이유는 바로 여기에 있다. 사람들은 고작 1,000원 차이에도 이성적 판단을 내리다가, '0원'이라는 숫자를 보는 순간 전혀 다른 심리 상태에 들어가게 된다. 이때부터는 더 이상 "무엇이 나에게 이득인가"를 따지기보다, "지금 안 가져가면 내가 손해 보는 건 아닐까?" 하는 감정이 앞선다. 가격이 낮아진 것이 아니라 아예 없어진 그 상태는, 사람들의 사고 구조를 경제적 계산에서 본능적인 반응으로 전환시킨다.

행동경제학에서는 이러한 현상을 '공짜 효과(Zero Pricing Effect)'라고 부른다. 단돈 100원이더라도 돈이 오가는 거래와, 아무것도 지불하지 않는 '무료'의 경험은 완전히 다른 심리적 반응을 유발한다. 공짜는 이익보다 손실 회피 심리를 자극하고, 인간은 손해를 보지 않기 위해 이성을 기꺼이 포기한다.

더욱 놀라운 건, 사람들은 이 과정을 전혀 인지하지 못한다는 점이다. 본인은 "이게 이득이니까"라고 생각하고 행동하지만, 실제로는 "이건 손해가 없으니까"라는 감정이 지배하고 있는 것이다. 그리고 그 감정은 '0'이라는 숫자 하나에 의해 움직인다.

2. 선택 설계를 통한 문제해결

'공짜'라는 단어의 마법은 마케팅과 소비 설계에 있어 매우 강력한 도구다. 이 단어는 단순히 가격표를 낮추는 것 이상의 심리적 설계 역할을 한다. 특히 사람의 심리적 방어선을 허무는 데 탁월한 힘을 발휘한다. 원래 지갑을 열기 전까지 소비자는 여러 가지 고민을 한다. "이 가격이 과

연 적절한가?", "사고 나서 후회하진 않을까?", "배송비가 너무 아깝다"는 생각이 끊임없이 떠오른다. 그런데 '무료'라는 말이 들어가는 순간, 이 모든 장벽이 무너진다.

예를 들어보자. 19,500원짜리 상품에 2,500원의 배송비가 붙은 것과, 20,000원이지만 무료배송인 상품이 있을 때, 사람들은 대부분 후자를 더 매력적으로 느낀다. 총액은 똑같거나 오히려 더 비쌀 수 있는데도 말이다. 이처럼 '무료 배송'은 소비자가 느끼는 감정상의 만족도를 논리보다 앞서게 만든다.

또 하나의 예는 '0원 체험'이다. 최근의 OTT 서비스, 다이어트 앱, 온라인 클래스 등이 첫 달 무료 사용을 내세우는 이유가 여기에 있다. 사람은 "공짜로 한 번 써보자"는 말에 쉽게 흔들린다. 유료 결제를 전제로 한 체험보다, 아예 아무 조건 없이 제공되는 무료 체험이 훨씬 더 진입 장벽을 낮춘다. 그리고 일단 사용을 시작하면, 거기서 생기는 관성 효과로 인해 소비자는 이후에도 계속해서 결제를 유지하는 경향을 보인다.

기업이 이 효과를 전략적으로 활용하려면 몇 가지 핵심 포인트를 기억해야 한다.

첫째, 단순히 가격을 낮추기보다, 가격 구조 안에 '무료'라는 감정을 설계하는 것이 중요하다. 예컨대 "10+1 이벤트"보다는 "1개 무료 증정"이 더 강한 반응을 이끌어낸다.

둘째, 공짜는 감정을 흔드는 만큼 남용하면 효과가 약해진다. 정말 '의미 있는 무료'가 되어야 소비자는 그 가치를 느낀다. 너무 자주, 아무 데나 붙이면 '진짜 공짜'에 대한 신뢰마저 무너진다.

셋째, '공짜'는 가치 있는 것에 붙어야 더 강한 설득력이 생긴다. 이미 소비자가 갖고 싶어 했던 것, 품질이 신뢰되는 것, 또는 한정된 자원이라는 인식을 주는 대상에 '무료'라는 단어가 붙을 때, 사람은 더욱 강한 소유욕을 느낀다. 이것은 단지 물건을 받는 것을 넘어서, 자신이 이득을 챙겼다는 감정적 만족감을 준다.

결국 공짜는 가격이 아니라, 설계의 언어다. "얼마에 팔 것이냐"보다 중요한 것은 "어떻게 감정을 움직이게 할 것인가"이다. 사람은 항상 논리적으로 행동하지 않는다. 특히 비용과 관련된 선택에서는, 단돈 1원이라도 돈이 오가는 순간 이성의 회로가 작동하지만, 0원이 되는 순간 감성의 회로가 모든 걸 장악한다. 그래서 기업은 소비자의 머리를 설득하기 전에 마음을 움직이는 한 단어를 기억해야 한다. **그 단어는 바로 "공짜"다.**

Case 14 – 수치보다 맥락이다. 사람들은 스토리에 넘어간다.

1. 문제인식

어느 화장품 브랜드가 신제품을 출시하면서 기존 제품의 용량을 100ml에서 90ml로 줄였다. 일반적으로 소비자는 이처럼 양이 줄어드는 변화에 예민하게 반응한다. 똑같은 가격을 주고 덜 받았다는 느낌은 손해 본 기분을 불러일으키고, 특히 화장품처럼 가격이 높은 품목일수록 그 반발심은 더 크다. 실제로 유사한 상황에서 일부 브랜드는 '리뉴얼'이라는 이름으로 가격 대비 혜택을 줄였다가 소비자 불매운동에 휘말린 경우도 있다.

하지만 이 브랜드는 전혀 다른 방식으로 접근했다. 신제품 용기의 디자인을 슬림하게 바꾸고, 패키지에 이렇게 문구를 넣었다. "10% 슬림하게! 더 가볍게 즐기세요." 어디에도 '용량 감소', '줄었다'는 표현은 없었다. 오히려 변화의 초점을 '감소'가 아닌 '편의성'과 '스타일'에 맞췄다. 소비자에게는 '덜 준다'는 메시지가 아닌 '더 나아졌다'는 인상이 남았다.

놀라운 것은 이 전략이 실제로 효과를 냈다는 점이다. SNS와 온라인 리뷰를 보면 "가방에 쏙 들어가서 좋다", "여행용으로 부담 없다"는 반응이 이어졌고, 용량 감소에 대한 불만은 거의 제기되지 않았다. 오히려 이 '슬림 리뉴얼' 제품의 매출은 증가했다. 사람들이 양이 줄었다는 사실 자체보다는 그것을 어떻게 받아들이느냐에 더 크게 반응한다는 점이 명확해진 것이다.

이 현상은 단순히 마케팅 문구의 힘만으로 설명되지 않는다. 행동경제학에서는 이를 '단위 착각 효과(Unit Bias)'라고 부른다. 사람들은 실제 수치보다, 그것이 표현되는 방식과 단위를 기준으로 판단하는 경향이 있다. "10ml 줄어들었다"는 말은 '감소'라는 사실을 전면에 드러내지만, "더 슬림하게"라는 문장은 감정적으로 긍정적인 인상을 준다. 이처럼 사람은 절대값보다는 '느껴지는 인상'에 더 민감하다.

2. 선택 설계를 통한 문제해결

'단위 착각 효과'는 일상적인 소비 환경 전반에 걸쳐 폭넓게 적용된다. 예를 들어, 커피 전문점에서 라떼 사이즈를 기존 355ml에서 330ml로 줄이면서도 "한 손에 쏙! 슬림 사이즈 출시"라는 문구를 사용하면 소비자는 변화된 양보다 '새롭고 간편한 경험'을 먼저 인식하게 된다. 마케팅의 언어는 수치를 가릴 수도, 강조할 수도 있지만, 그보다 더 중요한 것은 수치가 아닌 '맥락'을 어떻게 구성하느냐다.

항공사 역시 비슷한 전략을 사용한다. 저비용 항공사는 좌석 간격을 좁히면서도 이를 "더 많은 분들이 이용하실 수 있도록 한 효율적인 좌석 배열"이라고 설명한다. 고객 입장에서 자리는 더 좁아졌지만, 메시지 프레임은 '합리적 운영'에 맞춰져 있다. 실제 공간은 줄어들었지만, 감정적인 저항은 줄어든 셈이다.

이처럼 '하나의 완결된 단위'에 대한 인식을 활용하면, 실제 변화는 크지 않아도 소비자의 반발을 최소화할 수 있다. 사람들은 물건을 '100ml'로 인식하지 않는다. 그냥 '한 병', '한 팩', '하나'로 받아들인다. 식당에서 공깃밥이 180g에서 160g으로 줄었다 해도, 그것을 "공기밥이 작아졌네?"라고 느끼는 사람은 드물다. 밥 한 공기라는 단위 자체가 심리적 기준이기 때문이다.

이러한 인지를 기반으로 기업은 제품의 리뉴얼, 구성 변경, 가격 조정 시 직접적인 수치 언급을 피하고, 정서적 언어로 프레이밍을 바꿀 수 있다. "용량을 줄입니다"가 아니라 "더 간편하게", "더 가볍게", "휴대성을 강화했습니다"라는 표현이 효과적인 이유다. 줄어든 수치를 '손해'가 아닌 '가치 있는 변화'로 받아들이게 만드는 것이다.

이 전략은 또한 고객의 '비교 기준'을 전환시키는 데에도 효과적이다. 예를 들어, 기존 제품과 비교하지 않도록 시각적 디자인이나 용기 형태도 함께 바꾼다면, 소비자는 아예 '새로운 제품'으로 인식하게 된다. 여기서 핵심은 '비교' 자체를 피하게 만드는 것이다. 인간은 과거와의 직접 비교를 통해 손실을 감지하지만, 비교 대상을 흐릿하게 만들면 손실 인식도 흐려진다.

결국 숫자는 정보를 전달하는 기호일 뿐이다. 소비자가 반응하는 것은 숫자 자체가 아니라, 그 숫자가 불러오는 감정의 흐름과 인지의 방향이다. 마케팅과 제품 설계에서 중요한 것은 **얼마를 주느냐가 아니라, 어떻게 느끼게 하느냐**다. 숫자보다 프레임이, 수치보다 문맥이 소비자의 판단을 좌우한다. 그리고 그 문맥은 슬그머니 이렇게 말한다. "줄어든 게 아니라, 더 나아진 거예요."

Case 15 – 본인이 선택한 것은 끝까지 고집하는 이유

1. 문제인식

한 온라인 쇼핑몰에서 흥미로운 소비자 행동 실험이 진행되었다. 실험의 방식은 간단했다. 참가자들에게 두 가지 상품 중 하나를 고르게 한 뒤, 선택이 끝난 시점에서 다음과 같이 안내했다. "A를 선택하셨군요. 하지만 B는 이런 장점이 있습니다." 여기서 중요한 점은, 실험자가 의도적으로 B에 더 나은 조건을 부여했다는 것이다. 가격이 더 저렴하거나, 성능이 더 우수하거나, 혹은 구성품이 더 풍성하도록 구성한 것이다.

그럼에도 불구하고 대부분의 참가자, 무려 80% 이상이 자신이 처음 선택한 A를 그대로 고수했다. 더욱 합리적인 대안이 제시되었음에도 불구하고 마음을 바꾸지 않았다는 것은 직관적으로는 납득하기 어려운 결과다. 왜 이런 일이 벌어졌을까? 단순히 고집이 센 사람들만 참여한 것일까?

사실 이 현상은 인간의 심리에서 비롯된 '선택 후 정당화(Choice-Supportive Bias)'라는 인지적 편향과 관련이 있다. 사람은 어떤 선택을 한 뒤, 그것이 '옳았다'고 믿고 싶어 하는 성향이 있다. 이미 결정을 내린 후에는 그 결정을 지지할 수 있는 이유를 찾아내고, 그 선택이 틀렸다는 증거는 무시하거나 축소하는 경향을 보인다. 이는 잘못된 선택을 인정하는 것이 자존감에 큰 타격을 주기 때문이다. "나는 합리적인 사람이다", "나는 실수하지 않았다"는 이미지를 유지하려는 무의식적인 욕구가 강하게 작용한다.

이 심리는 단지 온라인 쇼핑의 문제에 국한되지 않는다. 우리가 레스토랑에서 메뉴를 고른 뒤, 옆 테이블의 음식이 더 맛있어 보여도 주문을 바꾸지 않는 이유, 오랜 고민 끝에 구입한 스마트폰이 단점이 드러나도 "괜찮아, 난 이게 더 예뻐"라고 스스로를 설득하는 이유, 모두 같은 심리적 메커니즘의 연장선이다. 선택은 단지 물건을 고르는 행위가 아니라, 자기 인식과 감정, 자존심이 결합된 결정체이기 때문이다.

2. 선택 설계를 통한 문제해결

선택 후 정당화의 심리를 이해한 기업은 이 감정 구조를 활용해 소비자가 더욱 만족감을 느끼도록 유도할 수 있다. 핵심은 '소비자가 스스로 선택했다고 느끼게 만드는 것'이다. 이때 실제 선택의 폭이 넓지 않더라도, 소비자가 주체적으로 결정을 내렸다고 인식하게 되면 그 선택에 대한 애착은 훨씬 커진다.

대표적인 예가 커스터마이징(Customizing) 전략이다. 색상, 패턴, 구성, 크기 등을 직접 고를 수 있는 상품일수록 구매자는 해당 제품에 더 큰 정서적 애착을 느끼게 된다. 예를 들어 같은 운동화를 사더라도, 내가 직접 신발끈 색상과 밑창 디자인을 고른 제품은 단순한 '제품'이 아니라 '내가 만든 신발'로 인식된다. 이때 생기는 감정적 만족감은 가격이나 기능보다도 훨씬 강력한 영향을 준다.

또한 최근에는 맞춤형 추천 시스템이나 설문형 구매 가이드도 이러한 정당화 심리를 자극하는 대표적인 방식이다. 예컨대, "당신의 라이프스타일에 맞춘 제품을 추천합니다"라는 말은 구매자가 수동적으로 상품을 제공받는 것이 아니라, 능동적으로 자신의 취향에 맞는 제품을 '선택한 것'처럼 느끼게 만든다. 이러한 방식은 제품의 실제 성능이 기대 이하더라도 "이건 내 라이프스타일에 딱 맞는 제품이야"라는 심리적 방패를 만들어낸다.

특정 브랜드는 이 심리를 더 정교하게 활용한다. '세트 구성 추천'이나 '고객 맞춤형 번들'은 소비자가 미리 정해진 선택지를 수용하면서도, 마치 자신이 능동적으로 구성한 것처럼 느끼게 만드는 선택 설계다. "이건 내가 조합한 구성이다"라는 인식은 후회 가능성을 줄이고, 선택 후 만족도는 더 높아진다. 특히 이 같은 구조는 재구매율과 브랜드 충성도로도 이어진다. 이미 한 번 자존감을 걸고 선택한 브랜드는 쉽게 버려지지 않는다.

이렇듯 소비자 만족은 단순히 제품의 품질이나 가격만으로 결정되지 않는다. "내가 이것을 선택했다"는 감정적 확신, "이건 내 결정이었다"는 자기 설득이 결합될 때, 제품에 대한 애착과 브랜드 신뢰가 탄탄해진다. 실제로 어떤 심리 실험에서는 동일한 와인을 두고 "랜덤 추천받은 와인"과 "직접 고른 와인" 중 어느 쪽이 더 맛있었는지를 물었을 때, 후자의 만족도가 훨씬 높았다. 와인의 품질은 같았지만, 선택의 주도권이 달랐기 때문이다.

때문에 기업은 최고의 제품을 만드는 것뿐만 아니라, 소비자가 그 제품을 선택한 순간부터 만족할 수 있는 심리적 구조를 설계해야 한다. 선택의 순간은 제품 구매의 끝이 아니라, 만족과 충성도의 출발점이기 때문이다. 사람은 본능적으로 자기가 내린 결정을 정당화하려 한다. 때문에 당신이 소비자를 상대하는 사람이라면, 소비자의 선택이 자랑스러워질 수 있도록 전략적으로 도와줘야 한다.

Case 16 – 줄어드는 수량표시가 만드는 초조함

1. 문제인식

한 가구 브랜드가 매주 주말마다 동일한 문구의 이벤트를 진행했다. "이번 주말까지 30% 할인!"이라는 익숙한 문장은 마치 하나의 공식처럼 반복되었다. 눈치 빠른 소비자라면 금세 알아차릴 수 있는 패턴이었다. "이 브랜드는 매주 똑같은 세일을 하네. 급하게 살 필요 없겠네." 이렇게 판단하는 것이 이성적으로는 맞는 판단일 것이다.

그런데 이상하게도 소비자들의 구매는 매주 꾸준히 이어졌다. 동일한 할인율, 반복되는 조건임에도 불구하고 사람들은 매번 "이번 주말이 지나면 기회가 사라질지도 몰라"라는 생각에 다시 구매 버튼을 누르고 있었다. 왜 이런 일이 벌어지는 걸까?

이 현상은 행동경제학에서 말하는 '한정효과(Scarcity Effect)'와 '긴급성효과(Urgency Effect)'가 복합적으로 작용한 대표적인 사례다. 인간은 무언가가 '제한되어 있다'고 느낄 때 본능적으로 더 큰 가치를 부여한다. 또한 그 기회가 '지금 당장 사라질 수 있다'고 느끼는 순간, 판단은 이성에서 감정으로 빠르게 넘어간다. 제한된 기회에 대한 본능적 집착은 인류의 진화 과정에서도 설명된다. 과거 생존이 걸린 경쟁 상황에서 자원은 항상 부족했고, 먼저 확보하는 자가 생존했다. 이러한 심리는 지금도 무의식 깊숙이 자리 잡고 있다.

여기에 더해 '손실회피(Loss Aversion)'라는 심리도 함께 작동한다. 인간은 같은 가치라 하더라도 이익보다 손실을 두 배 이상 더 크게 인식한다. 즉, "30% 할인을 놓쳤다"는 사실은 단순한 '기회 상실'이 아니라 '실질적 손해'처럼 느껴지는 것이다. 사람들은 자신이 어떤 것을 놓쳤다는 생각, 특히 다른 사람은 그걸 가졌다는 생각이 들면 훨씬 더 크게 반응한다. 이때부터 소비자는 실제 할인 폭이나 제품의 필요성보다, '기회를 놓치고 싶지 않다'는 감정에 따라 행동하게 된다.

흥미로운 점은, 이러한 심리가 반복되더라도 잘 사라지지 않는다는 것이다. 같은 패턴의 할인, 같은 문구의 광고가 계속돼도, 사람들은 여전히 '지금이 마지막일지도 모른다'는 심리적 압박을 느낀다. 이 압박은 이성적인 판단보다 훨씬 더 빠르고 강하게 작동하며, 소비자의 클릭과 구매를 유도한다.

2. 선택 설계를 통한 문제해결

기업들은 이와 같은 인간의 심리를 정교하게 이해하고, 이를 바탕으로 소비자가 '지금' 행동하게 만들도록 설계한다. 그 핵심은 '희소성과 긴급성'을 교차로 자극하는 방식이다. 제한된 시간과 수량, 그리고 반복적인 '기회 제한' 메시지는 소비자에게 결코 논리적인 사고를 유도하지 않는다. 오히려 감정의 버튼을 누르는 역할을 한다.

이를테면 "남은 수량 3개"라는 문구는 구매를 고려하던 소비자에게 즉각적인 행동을 유도한다. "조금만 더 고민해볼까"라는 생각은 사라지고, "지금 안 사면 없어진다"는 공포가 생긴다. 쿠팡의 로켓배송 타임세일, 티몬의 타임딜, 위메프의 선착순 특가 등도 모두 이 구조를 이용한다. 특히 이들 플랫폼은 시각적으로도 '시간 제한'을 강조한다. 초 단위로 줄어드는 시계 아이콘, 점점 사라지는 재고 바, 붉은색 강조 문구 등은 소비자에게 강한 시각적 압박감을 준다.

또 다른 예로, 항공권 예약 사이트에서는 특정 좌석이 몇 개 남았는지를 실시간으로 표시해준다. "이 가격에 남은 좌석 2개"라는 문구는 더 나은 조건을 찾고 있던 사람도 일단 지금 결제하게 만든다. 숙박 예약 플랫폼도 마찬가지다. "3명이 이 숙소를 지금 보고 있어요", "오늘 이 방을 12명이 예약했습니다" 등의 문구는 소비자에게 묘한 경쟁심과 불안감을 동시에 자극한다. 이 같은 문구는 소비자가 이성적으로 '진짜 재고가 얼마일까?'를 따져보기 전에 이미 감정적으로 반응하게 만든다.

브랜드가 이러한 전략을 반복적으로 사용하더라도 소비자는 매번 새롭게 반응한다. 왜냐하면 손실회피 성향과 긴급성 자극은 '인지'가 아니라 '감정'의 차원에서 작동하기 때문이다. 이성은 반복에 익숙해지지만, 감정은 매번 같은 방식으로 자극된다. 그래서 동일한 할인이라도 "이번 주말 한정"이라는 문구만 붙으면 여전히 유효하다. 감정적 행동을 유도하는 데 있어 '설득'보다 강력한 건 '불안'이다.

결국 마케팅 전략에서 중요한 것은 "얼마나 싸게 파느냐"가 아니라, "지금 사지 않으면 어떤 기회를 잃게 되느냐"를 소비자에게 얼마나 강하게 인식시키느냐다. 소비자의 선택을 이끄는 힘은 정보가 아니라 감정이고, 그 감정을 자극하는 데 있어 희소성과 시간 제한은 가장 강력한 도구다. '지금 아니면 없다'는 말은 단순한 문장이 아니라, 인간의 본능을 겨냥한 촘촘한 심리 설계다.

Case 17 – 코카콜라 나이키 맥도날드의 한결같은 마케팅전략

1. 문제인식

A사에서 출시한 한 신제품 광고는 첫 인상만 놓고 보면 평범했다. 동

일한 모델이 등장하고, 배경 음악은 바뀌지 않았으며, 광고 문구 또한 반복적이었다. 구성에도 특별한 전환이나 드라마틱한 연출은 없었고, 제품의 기능이나 장점 역시 기존의 다른 브랜드와 큰 차별성이 없어 보였다. 변화무쌍한 자극에 익숙한 요즘 소비자들에게는 다소 지루하게 느껴질 수도 있는 광고였다. 내부에서도 "이렇게 평이한 광고로는 소비자 마음을 잡기 어려울 것"이라는 우려가 있었고, 광고에 대한 신선함이나 차별성이 부족하다는 평가도 나왔다.

하지만 시간이 지날수록 예상과는 다른 일이 벌어졌다. 소비자들은 해당 광고에 점점 더 익숙해졌고, 광고를 본 횟수가 늘어날수록 제품에 대한 친근감과 신뢰도도 자연스럽게 높아졌다. 한 두 번 볼 때는 관심이 없었던 이들이, 어느 순간 "익숙하다", "어디서 본 것 같다", "믿을 수 있을 것 같다"는 반응을 보이기 시작했고, 실제 구매율도 눈에 띄게 상승했다. 광고의 내용은 그대로였는데, 소비자의 반응은 전혀 달라진 것이다.

이러한 현상은 심리학에서 말하는 '노출효과(Mere Exposure Effect)'로 설명된다. 사람은 본능적으로 익숙한 것에 호감을 느낀다. 처음에는 무관심하거나 심지어 약간 부정적인 인상을 가졌던 대상이라도, 반복적으로 노출되면 점점 긍정적인 감정을 가지게 되는 것이다. 중요한 것은 그 대상이 반드시 매력적이거나 뛰어나야 하는 게 아니라는 점이다. 단순히 '반복적으로 본 것'이라는 이유만으로 사람은 그 대상을 더 좋아하게 되는 심리적 경향을 갖는다.

이 심리는 우리의 진화적 본능과도 연결된다. 인류는 위험을 피하고 생존하기 위해 낯선 것보다는 익숙한 것에 신뢰를 보냈다. 그리고 이 감정은 현대 소비 환경 속에서도 그대로 작동한다. 소비자는 새롭고 자극적인 광고보다, 일관되고 반복적으로 노출되는 광고를 통해 정서적 안정감과 신뢰감을 형성하게 된다. 실제로 많은 소비자들은 제품 자체의 기능이나 정보보다, '익숙한 이미지'에 의해 브랜드를 선택하는 경우가 많다.

2. 선택설계를 통한 해결

A사가 택한 전략은 단순했다. 변화나 화려함을 무리하게 추구하지 않고, 일관성과 반복성에 집중했다. 광고 모델, 시그니처 음악, 브랜드 컬러, 문구 등을 일관되게 유지하며 장기적으로 노출 빈도를 늘리는 선택을 한 것이다. 처음에는 별다른 반응이 없더라도, 반복을 통해 소비자의 심리에 '익숙함'을 심고, 그 익숙함이 곧 신뢰로 이어지게끔 설계한 전략이었다.

이 전략은 단순히 '많이 보여준다'는 의미를 넘는다. 메시지의 톤과 매너, 광고의 감정선, 이미지의 통일성, 브랜드 로고의 반복 등은 모두 정서적 안정감을 유도하기 위한 장치다. 브랜드가 소비자에게 "우리는 변하지 않는다", "당신이 알던 바로 그 브랜드다"라는 인식을 심어주는 것이다. 이는 무의식 속에서 신뢰를 형성하고, 구매 전환으로 이어질 수 있는 토대를 만든다.

이러한 전략은 글로벌 브랜드들이 수십 년간 실천해온 방식이기도 하다. 코카콜라는 빨간색과 흰색의 조합, 곡선의 로고, '함께 나누는 행복'이라는 감정 메시지를 100년 가까이 유지하며 브랜드 가치를 구축했다. 나이키의 "Just Do It" 슬로건, 맥도날드의 노란색 M자 로고 역시 마찬가지다. 이들은 메시지의 파괴력보다 '반복되는 익숙함'을 통해 브랜드 신뢰를 만들어낸다.

노출효과는 광고뿐만 아니라, 유튜브 영상, 뉴스레터, SNS 콘텐츠, 제품 패키지, 오프라인 매장 인테리어에 이르기까지 폭넓게 적용할 수 있다. 유튜브에서 자주 등장하는 인플루언서가 점차 친근하게 느껴지는 것도, 같은 로고와 문구를 반복해서 본 기업에 신뢰를 느끼는 것도 같은 원리다. 이러한 반복은 '기억'을 넘어 '감정'의 영역에 영향을 미친다.

결국 소비자의 선택은 이성적 분석보다는 정서적 반응에 의해 좌우되는 경우가 많다. 처음에는 무심히 넘겼던 광고가 어느 순간 마음속에 자리잡고, 별다른 이유 없이 해당 브랜드에 손이 가게 만드는 것. 그것이 바로 노출효과의 힘이다.

따라서 기업은 콘텐츠의 혁신보다 반복의 설계에 집중해야 하며, 브랜드가 '익숙한 친구'처럼 다가갈 수 있도록 자극 구조를 디자인해야 한다. **사람의 감정은 새로움보다 익숙함에 더 쉽게 반응한다.** 이 간단하지만 강력한 심리를 제대로 활용할 때, 비로소 소비자의 마음에는 그 기업에 대한 이미지, 그 기업이 판매하는 상품이나 서비스에 대한 편안함이 자리 잡게 된다.

행동경제학을 인사의 영역으로

자, 이제 길을 떠날 시간이다. 이제부터 형동경제학을 어떻게 인사의 영역에서 활용할 것인지에 대해 본격적인 설명을 해 보고자 한다. 구체적인 설명에 앞서 행동경제학을 인사의 영역으로 끌어 들이기 위해서 필요한 3가지 관점에 대해 이해를 구하고자 한다.

1) 치밀한 분석이나 오류제거를 위한 수단이 아니라고 정의한다.

행동경제학은 오류나 누락을 방지하기 위한 검토용 수단이 결코 아니라는 점을 알아야 한다. 여러가지 각론이 아메바처럼 구성되어 있기 때문에 프레임워크로 만들기가 쉽지가 않다. 따라서 어느 하나의 과제를 완성했다고 해서 다른 영역까지 확장해서 과제해결이 이루어지지는 않는다. 여기저기 빈틈이나 누락이 있다는 전제를 안고 행동경제학을 바라보아야 한다. 정확성보다는 조직관리에 필요한 아이디어 생성차원에서 바라보아야 한다.

2) 범용적으로 쓰이고 있는 인사전략에 대한 검토시점에서 바라본다.

앞서 언급한 것처럼 행동경제학은 다양한 분야의 여러 학자들이 각자의 테마를 안고 연구를 진행했고 거기서 얻은 결과를 근거로 하고 있다. 연구에서 얻은 결론에 각자의 이름을 붙여서 세상에 발표한 학문을 근거로 하고 있는 것이다. 이것들은 사업을 위한 어떤 목적이나 체계적인 검토의 프로세스를 의식해서 만들어진 것이 아니다. 때문에 "그럴 수도 있구나"는 생각으로 행동경제학을 바라보는 것이 맞을 것이다.

3) 아날로지컬사고로 아이디어를 구상한다.

인사전략의 검토시점별로 행동경제학의 각이론을 정리하고 난 후에는 그것들을 어떤 방식으로 인사시책에 녹여낼 것인가를 생각해야 한다.

여기에 필요한 방법론이 바로 '아날로지컬사고'이다. 자세한 내용은 나중에 다시 설명하겠지만, 간단히 말하면 어떤 현상이나 사례와 관련하여 그것이 생성되는 법칙이나 패턴을 발견하고 일반화하여 다른 분야에도 접목하는 일련의 프로세스를 말한다.

즉, 프로세스별로 행동경제학에 담겨있는 각각의 장면들을 활용하여 대상이 되는 각종 현상에 대입해 보는 행동을 말한다. 아마도 행동경제학이 안고 있는 각각의 이론을 현실생활에 가장 잘 녹여 내는 효과적인 어프로치가 아닌가 생각한다. '아날로지컬사고'는 행동경제학 이외의 영역에서도 자주 사용되고 있는 수단으로서 생각보다 간단하게 실무에 접목하여 사용할 수가 있다.

자 그럼 이제 본격적으로 행동경제학을 어떻게 인사의 영역에서 활용할 것인지에 대해 알아보기로 하자. 그 전에 3부의 내용에 대해 여러분의 이해를 돕기 위해 작은 설명을 부연하고자 한다.

이 글의 본문에 해당하는 3부는 총 10개의 장으로 구성되어 있다. 주제별로 이루어진 각 장들은 1.상황예시 → 2.이런 일이 일어나는 이유 → 3.행동경제학으로 보는 조직심리 → 4.관련한 직장인 의식조사 → 5.의식조사 결과가 주는 힌트 → 6.참고할 만한 실전사례 → 7.이렇게 해 보자! 의 '7단계 흐름'으로 구성되어 있다.

참고로 '4. 직장인 의식조사' 파트는 저자가 매월 실시하는 '직장인 의식조사 현장서베이'에서 해당 주제와 매칭이 되는 내용들을 가져온 것이다. 저자는 지난 10년 동안 매월 꾸준히 직장인을 대상으로 한 의식조사를 실시하고 있으며, 이는 지금까지 발간한 도서의 큰 재료가 되고 있다. 과거의 모든 데이터는 당사(지속성장연구소)의 홈페이지에서 감상할 수 있으니 참고하면 좋겠다.

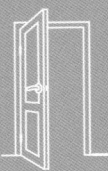

성과평가, 보상, 채용, 이직… 왜 제도는 있는데 늘 문제가 생길까?

이 장에서는 조직 안에서 반복되는 인사 이슈를
행동경제학의 시선으로 다시 들여다본다.
사람은 숫자보다 감정에, 구조보다 인상에 더 쉽게 흔들린다.
익숙한 제도에 숨은 심리의 법칙을 읽을 때, 비로소 진짜 해결이 시작된다.

제 3 부

인사에 대한 행동경제학적 접근

1장. 인사란 무엇인가 :
사람은 논리가 아니라 감정으로 움직인다

많은 인사제도는 논리적 설명으로 시작한다. 그러나 제도가 실제로 조직 내에서 작동하려면, 논리보다 먼저 사람의 감정을 이해해야 한다. 감정이 움직이지 않으면, 아무리 잘 만든 제도도 공허하게 느껴진다.
이번 장에서는 '사람은 논리가 아니라 감정으로 움직인다'는 관점에서 인사의 본질을 다시 들여다보고자 한다.

1. 상황 예시

중견기업 B사의 인사팀은 올 상반기 가장 공들인 프로젝트로 성과보상제도 개편을 추진하고 있었다. 단순히 기존의 성과 기준을 조정하는 것이 아니라, 보상 체계 전반에 대한 구성원 인식을 바꾸고 싶었다. 인사팀장은 이 프로젝트를 "완벽하게" 만들고 싶었고, 그 생각은 숫자와 로직을 중심으로 구체화되었다.

각 부서의 KPI 구조를 전면 재조정했고, 직무군별 특성과 목표 수준을 계량적으로 분석했으며, 성과지표별 보상 연계를 정교한 수치 모델로 구성했다. 인사팀장은 '부서 간 형평성', '고과 쏠림 해소', '성과 기반 정렬'이라는 키워드를 중심으로 논리를 짜맞췄고, 예상되는 질문이나 저항 포인트에 대해 철저하게 Q&A를 작성해 대응까지 준비해 놓았다. 그의 노트북 안에는 '반박할 수 없는 근거 모음'이라는 폴더가 따로 있었을 정도다.

"이 정도면 설득되겠지."

회의 당일, 인사팀장은 자신 있게 회의실 문을 열며 10페이지짜리 컬러 자료집을 들고 들어갔다. 회의실엔 팀장 12명이 앉아 있었고, 절반 정도는 고개를 숙이고 휴대폰을 들여다보고 있었다. 그는 프레젠테이션을 시작하며 천천히 데이터를 풀어갔다. 설명은 명료했고, 자료는 구조적이었으며, 그의 목소리는 흔들림이 없었다. 하지만 회의실은 처음부터 묘하게 정적이 일었다.

슬라이드가 끝나고, 첫 번째 질문이 나왔다. "갑자기 왜 이걸 바꾸죠?" 그 뒤를 이어 또 다른 팀장이 조심스럽게 덧붙였다. "성과 기준이 높아지면… 애매한 실적의 팀은 보상이 줄어드는 건가요?" 회의는 이어졌지만 분위기는 더 이상 회복되지 않았다. 누군가는 아무 말도 하지 않았고,

누군가는 불편한 표정으로 자리를 옮겼다. 그리고 그날 회의의 결정타는 이 말이었다.

"우리가 뭘 잘못한 게 있어서 이 제도를 도입하는 건가요?"

회의가 끝난 뒤 복도에서는 낮은 목소리로 이런 말들이 오갔다. "결국 또 고과 잘 주는 부서만 이득 보는 구조잖아." "지표는 복잡한데… 뭐가 달라지는 건지 모르겠어." "왜 이렇게 꺼림칙하지…"

그날 저녁, 인사팀장은 혼자 사무실에 남아 고개를 떨군 채 되뇌었다. "자료도 완벽했고, 설명도 논리적이었는데… 왜 저렇게 반응하지? 읽어 보면 수긍할 텐데. 왜 안 읽고 거부부터 하는 거지?"

하지만 정작 그는 그 자료 어디에도 사람들이 느낄 감정에 대한 설명이 없었다는 것을 인식하지 못하고 있었다.

문제는 그들이 '논리'를 몰라서가 아니었다. 팀장들은 제도 자체보다 "내가 손해 보는 건 아닐까?", "우리 팀은 소외되는 건 아닐까?", "지금까지의 방식이 부정당하는 건 아닐까?" 같은 심리적 신호를 더 먼저 감지하고 있었다.

사람은 정보를 받아들이기 전에, 감정적으로 방어부터 한다. 특히 조직에서 '보상', '성과', '평가'라는 단어는 누구에게나 민감하게 작용한다. 그 말 한마디가 자신의 자리, 업적, 자존감, 인정 욕구를 위협할 수 있기 때문이다. 인사팀장은 논리를 준비했지만, '관계적 불안'을 설계하지 못했다. 슬라이드에는 도표와 지표는 가득했지만, "왜 이 변화가 당신에게 손해가 아니라 성장 기회인지"를 말해주는 문장은 한 줄도 없었다. 자료는 '충분'했지만, 마음을 흔들 수 있는 설계는 '비어' 있었다.

제도는 논리로 설득하는 것이 아니라, 신뢰로 받아들여진다. 논리만으로는 사람을 움직일 수 없다. 조직 변화에서 진짜 중요한 것은 숫자 뒤에 감춰진 감정의 지형을 잘 읽고, 그 위에 설계를 얼마나 잘 하는가 이다.

2. 이런 일이 일어나는 이유

많은 리더와 인사담당자는 조직을 움직이기 위해 '정확한 정보'와 '명확한 논리'를 준비한다. 수치로 설명하고, 구조를 보여주고, 데이터를 통해 '설득'을 시도한다. 하지만 현실은 정반대로 움직인다. 아무리 논리적으로 완벽한 제안이라도, 구성원이 감정적으로 수용하지 못하면 그 제도는 작동하지 않는다. 오히려 저항을 불러오거나, 무관심 속에 조용히 실패로 사라진다.

이는 단순히 커뮤니케이션 방식의 문제가 아니다. 인간은 논리로 움직이는 존재가 아니라, 감정으로 반응하는 존재이기 때문이다. 실제로 뇌과학적 연구에 따르면, 사람이 어떤 정보를 받아들일 때 가장 먼저 반응하는 부위는 '논리 영역'이 아닌, '감정과 생존 본능'을 담당하는 편도체라고 한다. 새로운 변화가 닥치면, 뇌는 먼저 "이게 나에게 위협이 되는가?"를 본능적으로 판단한다. 이것이 바로 심리적 방어 작용이다. 제도가 아무리 훌륭해도, 그것이 나에게 불이익이 될 수 있다는 '심리적 신호'가 감지되면 마음은 자동적으로 닫힌다.

특히 인사 제도, 그 중에서도 '성과', '보상', '평가'와 관련된 항목은 구성원들에게 가장 민감하게 다가온다. 왜냐하면 이 세 가지는 단순한 제도 항목이 아니라, '존재에 대한 가치 평가'처럼 느껴지기 때문이다. "나는 얼마나 인정받고 있는가?", "내가 속한 팀은 어떤 대우를 받고 있는가?"는 조직생활의 핵심 심리다. 그런데 그 심리를 고려하지 않고 "우리는 형평성과 전략적 정렬을 위해 보상 지표를 바꿨다"고 말하면, 듣는 사람은 이를 냉정한 숫자 변경이 아니라, **'나의 기여가 깎이고, 우리의 노력이 부정당하는 것'**으로 받아들일 수 있다.

이런 상황에서 흔히 등장하는 반응은 두 가지다. 첫째는 의심이다. "왜 갑자기 이 제도를 바꾸지?", "이게 진짜 누구를 위한 변화일까?" 둘째는 자기방어다. "지금까지도 문제없었는데, 왜 굳이 바꿔야 하지?", "혹시 나만 손해보는 구조가 되는 건 아닐까?" 이렇게 심리적 불신이 쌓이면, 사람들은 제도의 '논리'가 아니라 '배후 의도'를 읽으려 한다. 이는 조직 내 신뢰가 충분히 쌓이지 않은 상태에서 제도만 바꾸려 할 때 자주 발생하는 현상이다.

또한 설득하는 사람에 대한 신뢰감도 결정적이다. '누가' 말하느냐는 '무엇을' 말하느냐보다 훨씬 큰 영향력을 갖는다. 평소에 신뢰받지 못한 리더가 아무리 좋은 제도를 들고 나와도, 구성원은 "위에서 시켜서 그러는 거겠지"라며 냉소적으로 받아들인다. 반면 평소에 존중을 기반으로 소통한 리더는 동일한 제안을 하더라도 더 열린 반응을 얻을 수 있다. 결국 제도란, 그 자체의 설계 논리보다 전달하는 사람과 환경, 분위기, 신뢰감의 총합으로 수용 여부가 결정된다.

이처럼 인사 제도의 성패는 논리적 설계가 아니라, 정서적 설계에 달려 있다. 변화가 구성원에게 어떤 감정을 유발할지를 먼저 설계해야 하며, '이 변화가 나에게 어떤 기회가 되는지', '왜 나를 위한 것인지'에 대한 감정적 의미 부여가 반드시 함께 전달돼야 한다.

3. 행동경제학으로 보는 조직심리

먼저, '손실회피성향'이다.

사람들은 얻는 것보다 잃는 것에 훨씬 더 강하게 반응한다는 원리를 말한다. 새로운 제도를 설명할 때 "이걸 통해 무엇을 더 얻을 수 있다"고 말해도, 직원들은 "그 과정에서 내가 뭘 잃게 될까?"를 먼저 떠올린다. 때문에 변화는 늘 불안과 저항을 동반한다.

이 개념은 대니얼 카너먼(Daniel Kahneman, Princeton University)과 아모스 트버스키(Amos Tversky, Stanford University)가 함께 발표한 논문 "Loss Aversion in Riskless Choice : A Reference-Dependent Model" (1991)에서 구체화되었다.

두 학자는 참가자들에게 위험이 없는 선택 상황을 제시했다. 예를 들어, 어떤 집단에게는 "보장된 90명의 생존"이라는 이익 중심의 표현을 제시하고, 다른 집단에게는 "10명이 사망할 수 있음"이라는 손실 중심의 표현을 제공했다. 두 선택 모두 실제 결과는 동일했지만, 사람들은 손실이 강조된 표현을 받았을 때 훨씬 더 강하게 반응했고, 더 회피적인(보수적) 선택을 하는 경향을 보였다.

또한 연구는 사람들이 현재 상태(기준점, reference point)를 기준으로 이익과 손실을 판단한다는 전제를 기반으로 했으며, 이 기준점을 벗어난 변화가 손실로 인식되는 경우 실제 가치보다 훨씬 과장된 반응을 이끌어낸다는 점을 보여주었다. 이 실험은 단순한 심리 실험을 넘어서, 조직 설계, 소비자 행동, 정책 커뮤니케이션 등 다양한 분야에 걸쳐 사람이 변화에 저항하는 핵심 이유가 무엇인지를 밝히는 결정적 단서가 되었다.

조직 안에서도 제도나 평가 방식이 변경되면, 사람들은 논리적 이득보다 심리적 손실을 먼저 떠올린다. 그래서 새로운 채용 제도를 설명하면서 아무리 "성과 중심으로 더 좋아질 것"이라 강조해도, 직원들은 "기존의 기준, 내가 익숙했던 방식, 나의 영향력이 줄어드는 건 아닐까?"를 먼저 생각한다. 결국 이 저항은 논리가 아니라 본능이다. 손실을 피하려는 인간의 심리가 제도 도입의 가장 큰 장벽이 된다.

두 번째는 '현상유지편향'이다.

사람들은 지금 상태를 유지하고자 하는 성향이 매우 강하다. 설사 새 제도가 더 좋다 하더라도, 기존에 익숙한 방식에서 벗어나는 것 자체가 부담이 된다. 결과적으로 "지금도 나쁘지 않은데 왜 바꾸려고 하죠?"라는 반응이 나온다.

이 편향은 윌리엄 새뮤얼슨(William Samuelson, Boston University)과 리처드 제크하우저(Richard Zeckhauser, Harvard University)가 1988년에 발표한 논문 "Status Quo Bias in Decision Making"에서 실험적으로 입증되었다.

이들은 참가자들에게 여러 선택지를 제시하고, 그중 한 가지를 '기본값(default)'으로 표시한 뒤 "바꾸고 싶으면 바꿔도 된다"고 안내했다. 선택지들은 모두 동등하거나, 경우에 따라선 다른 옵션이 더 나은 조건을 포함하고 있었지만, 대부분의 참가자들은 기본값으로 설정된 선택지를 그대로 선택했다. 특히, 기본값 변경에 따른 손해가 없다는 점을 알면서도 "일단 있는 그대로가 편하다"는 심리적 기제에 따라 행동했다.

이 실험은 이후 다양한 정책 현장에 적용되었다. 예를 들어 연금가입, 장기기증 동의, 에너지 소비 습관 등에서도 기본값으로 설정된 항목은 압도적으로 선택 비율이 높았으며, 이는 인간의 심리가 실제 이익·손해와 관계없이 '지금 상태를 바꾸는 것 자체'에 대해 부담을 느낀다는 점을 보여준다.

조직에서도 이 현상은 자주 나타난다. 채용제도가 아무리 논리적으로 개선되어도, "지금도 큰 문제없는데 굳이 바꿔야 해요?"라는 말이 나오는 이유다. 관리자나 실무자는 새로운 구조에 적응해야 한다는 불편함과 심리적 리스크를 현상유지의 이점보다 더 크게 평가하기 때문이다.

결국, 제도를 설계할 때는 "이게 더 좋다"는 논리만으로는 충분하지 않다. 구성원들에게는 변화 자체가 '심리적 비용'이기 때문에, 익숙함에서 벗어나는 과정에 대해 의미 부여와 정서적 설계가 함께 따라야 한다.

마지막은 '통제감의 상실'이다.

사람은 스스로 선택하고 있다는 감각, 즉 통제감을 매우 중요하게 여긴다. 그런데 변화가 일방적으로 주어질 경우, 자신이 선택권을 잃었다고 느끼면 심리적 저항이 생긴다. 이때 사람들은 설령 변화가 합리적이더라도 본능적으로 거부하거나, 무시하거나, 비난하게 된다. "나에게 왜 선택권을 주지 않았는가"라는 감정이 반발의 근원이 되는 것이다.

이런 심리를 심리적 반발 이론(Psychological Reactance Theory)이라고 부르며, 이를 체계적으로 설명한 사람이 잭 브렘(Jack W. Brehm, University of Kansas)이다. 브렘은 1966년 저서 "A Theory of Psychological Reactance"에서 이 개념을 처음 정식으로 제시했으며, 다양한 실험을 통해 사람이 어떻게 자율성의 위협에 반응하는지를 분석했다.

대표적인 실험 중 하나는 다음과 같다. 참가자들에게 여러 물건 중 하나를 고르게 한 다음, 일부 선택지를 갑자기 제거하거나 제한했다. 그러자 참가자들은 원래 그리 선호하지 않았던 물건에 대해 갑작스럽게 더 큰 선호나 집착을 보이는 현상이 나타났다. 이것은 "그 물건을 갖지 못하게 되었다"는 제한이 자유를 위협한다고 느꼈기 때문이었다. 브렘은 이런 현상이 자기결정권이 위협받았다고 느낄 때 자신도 모르게 심리적 저항을 일으키는 자연스러운 반응이라고 설명했다.

조직 안에서도 비슷한 일이 발생한다. 예를 들어, 팀장이 채용결정에서 배제되거나, 사전에 논의 없이 평가 기준이 일방적으로 바뀔 때, 해당 구성원은 "내가 무시당했다"는 감정을 느끼고 그 제도가 아무리 효과적이라 하더라도 정서적 거부감을 보이게 된다.

결국, 정책의 핵심은 '내용'만이 아니라 **"구성원이 얼마나 주체적으로**

참여하고 있다고 느끼는가"에 달려 있다. 제도가 강요처럼 느껴지면, 반발은 당연한 결과다. 그러므로 새로운 제도 도입 시에는 사전 설명, 선택 가능성, 의견 수렴의 절차가 정책 못지않게 중요해진다.

4. 관련한 직장인 의식조사

※ 조사시기 : 2025년 2월, 참여인원 : 297명 [▲성별(남성 225명, 여성 72명) ▲성격(내성적 161, 중간 54, 외향적 82)]

Q1. 지금까지 최고의 상사를 만난 적이 있습니까?

지금까지 최고의 상사를 만난 적이 있는지에 대해 물었다. 응답은 '있다 53.2% VS 없다 46.8%'로 나왔다. 최고의 상사에 대한 경험을 응답자의 성격으로 나누어 분석해 보았다. 그랬더니 최고의 상사에 대한 경험에 대해, 외향적이라고 답한 사람은 '있다58.5% VS 없다41.5%'로서 '있다'의 응답이 17% 더 많았다. 반면, 자신을 내성적이라고 답한 사람은 최고의 상사에 대한 경험에 있어서 '있다50.3% VS 없다49.7%'로 응답했다.

자신을 외향적인 성격이라고 생각하는 사람은 최고의 상사를 만났다고 인식하는 기억이 17% 더 많은 반면, 내성적인 사람에게 있어서는 최고의 상사에 대한 경험이 거의 비슷한 것으로 나타났다. 훌륭한 상사를 만났다고 생각하는 기억도 자신이 가진 성향에 따라 다르게 인식되고 있음을 알 수가 있다.

【표1】 지금까지 최고의 상사를 만난 적이 있는지에 대한 답변

【표2】 지금까지 최고의 상사를 만난 적이 있는지에 대한 답변 (성격별 비교)

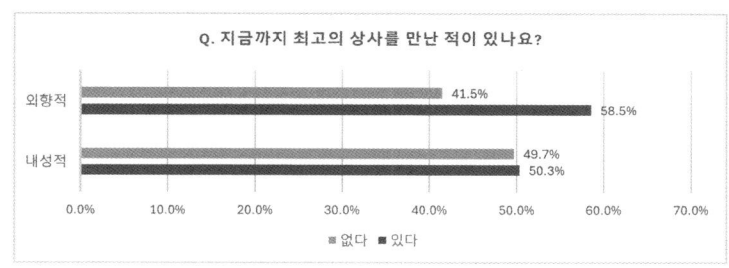

Q2. 최고의 상사에 대한 에피소드
(최고의 상사에 대한 개인적 경험담에 대해 사람들은 이렇게 말했다)

• 업무에 대한 가이드라인이 확실했고 특히 타임라인을 미리 정확히 안내해주어 함께 근무한 첫해에 적응하기에 매우 도움이 되었다. 둘째 해에는 전년도를 기준으로 미리 준비할 수 있어 상사와의 업무적 케미가 매우 좋았다. 팀 분위기도 서로 응원하고 장점을 부각시켜 칭찬해줄 수 있는 그런 상사였다.

• 커리어에 대해 장기적인 관점에서 보도록 코치를 해 줌. 팀원일때, 내가 팀장이면 어떻게 판단할 것인지에 대해서 동일하게 질문을 함. 결

국, 내가 팀장이면서 장기적인 관점에서 업무를 하도록 지속적으로 독려. (일을 자발적으로 더 많이 했음)

- 직원 개인의 업무 능력을 파악하여 업무 바운더리 안에서는 자율성을 주고, 업무적 실수 등을 빠르게 수습해줌. 칭찬을 명확하게 해주고 잘못한 부분은 알아서 알아차리게 함. 직원들에게 솔직하며 직원들 사이의 갈등을 적극적으로 해소하려고 노력함.

- 지금의 상사입니다. 우선, 저에게 '열정'있게 일 할 수 있게 도움을 주십니다. 제가 하고 싶은 것이 어떤 것인지 물어보시고, 그쪽으로 더 많이 일 할 수 있게 해 주십니다. 그리고 무엇보다 팀장님과 정말 많은 이야기를 하는데요, 거기서 오는 심리적인 안정감과 소속감이 도움이 됩니다. 왜 이 일을 해야 하는지 명확하게 말씀하시고, 제가 납득하지 못하는 부분이 있다면 저를 이해시켜 주려고 노력을 많이 하십니다. 결론적으로 앞으로도 이런 상사분을 만날 수 있을까라는 의문이 들 정도로 좋은 상사입니다.

Q3. 지금까지 최악의 상사를 만난 적이 있습니까?

지금까지 최악의 상사를 만난 적이 있는지에 대해 물었다. 응답은 있다 53.2% 없다 46.8%로 나왔다. 최악의 상사에 대한 경험을 응답자의 성격으로 나누어 분석해 보았다. 그랬더니 최악의 상사에 대한 경험에 대해, 외향적인 사람은 '있다67.1% VS 없다32.9%'로서 '있다'의 응답이 2배 이상 더 많았다.

반면, 자신을 내성적이라고 답한 사람은 최악의 상사에 대한 경험에 있어서 '있다44.7% VS 없다55.3%'로 없다가 더 많은 것으로 나왔다. 외향적인 사람은 최악의 상사에 대한 경험을 훨씬 더 많이 가지고 있는 반면, 내성적인 사람은 최악의 상사에 대한 경험을 더 적게 인지하고 있는 것으로 나타났다.

【표3】 지금까지 최악의 상사를 만난 적이 있는지에 대한 답변

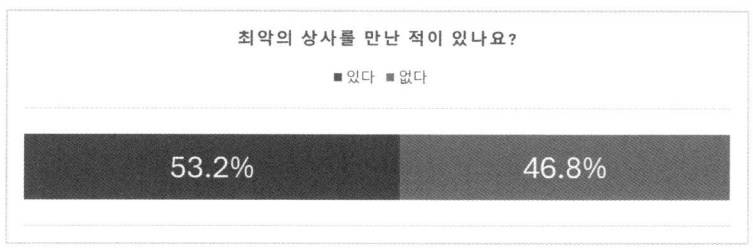

【표4】 지금까지 최악의 상사를 만난 적이 있는지에 대한 답변 (성격비교)

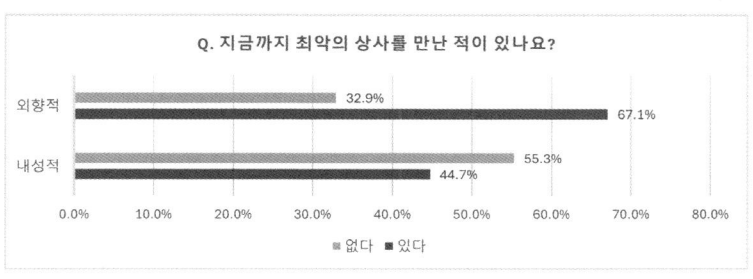

Q4. 최악의 상사에 대한 에피소드
(최악의 상사에 대한 개인적 경험담에 대해 사람들은 이렇게 말했다)

• 방향성 없이 일단 채용먼저 한 뒤 어떤 역할을 줄지, 어떤 일을 할 수 있는지에 대해 나중에 고민하지만 뚜렷한 답을 내리지 못하는 상사

• 직원들과 내부 검토한 결과가 있더라도 대표이사의 말 한마디에 의견도 제시 못하면서, 내부 의사결정 결과를 뒤집어서 업무지시 및 부당한 압력을 행사하는 경우가 많았던 상사가 생각납니다.

• 예전 직장의 상사입니다. 이 분을 한마디로 정의하면 '비난하기 위해 회사를 다니시는 분'입니다. 일을 더 잘하기 위해 수단으로 사용하기 보

다 본인 자존감을 높이기 위해 직원들을 깎아 내리는 분이였거든요.

• 회사에 이익이 되는 사업을 잘 찾아서 돈 버는 능력이 탁월하였고 외부에서의 이미지는 세련된 호인이라는 평가를 주로 받았습니다. 그러나 직원들에게는 본인의 불같은 성격을 참지 못하고 욕을 하거나 물건을 집어 던지는 일도 잦았습니다. 회사가 잠시 어려워져서 직원들 수당을 삭감한 적이 있었는데, 본인의 업무용 수입차는 한단계 고급 브랜드로 바꾸고, 자녀들은 유럽으로 유학 보냈다는 사실을 나중에 알게 되어 퇴사를 결심하게 되었습니다.

Q5. 직장상사로 가장 인기있는 연예인 1위는 유재석

직장상사로 같이 일해보고 싶은 연예인은 누구인지에 대해 물어보았다. 응답자의 1/2가량이 없다(45.1%)라고 응답했다. 있다는 의견 54.9%에 대해 구체적인 인물을 물어본 결과, 1위 유재석 2위 아이유라는 응답이 나왔다. 유재석을 희망하는 이유에 대해서 응답자 대부분은 그의 경청과 조언능력을 가장 많이 꼽았다.

【표5】 직장상사로 희망하는 연예인이 누구인지에 대한 답변

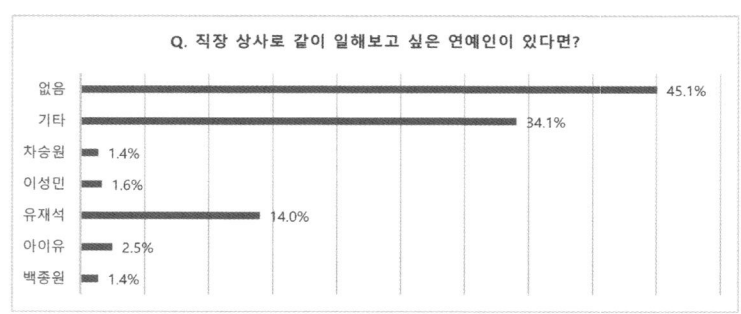

Q6. 유재석을 희망하는 이유

(직장상사로 유재석을 희망하는 이유에 대해서 사람들은 이렇게 말했다)

• 내 이야기를 잘 들어줄 것 같아서

• 다른 사람의 말을 잘 들어주고 조언을 잘 해주며 리더다운 모습을 잘 보여줄 것 같습니다.

• 강압적으로 업무지시를 하지 않고 의견을 들어보고 잘 조율해서 일을 해 나아갈 것 같다.

• 배려심이 많고, 나의 이야기를 잘 들어줄 것 같아서…

• 입담이 좋음, 의사전달이 명확함, 해당 분야에 전문적 지식이 있어 보임.

• 의견존중 및 다양한 아이디어 제시, 구체적인 조언과 친절함 때문

• 조직이 나아갈 방향성을 설정하고, 이를 이루기 위한 방법으로 소통을 중요시할 것 같아서

5. 의식조사 결과가 주는 힌트

이번 서베이는 '최고의 상사'와 '최악의 상사'에 대한 경험을 중심으로 구성원들이 조직 내 관계를 어떻게 인식하고 있는지를 보여준다. 흥미로운 점은 상사에 대한 평가가 단지 업무 결과나 리더십 스타일만으로 좌우되는 것이 아니라, **구성원의 성격과 상호작용 경험에 따라 달라진다**는 점이다.

외향적인 구성원은 상사와의 관계에서 더 많은 경험을 보고하고, 긍정적이든 부정적이든 인상을 더 강하게 남기는 경향이 있다. 반면, 내성적인 구성원은 상대적으로 경험에 대한 판단이 덜 극단적이며, 평가 자체보다는 심리적 거리감 속에서 관계를 인식한다. 이는 같은 조직에서도

심리적 성향에 따라 전혀 다른 리더십 체험이 형성될 수 있음을 시사한다.

또한, 최고의 상사로 꼽힌 사례들에서는 '가이드라인 제공', '자율성 존중', '심리적 안정감' 같은 키워드가 공통적으로 등장한다. 이들은 모두 단순히 지시하거나 통제하는 리더가 아니라, 관계와 감정, 맥락을 함께 고려하는 리더의 특징이다. 반대로, 최악의 상사에 대한 응답에서는 '불안정한 지시', '감정적 폭언', '불공정함'과 같은 요소가 강하게 나타났다. 이는 구성원들이 상사를 평가할 때, 무엇을 해줬는가보다 '어떻게 대했는가'를 더 깊이 기억한다는 것을 보여준다.

마지막으로, 직장상사로 가장 함께 일하고 싶은 인물로 유재석이 선정된 것은 결코 우연이 아니다. 유재석은 '경청', '배려', '소통'을 대표하는 인물로, 심리적 안정과 공감을 바탕으로 한 리더의 이미지를 갖고 있다. 이 역시 구성원들이 바라는 리더상은 권위보다는 심리적 지지를 기반으로 한 신뢰의 리더십임을 보여주는 지표다.

결국, 이 모든 결과는 인사의 본질이 '제도'가 아니라 '사람'에 있다는 사실을 다시금 확인시켜준다. 논리적 설계만으로는 사람의 마음을 움직일 수 없다. 좋은 인사란, 감정의 언어를 이해하고 그것을 제도의 언어로 번역할 수 있을 때 비로소 완성된다.

6. 참고할 만한 실전사례

사례1 : 구글의 OKR 도입 - 숫자보다 감정을 설계한 전략

구글이 성과관리 제도에 OKR(Objectives and Key Results)을 도입할 당시, 그들은 이 제도를 단순히 '성과를 수치로 관리하자'는 차원으로 접근하지 않았다. 그들의 고민은 오히려 이 새로운 시스템이 조직원들의 감정에 어떻게 다가갈 것인가였다. 특히 기존 방식에 익숙한 리더, 실무 부담이 큰 팀원, 실패에 민감한 조직문화 속에서 이 제도가 어떤 심리적 저항을 불러올 수 있을지를 먼저 분석했다.

구글이 첫 번째로 한 일은, OKR의 실패를 허용하는 문화적 프레임을 먼저 세우는 것이었다. 단순히 "도전적 목표를 설정하라"는 말만 한 게 아니다. "OKR은 60~70% 달성도 충분히 성공으로 간주된다"는 기준을 지속적으로 강조했고, 이 메시지를 각 팀장에게 수십 번 반복해서 교육했다. 이는 단순한 설명이 아니라, '실패에 대한 심리적 방어기제'를 먼저 해소하려는 전략이었다.

또한, 구글은 OKR을 설명할 수 있는 정서적 메신저를 각 조직에 심었다. 단순 매뉴얼 배포가 아닌, OKR 코치라는 이름으로 각 팀마다 감정 설계자를 배치한 것이다. 이 코치는 단순히 "목표를 수립하는 법"을 가르치지 않았다. 오히려 "내가 이걸 잘하는 게 맞는지 모르겠다", "이걸로 평가받는 건 아닐까?"와 같은 심리적 불안, 혼란, 회피의 감정을 듣고, 그걸 긍정적 방향으로 해석해주는 역할을 맡았다. 심리적 반응을 흡수하는 중간 지대를 만들어 준 것이다.

뿐만 아니라 OKR 수립과 실행 과정에서 느끼는 어려움, 갈등, 해석의 차이를 슬랙(Slack)과 내부 위키를 통해 익명으로 공유하고 피드백을 순환시켰다. "혼자 불안한 게 아니구나", "다른 팀도 겪고 있네"라는 인식을 확산시켜 감정의 공감대와 정서적 안전장치를 제도 설계와 병렬 구조로 운영했다.

이후 OKR은 단순한 성과 시스템이 아닌, 구성원이 일에 대해 스스로 방향을 설정하고, 그 과정에서 실패를 경험하며, 조직 안에서 그것이 허용된다는 감정적 메시지를 받는 구조로 자리 잡았다. 결국 구글의 OKR 정착은 시스템 구축이 아닌, 사람들의 감정을 미리 설계한 태도와 구조의 변화였다.

사례2 : 카카오엔터프라이즈 - 변화는 제도 이전에 감정부터 설계해야 한다

카카오엔터프라이즈는 팬데믹 이후, 전사적으로 '유연근무제'를 도입하기로 결정했다. 하지만 단순히 "이제부터는 재택을 허용하겠습니다"라는 식의 일방적 선언이 아니라, 구성원이 실제로 받아들일 수 있는 변화를 설계하고자 했다.

인사팀이 처음 던진 질문은 다음과 같았다. "이 제도에서 사람들이 불편하게 느낄 포인트는 어디일까?" 무엇을 바꿀 것인가보다, 사람들은 무엇을 불안해할 것인가를 먼저 묻는 방식이었다.

먼저 이들은 전체 구성원을 대상으로 익명 심리 리서치를 실시했다. 형식적인 설문조사가 아니라, 구성원들이 자유롭게 감정을 서술할 수 있도록 설계된 질문들이었다. "재택근무를 하면 내가 팀에서 고립되는 건 아닐까?" "성과는 어떻게 관리되고, 불이익은 없을까?" "출근하는 사람과의 형평성은?" "회의 참여도가 낮게 인식되면 어쩌지?" 이러한 감정적 우려들은 단순한 반대가 아니었다. 조직 심리의 본질적 저항이었고, 변화 수용의 열쇠였다.

카카오의 인사팀은 이 리서치 결과를 단순 참고자료로 넘기지 않았다. 각 항목을 정리해 '심리 리포트'로 만들고, 유연근무제 설계팀은 이 내용을 바탕으로 제도의 구조와 커뮤니케이션 방식을 대대적으로 수정했다. 예를 들어, 처음 기획 단계에서는 '전면 재택제'가 유력했지만, 구성원의 피드백을 반영해 이를 '주 3일 자율 선택제'로 변경했다. 이 구조는 "무조건 집에서 일해도 된다"가 아니라, "출근할 날과 재택할 날을 스스로 정한다"는 메시지를 줬고, 결과적으로 '자율성은 강화하면서도 소속감은 잃지 않도록' 설계가 되었다.

또한 시행 방식에도 '전면 시행'이 아닌 '모의 주간(파일럿 위크)'을 도입했다. 일정 부서를 선정해 2~3주간 실제로 운영해본 뒤, 구성원들의 추가 피드백을 다시 반영하는 방식이었다. 이는 구성원에게 '우리도 실험 중'이라는 안전감을 주었고, 피드백을 반영한 수정안을 공유하면서 "조직이 내 목소리를 반영하고 있다"는 감정적 신뢰를 심어줬다.

심지어 전사 공지 방식도 달랐다. 기존에는 "이 제도는 이러이러한 목적에서 시작되었다"는 논리 중심 설명이 일반적이었다면, 이번엔 구성원의 목소리로 구성된 감정 중심의 콘텐츠가 앞섰다. 시범참여자가 직접 "이 제도가 가져온 변화"를 설명하는 실명 인터뷰 "처음엔 걱정했지만, 이젠 출근이 자유로워졌어요"라는 구성원 후기형 카드뉴스와 슬랙에 공유된 긍정 피드백 캡처 등을 사내 뉴스레터로 소개하기도 했다. 이는 단순한 '제도 공지'가 아니라, 조직 전체가 참여하는 공감의 흐름이었다.

그 결과는 명확했다. 공식 도입 이후, 구성원 대부분은 새로운 제도를 불안이 아닌 기대감으로 받아들였고, 기존에 우려되었던 협업의 문제나 근무 리듬의 혼선도 빠르게 적응되었다. 무엇보다 "누가, 언제, 어떻게, 왜"라는 의사결정의 흐름이 투명하게 공유되었기에 직원들은 이를 '강요'가 아니라, '함께 만든 변화'로 인식하게 되었다.

7. 이렇게 해 보자!

첫째, 제도의 '기능'보다 '의미'부터 설계하자.

인사제도는 단순히 조직의 시스템이 아니라 구성원에게 "조직이 나를 어떻게 바라보는가"를 보여주는 거울이다. 따라서 제도를 설계할 때는 효율성과 통제보다, 구성원이 조직과 어떤 관계를 맺고 있는지를 먼저 고려하자. 목적이 아닌 '관계의 언어'로 인사를 재설정해야 한다.

둘째, '관리' 대신 '설득'을 중심축으로 삼자.

사람은 숫자나 명분보다 감정과 해석에 따라 움직인다. 아무리 논리적인 제도라도 심리적 납득이 없으면 작동하지 않는다. 조직 내 인사제도는 구성원이 왜 따라야 하는지 '이해하고 싶게 만드는 설계'가 필요하다. 제도의 합리성만큼이나 설득의 스토리라인도 중요하다.

셋째, 인사를 '심리 기반의 설계자'로 재정의하자.

인사담당자는 규정 관리자가 아니라, 조직의 감정과 신뢰를 설계하는 심리기획자다. 구성원이 '이 조직에 남고 싶은 이유', '여기서 의미를 찾는 방식'을 함께 고민해야 한다. 숫자를 다루되, 감정을 이해하고, 제도를 운영하되, 신뢰를 축적하는 '설계자'가 되는 것이 인사의 본질적 역할이다.

2장. 채용 : 판단보다 인상에 끌리는 이유

많은 기업이 채용 프로세스를 '객관적인 평가'라 믿는다. 이력서, 면접, 포트폴리오… 수치와 논리로 지원자를 판단한다고 말하지만, 실제로는 전혀 다른 기준이 작동한다. "딱 보면 알잖아"라는 말, 그런데 그 '딱'에는 인상의 강도, 말투, 분위기 같은 비논리적 요소가 개입해 있다. 지원자의 역량보다는 '느낌'이 먼저 결정되는 현실. 이것이 인사가 '심리'인 이유다.

1. 상황 예시

IT 스타트업 A사는 빠르게 성장하고 있었고, 신규 채용도 거의 매달 이뤄지고 있었다. 채용 건수가 많아지면서 인사에서는 프로세스 매뉴얼을 준비하고 있었지만, 현실적으로 각 팀장 재량에 따라 면접 방식과 평가 기준은 조금씩 달랐다. 결국, '면접관의 눈'이 가장 큰 영향력을 발휘하는 구조였다.

그날 제품기획팀의 면접장. 지원자는 깔끔한 복장에 조용하고 침착한 말투로 차분하게 자신의 경험을 설명했다. 그는 이전 직장에서 맡았던 프로젝트를 수치 중심으로 설명했고, 성과를 객관적으로 보여주는 자료도 잘 준비해왔다. 포트폴리오에는 서비스 개선을 위한 반복 실험과 사용자 데이터 분석 결과가 깔끔하게 정리돼 있었고, 발표 흐름도 논리적이었다. 인사담당자는 그 모습에 호감이 생겼다. '적응력도 있어 보이고, 기본기도 탄탄하네'라고 속으로 메모하며 고개를 끄덕였다.

하지만 면접이 끝난 후, 팀장의 반응은 정반대였다. "글쎄요… 뭔가 불편했어요. 말투가 지나치게 느릿하고, 자세도 약간 느슨했잖아요. 성격이 너무 조용해서, 우리 팀 분위기랑 잘 안 맞을 것 같아요." 인사담당자가 "그건 스타일의 문제 아닐까요?"라고 조심스럽게 물었지만, 팀장은 고개를 저었다. "우리는 속도감 있게 돌아가는 팀이에요. 저런 스타일은 답답하게 느껴질 것 같아요."

결국 지원자의 평가 점수는 빠르게 낮아졌고, 그는 최종 면접에 오르지 못했다. 면접장 밖에서 나올 때까지 예의 바르게 인사하던 모습은 아무도 더는 기억하지 않았다. 며칠 뒤, 최종 합격 통보를 받은 사람은 다소 답변이 두서가 없었던 또 다른 지원자였다. 기술적 이해도는 평범했고, 과제의 완성도도 떨어졌지만, 면접 내내 팀장과 가볍게 웃으며 농담을 주고받았던 장면이 인상 깊게 남아 있었다. "뭔가 이 친구랑은 통할 것 같아. 그게 중요하지." 이게 팀장의 말이었다.

인사팀 내부 회의에서도 이런 얘기가 흘러나왔다.

"결국, 우리는 스펙이나 과제가 아니라 '느낌'으로 판단하고 있는 거 아닐까요?" "실무적으로 더 나은 지원자가 탈락하는 게 이번이 처음이 아닌 것 같아요." "맞아요. 딱 보면 알지, 라는 말… 사실 그 딱이 논리가 아니라 감정일 수도 있잖아요."

팀장도 한참을 듣고 있다가 조용히 말했다. "나도 그 말에 동의해요. 솔직히 나도 '왜 불편했는지' 설명은 잘 못하겠어요. 그냥… 그렇게 느꼈어요."

'딱 보면 알잖아.' 그 말은 조직 내 채용 판단에서 가장 자주 쓰이지만, 실은 가장 불확실한 말이기도 하다. 그 속에는 확증편향(내가 가진 첫인상을 강화하는 정보만 보는 편향), 노출효과(익숙한 것에 호감을 느끼는 경향), 대표성 휴리스틱(어떤 사람이 특정 역할에 어울릴 것이라는 선입견) 같은 심리적 오류가 겹쳐 있다.

문제는 이 판단이 단순한 '느낌'이 아니라, 한 사람의 커리어 방향을 결정짓는 중요한 변수가 되어버린다는 점이다. 특히 스타트업이나 빠른 성장 중인 기업에서는 채용 속도를 따라가기 위해 더욱 인상 중심, 직관 중심의 결정이 많아진다. 그때문에 '논리'보다는 '분위기', '준비된 자료' 보다는 '첫 3분 인상'이 더 큰 무게를 갖게 된다.

결국 탈락한 지원자는 무엇이 부족했는지조차 알 수 없고, 조직은 '좋은 느낌' 하나에 의존해 중요한 자원을 선택하게 된다. 면접의 객관성, 공정성, 신뢰도는 모두 환상일 수 있다. 인재를 놓치고 있다는 사실도 모른 채 말이다.

2. 이런 일이 일어나는 이유

많은 기업은 채용을 '객관적 평가'라고 말한다. 이력서에 담긴 경력, 과제 결과물의 완성도, 포트폴리오의 논리성, 그리고 면접에서의 커뮤니케이션 능력 등을 종합해 공정하게 판단한다고 믿는다. 그러나 실제 현장에서 채용이 이루어지는 방식은 전혀 다르게 작동하는 경우가 많다. 표면적으로는 논리를 말하지만, 실제로는 심리를 따르고 있는 것이다.

사람은 타인을 평가할 때, 자신이 인식하지 못한 채 사용하는 직관적 판단 기제를 가진다. 예를 들어, 첫 30초 안에 느낀 인상이 전반적인 판단에 큰 영향을 미치고, 이후에는 그 인상을 정당화하는 근거들만 선택적으로 받아들이는 경향이 있다. 이를 '확증편향(confirmation bias)'이라 부른다. 면접 초기의 '느낌'이 좋으면, 그 사람의 설명이 다소 모호하더라도 '신중해 보인다'고 해석하고, 느낌이 나쁘면 아무리 데이터가 명확해도 '유연성이 부족하다'고 받아들인다.

또한 우리는 익숙한 대상에게 더 큰 호감을 느낀다. 면접에서 이전에 만난 적이 있는 사람이나, 말투, 옷차림, 분위기가 자신과 비슷한 사람에게 호감을 느끼는 경향을 '노출효과(Mere Exposure Effect)'라고 한다. 이 효과는 특히 빠르게 돌아가는 업무 환경에서 '함께 일하기 편할 것 같은 사람'을 찾으려는 무의식적 욕망과 결합해 강하게 작동한다.

여기에 '대표성 휴리스틱(Representativeness Heuristic)'도 영향을 미친다. 이 편향은 특정 사람이 어떤 직무에 어울릴 것이라는 선입견을 통해 판단하는 경향이다. 예를 들어, 마케팅 지원자는 외향적이고 밝아야 한다는 고정관념이 있는 경우, 내성적이지만 분석력이 뛰어난 지원자는 '어울리지 않는다'는 이유로 배제될 수 있다. 이렇게 우리는 논리적으로 따져보지 않아도 '이 직무는 이런 사람이 해야 할 것 같다'는 감각적인 판단을 한다.

이 모든 편향은 특히 시간이 부족하거나, 채용 경험이 적거나, 기준이 명확하지 않은 환경에서 더욱 빈번하게 발생한다. 즉, 스타트업이나 급성장 중인 기업처럼 채용의 속도가 빠르고 면접자의 재량이 큰 경우, 심리적 오류가 더욱 강하게 작동할 수밖에 없다. 그 결과, 잘 준비된 사람보다 '친근한 느낌', '편안한 말투', '팀장과 통하는 유머'가 평가의 주요 요인이 되어버리는 것이다.

문제는 이런 심리적 결정이 채용의 결과를 왜곡할 뿐 아니라, 장기적으로 조직의 다양성과 역량을 저해할 수 있다는 점이다. 조직은 결국 자신과 비슷한 분위기의 사람만 모으게 되고, 비슷한 사고방식만 반복되며, 새로운 관점을 제시할 수 있는 인재는 '우리 팀 분위기와 안 맞는다'는 이유로 계속 탈락하게 된다.

게다가 탈락한 지원자에게는 '왜 떨어졌는지'에 대한 명확한 피드백조차 제공되지 않는다. "뭔가 불편했다", "느낌이 안 좋았다", "조용해서 팀 분위기랑 안 맞을 것 같았다"는 식의 감정 기반 이유는 공유되기 어렵고, 결과적으로 지원자 입장에서는 '불공정한 절차'에 희생된 느낌만 남게 된다.

이러한 과정이 반복되면, 조직은 자기도 모르게 **'유사한 느낌의 사람만 뽑는 동질적 집단'**으로 고착될 수 있다. 이것은 초기에 의사소통이 편리하고 조직 문화가 안정적으로 보일 수 있지만, 변화에 대한 저항과 외부 환경 적응력 부족이라는 부작용을 초래한다. 결국 채용의 기준이 '논리'가 아닌 '느낌'으로 고정되는 순간, 조직은 스스로의 확장이 막히게 된다.

3. 행동경제학으로 보는 조직심리

채용 과정은 정보가 많은 듯 보이지만, 실제로는 짧은 시간 안에 많은 것을 추측해야 하는 불완전 정보의 의사결정 상황이다. 이런 환경에서는 뇌가 자동적으로 빠른 판단을 내리기 위해 '편향'에 의존하게 된다. 여기에는 다음과 같은 대표적 심리 효과들이 작용한다.

먼저, '앵커링 효과'다.
면접 초반에 받은 인상이 이후 모든 판단의 기준점이 되는 현상이다. 예를 들어, 지원자가 입장하며 고개를 숙였다는 이유만으로도 "자신감이 없어 보인다"는 인상이 굳어지면, 이후의 모든 답변도 그 틀 안에서 해석된다.

이 효과는 Daniel Kahneman (Princeton University)과 Amos Tversky (Stanford University)가 논문 "Judgment under Uncertainty : Heuristics and Biases" (1974)에서 제시한 고전 실험을 통해 입증되었다.

연구진은 실험 참가자들에게 먼저 룰렛을 돌려 무작위로 생성된 숫자 (예: 10 또는 65)를 보여주었다. 그 후, 이 숫자가 아무 관련 없는 문제 ― "아프리카 국가 중 유엔에 가입한 국가의 비율은 몇 %라고 생각하십니까?" ― 에 대한 추정에 영향을 주는지를 측정했다. 두 그룹으로 나누어 실험한 결과, 룰렛에서 65라는 숫자를 본 그룹은 평균 45%를 추정, 10을 본 그룹은 평균 25%를 추정했다.

즉, 단지 먼저 본 숫자가 추정값의 기준이 되었고, 그 숫자는 사실과 전혀 무관했음에도 평가 기준점으로 기능했다. 조직으로 치면 이력서의 희망연봉, 학력, 직전 직장 정보 등이 합리적 판단 이전에 고정된 기준점 역할을 하며 평가 전체에 영향을 줄 수 있다는 말이기도 하다.

두 번째는 '확증편향'이다.

사람은 자신의 기존 인상이나 판단을 지지해주는 정보에는 더 큰 가중치를 두고, 그와 반대되는 정보는 무시하거나 깎아내리려는 성향이 있다. 이걸 '확증편향'이라 부른다.

Charles Lord, Lee Ross, Mark Lepper (Stanford University)는 논문 "Biased assimilation and attitude polarization"(1979)에서 이 편향을 실험적으로 검증했다. 그들은 참가자들을 사형제도에 대해 찬성하는 그룹과 반대하는 그룹으로 나누었다. 그 후 두 그룹 모두에게 사형제도의 효과에 대한 찬반 양쪽의 과학적 연구 결과를 제공했다. 흥미롭게도, 참가자들은 자신의 입장을 지지하는 자료에는 "신뢰할 만하다"고 평가했고, 반대 입장의 자료는 "연구 설계가 부실하다", "표본이 불충분하다"고 평가했다.

결과적으로, 같은 자료를 접했음에도 각자의 입장은 더 강하게 극단화되는 경향을 보였다. 이 실험은 면접에서의 첫인상이 어떻게 후속 평가에 영향을 미치며, 평가자가 인지적으로 선택적 정보를 어떤 방식으로 수용하는 지를 잘 보여준다.

세 번째는 '소유효과'다.

이는 '내가 긍정적으로 평가한 사람'에 대해 더 큰 가치를 부여하는 경향을 말한다. 1차 면접에서 호감을 가진 지원자에게는 2차 면접에서도 더 우호적인 질문을 던지고, 약점을 너그럽게 해석하는 경우가 많다.

Richard Thaler (University of Chicago)는 논문 "Toward a positive theory of consumer choice" (1980)에서 실험을 통해 이 개념을 소개했다. 참가자들을 두 그룹으로 나누고, 한 그룹에는 실험용 머그컵을 직접 소유하게 했다. 다른 그룹은 아무것도 갖지 않았다. 그 후, 양쪽 모두에게 "머그컵을 얼마에 팔겠는가/사겠는가"를 물었다. 그 결과, 소유한 그룹은 평균 7.12달러를 요구한 반면, 구매 희망 그룹은 평균 3.87달러를 지불하겠다고 했다. 단지 소유했다는 사실만으로도 가치는 두 배 이상 상승했다는 의미다.

조직에서는 평가자나 추천자가 특정 인재를 '내가 선택했다'고 느끼는 순간, 그 인재에 대한 평가는 더 관대해지고, 기존의 평가 방식이나 툴도 자신이 만든 것이라면 과대평가되는 현상이 나타날 수 있다.

마지막은 노출효과다.

즉 단순 노출 효과다. 사전에 몇 차례 봤거나 이메일 등을 통해 익숙해진 지원자에 대해 더 높은 호감도를 가지게 되는 것이다. 사람은 낯익은 대상을 더 신뢰하는 경향이 있기 때문에, 이 편향은 무의식적으로 면접 결과에 큰 영향을 줄 수 있다.

Robert Zajonc (University of Michigan)는 논문 "Attitudinal effects of mere exposure"(1968)에서 이 효과를 체계적으로 검증했다. 그는 실험 참가자들에게 무의미한 외국어 단어, 추상기호, 얼굴 사진 등을 각기 다른 노출 횟수(1~25회)로 보여준 뒤, 이 이미지들에 대한 선호도를 평가하게 했다. 결과는 매우 명확했다. 더 많이 노출된 단어와 얼굴에 대해 참가자들은 높은 호감과 신뢰를 보였다. 놀라운 건, 실제 정보를 아는지 여부는 중요하지 않았다는 점이다. 단순히 '익숙함'이 '좋은 느낌'으로 왜곡되었던 것이다.

조직에서는 인턴, 계약직, 또는 사내 추천 인재가 다른 지원자보다 유리해지는 경우가 있는데, 그 핵심 이유는 반복 노출에 따른 정서적 친숙함이 객관적 평가를 흐리게 만다는 심리적 작용 때문이다.

4. 관련한 직장인 의식조사

※ 조사시기 : 2024년 3월, 참여인원 : 278명 [▲성별(남성 160명, 여성 118명)]

Q1. 지금까지 입사지원에 대한 제안을 받은 적이 있습니까?

직장인의 2/3가 "아는 지인으로부터 입사권유를 받은 적이 있다"고 응답했다. 특히 여성이 남성보다 더 높았다(남65.7% VS 여77.8%).

【표1】 지금까지 지인으로부터 "우리회사에 입사지원해 보라"는 제안을 받은 적이 있는가?

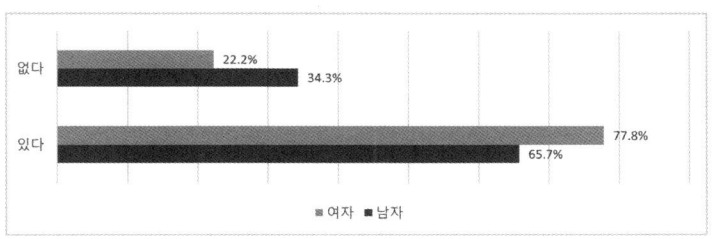

Q2. 입사를 권유한 분과는 어떤 관계인가요?

입사를 권유한 사람과의 관계성을 묻는 질문에는 이전동료(25.4%) 이전상사(25.8%)가 전체의 절반을 차지했다. 오랜친구(15.0%) 외부에서 알게 된 사람(13.8%) 거래처 담당자(10.8%)가 그 뒤를 이었다. "인력이 유출되는 경우 거래처의 유혹으로 넘어간다"는 말이 많이 있긴 하지만, 그것이 빈번하게 일어나지는 않는 것으로 판명되었다.

【표2】 '예'라고 답한 분에게 묻습니다. 권유한 분과의 관계성을 알려주세요 (복수응답).

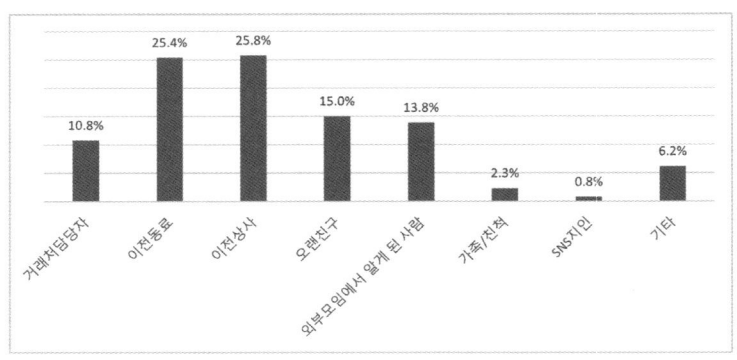

Q3. 지인소개에 의한 전직이나 입사지원을 어떻게 생각하나요?

지인소개의 전직이나 이직에 대해서는 남녀 모두 매우 긍정적으로 생각하는 것으로 나타났다. 하지만 부정의 의견에 있어서는 여성이 남성보다 조금 더 높게 나왔다. 부정(남성12.9%VS여성26.3%)

【표3】 전직을 고려함에 있어서 지인소개를 어떻게 생각하나요?

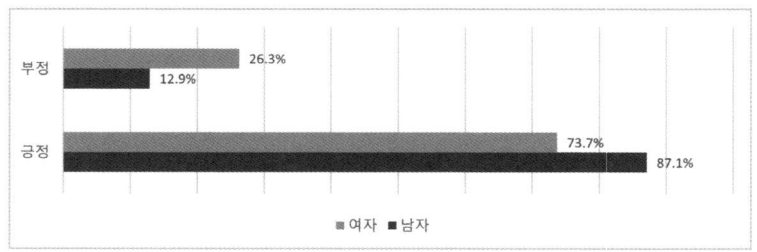

Q4. 지인소개에 의한 전직이나 입사지원을 긍정적으로 생각하는 이유는 무엇인가요?

긍정의 이유에 대해서는 지인이 추천하기 때문에 느끼는 신뢰가 매우 크게 작용하는 것으로 나타났다(58.7%). 세부적으로는 정당하게 평가받을 거란 느낌(33.7%) 안도감(25.0%)의 순으로 나왔다.

【표4】 긍정이라고 답한 분에게 묻습니다. 이유는 무엇인가요?

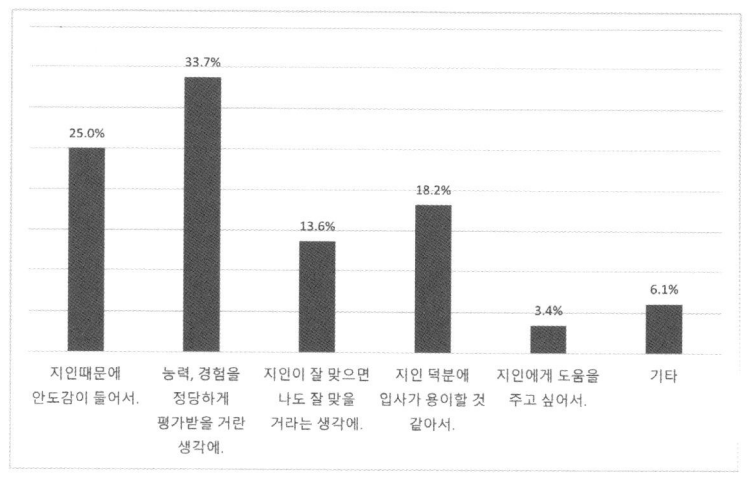

5. 의식조사 결과가 주는 힌트

이번 서베이에서는 입사지원 권유를 받은 경험, 그 권유의 주체, 수용 여부, 그리고 지인 추천에 대한 감정적 반응까지 총체적으로 조사했다. 응답자의 약 2/3가 타인으로부터 입사지원을 권유받은 적이 있으며, 그 주된 주체는 '과거 함께 일한 동료나 상사'였다. 이는 채용이 여전히 공식 채널보다 비공식 네트워크에 의해 강하게 움직이고 있음을 보여주는 생생한 증거다. 경력직 채용의 절반 이상이 '경로를 알 수 없는 추천'으로 이루어진다는 각종 통계 자료와도 일맥상통한다.

가장 주목할 점은, 사람들은 입사 권유를 단순히 '기회'로 받아들이지 않는다는 것이다. 권유를 받아들이는 이유 중 '신뢰할 수 있는 사람의 소개라서'라는 응답이 52.3%로 가장 높았고, 이어서 '정당하게 평가받을 수 있을 것 같아서'(19.4%), '소속감을 느낄 수 있어서'(13.1%)가 뒤를 이었다. 이 수치는 채용 과정에서 '기대 연봉'이나 '기업 브랜드'보다 '추천자의 심리적 신뢰도'가 더 큰 영향을 미친다는 사실을 말해준다.

여기서 중요한 심리 작용이 등장한다. 추천을 받았다는 사실 자체가 사람에게 심리적 안정감을 제공하며, 이는 자기 효능감과 행동 결정에까지 영향을 미친다. 누구나 낯선 조직에 들어가는 것을 두려워하지만, 누군가 나를 믿고 '같이 일하자'고 손을 내밀 때 사람은 미래에 대한 불확실성을 심리적으로 통제할 수 있게 된다. 이때 채용은 더 이상 '조건의 비교'가 아니라 '심리적 안전지대의 선택'이 된다.

또 하나의 흥미로운 포인트는, 남녀 간 인식의 차이다. 여성 응답자들은 남성보다 입사지원 권유 경험이 더 많았지만, 동시에 거절 비율도 높고 감정적 부담감도 더 크게 느끼고 있는 것으로 나타났다. 이는 단순히 경험의 수치가 아니라 채용 추천이라는 사회적 행위가 성별에 따라 다른 심리적 파장과 해석을 만들어낸다는 점을 보여준다. 여성 응답자 중 일부는 "거절했을 때 그 관계가 어색해질까 봐 부담을 느꼈다"는 코멘트를 남겼다.

이는 추천이라는 행위가 단지 '정보 전달'이 아니라 '관계적 의미'와 '사회적 평가'를 포함한 복합적 심리 구조 안에 놓여 있음을 보여주는 대목이다. 이번 서베이는 결국 하나의 질문을 던진다. "우리는 채용을 얼마나 합리적으로 하고 있는가?"

많은 조직은 채용을 이성과 논리, 데이터 기반의 평가로 진행한다고 믿는다. 그러나 현실은 훨씬 복잡하다. 사람들은 누가 어떤 어조로, 어떤 관계 안에서 채용을 제안했는지에 따라 받아들이는 감정의 결이 달라진다. 그리고 그 감정은, 실제 행동과 결정에 직접적인 영향을 미친다. 다시 말해, 채용은 이력서가 아니라, 사람이 사람에게 건네는 심리적 메시지에서 시작되는 것이다.

이러한 맥락에서 인사담당자는 단지 '누구를 뽑을 것인가'를 고민하는 수준에서 머물러선 안 된다. '그 사람은 어떤 방식으로 우리 조직과 연결되었는가', '그 채널은 신뢰를 기반으로 하고 있는가', '입사자의 감정은 조직에 대해 어떤 인상을 형성했는가'와 같은 정서적 설계와 심리적 맥락을 함께 고려하는 채용 전략이 필요하다. 이것이 곧, 행동경제학이 인사 실무에 말하는 진짜 메시지다.

6. 참고할 만한 실전사례

사례1 : 유니레버(Unilever) - 직관을 걷어낸 채용, 데이터로 판단한다

글로벌 소비재 기업 유니레버는 한 해 수천 명의 지원자를 채용해야 하는 조직이다. 과거에는 전통적인 서류 심사와 대면 면접을 중심으로 채용을 진행했지만, 시간이 지날수록 면접관의 직관과 인상 평가에 의존한 채용 방식의 한계를 인식하게 되었다.

지원자의 발표력, 말투, 인상 등에 따라 평가 결과가 크게 달라졌고, 심지어 같은 지원자에 대해 면접관들 간의 판단이 완전히 엇갈리는 경우도 잦았다. 특히 면접 직후의 결정이 추후 실제 업무 성과와 일치하지 않는 사례가 적지 않았다.

이러한 문제를 해결하기 위해 유니레버는 채용 과정을 AI 기반 자동화

시스템 중심으로 전환했다. 지원자는 서류전형 이후, 일련의 온라인 게임형 평가(인지능력, 문제해결력 등)를 수행하고, 그 다음 단계에서 화상 인터뷰를 녹화해 제출한다.

이 영상은 사람이 실시간으로 평가하지 않고, AI 시스템이 언어의 구조, 문장 속도, 시선 처리, 감정 표현 등을 종합 분석하여 해당 직무에 적합한 행동 특성을 수치화 한다. 이 과정에서 면접관이 개입하는 시점은 최종 판단 단계에 한정되며, 이미 AI가 정량적으로 추천한 후보군 내에서 판단이 이루어진다. 이는 면접관이 후보자의 말투나 인상, 혹은 학력 배경에 영향을 받는 것을 구조적으로 차단하기 위한 장치다.

유니레버는 이 시스템을 도입하면서부터 "채용의 객관성"과 "성과 예측 가능성"이 동시에 높아졌다고 평가했다. 특히 채용 초기에는 일부 관리자들이 "기계가 사람을 판단해도 되는가?"라는 반응을 보였지만, 도입 2년 후 내부 평가 결과, AI 추천을 통해 채용된 직원의 입사 후 1년 유지율과 성과 점수가 유의미하게 높아진 것이 확인되면서 조직 전체의 수용도도 빠르게 올라갔다.

지금도 유니레버는 AI와 사람의 공동 판단 구조를 유지하면서, 주관적 편향 없이 직무 역량 중심의 인재를 찾기 위한 방식을 지속적으로 개선 중이다.

사례2 : 국내 IT기업 W사 – 말 잘하는 사람보다, 일 잘하는 사람을 뽑는다

국내 중견 IT기업 W사는 채용 후 신입 사원의 초기 적응 실패율이 높아지는 문제로 고민하고 있었다. 특히 실무 관리자들 사이에서는 "면접 때는 너무 좋았는데 막상 시키면 손이 안 움직이는 사람"에 대한 불만이 점점 커지고 있었다.

문제는 대부분 면접 위주의 평가 구조에 있었다. 면접관들은 외향적이고 논리적으로 말하는 사람에게 높은 점수를 주는 경향이 있었고, 실제 실무 역량보다는 '커뮤니케이션 스타일'이 합격에 더 큰 영향을 미치고 있었다.

이에 따라 인사팀은 채용 방식을 기존 면접 중심에서 '과제 기반 평가'로 구조적으로 전환하기로 했다. 직무별로 요구되는 주요 업무를 유형화하고, 이를 간단한 실무 과제로 정제한 후 지원자들에게 과제를 사전 배포하거나 현장에서 수행하게 했다.

예를 들어, 콘텐츠 기획 직무라면 "제품 A의 마케팅 콘셉트를 정하고, 1페이지 기획안을 작성하시오"라는 과제를 주고, 개발 직무라면 "다음 조건을 만족하는 알고리즘을 설계하시오"라는 실전 과제를 제공하는 식이었다. 면접관들은 제출된 결과물만 가지고 객관적 기준표에 따라 평가했으며, 추가 인터뷰는 제출 결과에 대한 보완 설명을 듣는 수준에서 진행되었다.

이 시스템은 처음에는 낯설었지만, 채용 결과가 누적되면서 조직 내부에서 빠르게 인정받았다. 실제로 과제 평가로 채용된 인력들은 업무 이해 속도와 실무 기여도가 확연히 높았고, 관리자들은 "괜히 말만 잘하는 사람 뽑아서 다시 가르치는 부담이 줄었다"고 말하기 시작했다.

W사는 이후 이 채용 방식을 전 직군으로 확대했으며, 지금은 채용공고 단계에서부터 "면접보다 실무 과제가 핵심"이라는 점을 명확히 알리고 있다. 덕분에 지원자들도 사전에 실무 적합성 중심으로 준비하게 되었고, 결과적으로 지원자와 조직 모두가 납득 가능한 채용 구조를 갖추게 되었다.

7. 이렇게 해 보자!

첫째, '좋은 인상'보다는 '구체적 행동'으로 평가하자.

면접이 끝난 뒤 "느낌이 괜찮다"는 식의 인상 중심 기록은 평가자 개인의 직관에 좌우되기 쉽다. 이는 다양한 편향을 불러일으키고, 평가의 일관성을 해친다. 따라서 면접자는 "자신감 있어 보임"처럼 모호한 메모 대신, "문제 해결을 세 단계로 설명함"과 같이 객관적 행동 단위로 기록하도록 교육되어야 한다. 이렇게 하면 감정이 아닌 행동 근거 기반의 평가문화가 정착될 수 있다.

둘째, '말발'이 아닌 '일의 결과'로 판단하자.

외향적이거나 말을 잘하는 지원자가 면접에서 유리한 위치를 점하는 건 흔한 일이다. 하지만 이는 실제 업무 역량과 무관할 수 있다. 이런 왜곡을 줄이기 위해 직무 기반의 사전 과제 수행 평가를 도입하면 좋다. 실제 수행한 과제 결과를 바탕으로 면접 대상자를 선별하거나, 면접 질문 자체를 과제 기반으로 구성하는 방식이다. 말이 아니라 일의 증거로 평가하게 되면, 보다 실질적인 적합도 판단이 가능해진다.

셋째, '분위기랑 잘 맞는다'는 말이 나오면 한 번 더 점검하자.

"우리 팀이랑 잘 어울릴 것 같아"라는 말은 좋아 보이지만, 무의식적 편향이 작동 중일 가능성이 있다. 이는 대표성 휴리스틱, 노출효과, 확증편향 등 다양한 인지적 오류로 이어질 수 있다. 특히 팀장이나 평가자가 반복해서 이런 말을 할 경우, 그 판단의 근거가 정량적·경험적인지 확인해야 한다. 복수 면접관의 판단을 병행하거나, 이견을 반영하는 절차를 도입하면 객관성과 균형을 확보할 수 있다.

3장. 배치와 이동 : 변화는 늘 저항을 만든다

조직은 사람을 움직일 때, 시스템과 효율을 생각한다. 하지만 사람은 움직임 속에서 '자리'보다 '자기 존재'를 먼저 떠올린다. 배치는 전략일 수 있지만, 그 전략은 구성원의 감정 위에 설계된다. 인재 순환, 직무 전환, 조직개편… 그 어떤 명분도 구성원의 '심리적 납득' 없이는 기능하지 않는다.

1. 상황 예시

대기업 D사는 올해 초부터 전사 차원의 '직무 순환 프로그램'을 도입했다. 표면적인 목적은 인재의 다면적 성장과 부서 간 시너지 창출. 인사팀은 공식 공지문에 이런 문장을 적었다. "당신의 커리어를 더 넓게! 직무 순환은 도전과 성장의 기회입니다." 슬로건은 긍정적이었고, 설명회에서도 "순환을 통해 잠재역량을 발굴하자"는 목소리가 이어졌다.

기획팀에서 3년간 일해온 이윤호 대리도 공지를 받았다. 그리고 곧 인사팀으로 발령받을 것이라는 통보를 받았다. 상사는 다정하게 말했다. "윤호 씨는 조직 이해도가 높고, 협업력이 뛰어나니까 인사 쪽에서 경험을 쌓으면 더 성장할 수 있을 거예요. 향후 관리자 트랙에도 분명 도움이 될 겁니다." 그 말은 그럴듯했고, 이윤호 대리도 처음엔 그 논리를 받아들였다. "조직에서 나를 키우려는구나." 그렇게 생각하고 자신을 설득했다.

하지만 막상 자리를 옮기고 나자 상황은 달랐다. 새 팀에서는 모두가 이미 오래 일한 선배들이었고, 분위기는 묘하게 단단히 엉켜 있었다. 그가 새롭게 들어온 사람이라는 점은 누가 말하지 않아도 금방 드러났고, 마치 구조조정 이후 타부서에서 흘러들어온 사람처럼 조심스러워졌다. 아무도 환영 인사를 건네지 않았고, 심지어 책상 위 명패조차 준비되어 있지 않아, 며칠간 프린트한 종이에 이름을 써 붙이고 앉아 있었다.

그는 회사에서는 웃으며 침묵했지만, 집에 돌아오면 자꾸 한숨이 나왔다. "기획팀에서 인정도 받고 있었고, 후배들도 잘 따랐는데… 내가 왜 여기에 있지?" "이거, 좋은 기회라기보다 그냥 밀려난 거 아닐까?"

그런 의심은 출근길을 무겁게 만들었고, 점점 사무실 안의 말수도 줄어들게 만들었다. 메신저 응답도 느려지고, 회의 중에도 '제 생각엔…'이라는 말 대신 '잘 모르겠습니다'가 늘어갔다.

더 이상 '존재하는 사람'이 아니라, 단지 자리를 채우고 있는 사람처럼 느껴졌다. 업무는 주어졌지만, 역할의 존재감은 사라진 듯했다. 자신이 과거 어떤 경험과 성과를 만들었는지는 아무도 묻지 않았고, 새 부서에서는 단지 '이동해온 인력'으로만 취급되었다.

어느 날, 인사팀장이 점심시간에 그를 불러 식사를 함께 하며 물었다. "요즘 어때요? 새 환경은 익숙해지셨나요? 혹시 불편한 점은 없으신가요?" 이윤호 대리는 잠시 머뭇거리다, 조용히 이렇게 말했다. "제가 왜 여기 와 있는지는 이해했어요. 그런데… 아무도 제가 여기로 오면서 무엇을 잃었는지는 묻지 않으셨어요."

그 한마디에 모든 감정이 녹아 있었다. 예전 부서에서의 성과, 팀과의 유대, 누군가로서의 자리, 일에 대한 주도권… 그는 그것들을 내려놓고 낯선 환경에 와 있었다. 하지만 그 누구도 그 상실에 대해 인정하거나, 위로하지 않았다. 회사는 이 순환을 '커리어 확장'이라고 불렀지만, 이윤호 대리에게 그것은 정체성의 상실, 역할의 붕괴, 감정의 단절이었다. 조직은 변화라는 이름으로 제도를 설계했지만, 사람에게는 단순한 이동이 아니라 내면의 위치 이동, '심리적 퇴각'으로 작용한 것이다.

이후 이윤호 대리는 업무 자체에는 문제없이 적응했지만, 한참 뒤까지도 "이 조직은 내 커리어를 설계해주는 곳인가?"에 대해 의문을 품었다. 그는 더 이상 밀려나는 느낌을 받고 싶지 않았고, 다음 이동이 있다면 이번엔 스스로 선택하겠다고 다짐했다.

2. 이런 일이 일어나는 이유

직무 순환이나 배치 전환은 표면적으로는 '성장 기회'이자 '전략적 인재 운용'으로 포장된다. 인사 제도를 설계하는 실무자는 이렇게 설명한다. "경험의 폭을 넓히면 역량도 커지고, 장기적 커리어에도 도움이 된다." 분명 맞는 말이다. 하지만 현장 반응은 다르다. 실제 전환 대상자는 이런 말을 속으로 삼킨다. "그런 건 알겠는데… 왜 나야?", "내가 지금 이 자리를 잃어야 할 이유는 뭔데?"

문제는 제도의 취지와 대상자의 감정 사이의 간극이다. 제도는 조직의 관점에서 설계되지만, 수용은 개인의 감정에 따라 이뤄진다. 특히 배치나 이동은 단순한 역할 변경이 아니라 정체성의 재해석을 요구한다. 사람들은 자기가 머물던 자리에서 얻었던 성취감, 인정, 인간관계를 '자산'처럼 느낀다. 그런데 아무런 심리적 다리 없이 갑자기 다른 곳으로 이동하라고 하면, 마치 자신이 쌓아온 것이 부정당한 듯한 감정을 받는다.

이런 감정은 종종 침묵 속에 감춰진다. "괜찮아요", "열심히 해보겠습니다"라는 말 뒤에는 "내가 밀려난 건 아닐까?", "이전 팀에선 인정받았는데, 여기선 새로 증명해야 하나?" 같은 생각이 숨어 있다. 팀장이나 동료가 무심코 던진 "이쪽이 요즘 바빠서 사람이 필요했나 봐요" 같은 말은, 의도치 않게 '낙하'의 감각을 심어준다.

또 하나의 문제는 이동 이후의 감정 설계 부재다. 대부분의 조직은 이동 대상자를 고지하고, 보고 라인을 바꾸고, 새 업무를 부여하는 데까지는 잘하지만, 그 사람의 감정을 새 환경에 '착륙'시키는 과정은 생략한다. "새 팀원 잘 부탁드립니다" 한 마디로 끝나는 경우가 대부분이다. 하지만 정작 필요한 것은 "여기서 무엇을 얻을 수 있는지", "당신이 왜 이 자리에 중요한지", "이전 자리에서의 기여는 어떻게 계승될 것인지"에 대한 심리적 연결고리다.

그래서 제도 자체는 논리적으로 아무 문제가 없어도, 구성원은 "왠지 내가 밀려났다는 느낌이 든다", "새로운 자리에서 나를 필요로 하지 않는 것 같다"는 감정을 느끼며 서서히 고립된다. 성과는 떨어지고, 자존감은 낮아지고, 조직에 대한 신뢰도도 줄어든다. 이 모든 건 배치라는 하나의 결정이 만들 수 있는 감정의 도미노다.

결국 실무자는 물어야 한다. "이 제도는 논리적으로 맞는가?"만큼이나, "이 제도는 감정적으로 수용 가능한가?"를. 제도는 시스템으로 설계하지만, 변화는 사람의 감정에서 시작된다.

3. 행동경제학으로 보는 조직심리

배치 전환은 실제로는 '직무 변화'이지만, 심리적으로는 '익숙한 환경'에서 나와야 하는 일이다. 이 과정에서 몇 가지 중요한 심리 작용이 일어난다.

첫째, 사람은 현재의 상태를 그대로 유지하려는 경향이 있다.

이를 '현상유지편향'이라고 한다. 지금 속한 팀, 익숙한 동료, 반복된 업무 방식은 일종의 '심리적 안전지대'가 되며, 변화 자체를 위협처럼 느끼게 만든다. 설사 변화가 커리어에 도움이 되더라도, "굳이 지금 이 타이밍에?"라는 반응이 나온다.

이 개념은 앞서 1장에서 William Samuelson과 Richard Zeckhauser의 실험("Status Quo Bias in Decision Making", 1988)을 통해 이미 소개한 바 있다. 당시 실험에서는 단지 "지금 당신이 가진 상태가 기본값입니다"라는 설명만으로 사람들이 더 나은 옵션을 두고도 현재 상태를 고수하는 선택을 하는 모습을 보여줬다.

이 심리는 조직 내에서도 그대로 작동한다. 특히 인사제도나 평가 시스템을 바꾸려 할 때, 구성원은 "논리적으로 더 나은가?"보다 "지금 이대로도 괜찮은데 굳이 바꿀 이유가 있나?"라는 정서에 먼저 반응한다.

따라서 실무에서 새로운 제도를 설계하거나 도입할 때는 단순히 '더 좋은 방향'이라는 설명만으론 부족하다. 지금 상태가 유지될 경우 발생할 수 있는 문제점을 구체적으로 보여주고, 변화가 왜 필요한지에 대해 정서적 공감대를 설계하는 접근이 필요하다.

둘째, 사람들은 뭔가를 얻는 것보다, 뭔가를 잃는 것에 훨씬 더 민감하게 반응한다.

이를 '손실회피성향'이라 부른다. 새 부서에서 배울 수 있는 새로운 기회보다, 지금 팀에서의 평판, 자유도, 루틴이 깨지는 것에 대한 불안이 더 크게 작용하는 것이다.

이 원리 역시 앞서 1장에서 소개된 Daniel Kahneman과 Amos Tversky의 실험 ("Loss Aversion in Riskless Choice: A Reference-Dependent Model", 1991)을 통해 자세히 다룬 바 있다. 그 실험에서 사람들은 동일한 결과라도 '이익으로 표현될 때'보다 '손실로 표현될 때' 훨씬 더 회피적이고 보수적인 판단을 내렸다. 이는 사람의 의사결정이 실제 손익보다 감정적 손실 회피 심리에 더 크게 좌우된다는 점을 보여줬다.

조직 안에서 성과평가 제도나 보상 체계를 손보려 할 때, 직원들은 "좋아질 것이다"라는 메시지보다 "혹시 내가 손해 보는 건 아닐까?"라는 감정에 더 먼저 반응한다. 따라서 변화 설계 시, 단순히 무엇을 얻을 수 있는지를 설명하는 것보다, 이대로 두면 어떤 손실이 발생할 수 있는지를 전달하는 것이 훨씬 더 효과적인 커뮤니케이션 전략이 된다.

셋째, 지금까지 해왔던 나의 성과와 정체성이 부정당한다고 느끼는 경우도 많다.

이를 '인지부조화'라고 한다. "내가 지금까지 잘하고 있었는데, 왜 나를 옮기지?" "내가 문제라는 말인가?" 이런 생각은 객관적 논리보다는 감정적 자기방어에서 비롯된 것이다.

이 개념은 Leon Festinger (Stanford University)가 1957년 이론서 "A Theory of Cognitive Dissonance"를 통해 처음 제시했다. 이후 다양한 실험으로 그 작동 원리가 입증되었다. 대표적인 실험은 Festinger와 James Carlsmith가 1959년에 진행한 연구다. 참가자들은 매우 지루한 과제를 수행한 후, 다음 참가자에게 "이 과제는 아주 재미있어요"라고 거짓말을 해달라는 요청을 받았다. 이때 한 그룹은 1달러, 다른 그룹은 20달러를 받았다.

이후 과제에 대한 진짜 만족도를 측정했더니, 1달러를 받은 그룹이 오히려 과제를 더 긍정적으로 평가했다. 왜냐하면 "나는 재미없는 일을 했고, 거짓말까지 했는데 보상은 고작 1달러였어"라는 인지 부조화를 해소하기 위해 "사실 그렇게 지루하진 않았어"라는 식으로 스스로를 설득했기 때문이다. 이 실험은 자기 행동과 믿음 사이의 불일치가 감정적 불편을 낳고, 그걸 줄이기 위해 생각을 왜곡하거나 감정을 조정한다는 사실을 보여준다.

조직에서도 비슷한 현상이 나타난다. 예를 들어, 오랫동안 팀장이 해온 성과평가 기준이 변경되면, 그는 심리적 불편함을 느낀다. "내가 지금까지 잘못 평가해왔단 말인가?"라는 생각이 들면, 새 기준이 아무리 합리적이라도 본능적으로 거부감이 앞서게 된다.

결국, 인지부조화는 제도의 완성도와는 무관하게 사람의 자존감과 신념 체계를 위협받는 순간에 발생하는 심리 방어 반응이다. 그래서 제도

개선 시에는 "과거는 틀렸다"는 방식보다는 "더 나아지기 위한 진화 과정"이라는 식의 접근이 현장의 수용성을 높이는 데 훨씬 효과적이다.

4. 관련한 직장인 의식조사

※ 조사시기:2025년4월, 참여인원:260명 [▲직위별(팀원 144명, 팀장급이상 116명) ▲회사규모(100인이하 91명, 100-300인사이 94명, 300인이상75명)]

Q1. 귀하는 자신의 부서에 대해, 업무가 효율적으로 진행되고 있다고 생각하나요?

우리 부서의 업무가 효율적으로 움직이고 있는지를 물어보았다. 그렇다 51.5%, 그렇지 않다 48.5%로서 직장인의 절반은 조직내 업무효율성에 부정적 의견을 가지고 있었다. 결과를 팀장과 팀원으로 나누어 분석해 보았다. 팀장의 답변은 효율적이다 57.8%, 효율적이지 못하다 42.2%, 팀원의 답변은 효율적이다 46.5%, 효율적이지 못하다 53.5%로서 팀장보다는 팀원들 쪽에서 업무효율성에 이의를 제기하는 목소리가 더 높았다.

이를 다시, 올해 실적이 좋을 것으로 예상되는 조직과 실적이 좋지 않을 것으로 예상되는 조직으로 나누어서 분석해 보았다. 전년보다 실적이 높을 것으로 예상되는 조직에서는 효율적으로 움직인다 31.0% 비효율적으로 움직인다 18.1%인데 반해, 실적이 좋지 않을 것으로 예상되는 조직에서는 효율적으로 움직인다 29.2% 비효율적으로 움직인다 34.0%로 나왔다. 당연한 사실이지만, 업무효율성과 실적은 밀접한 관계에 있음을 새삼 알 수가 있었다.

【표1】 우리 조직의 업무효율성에 대해 느끼는 생각

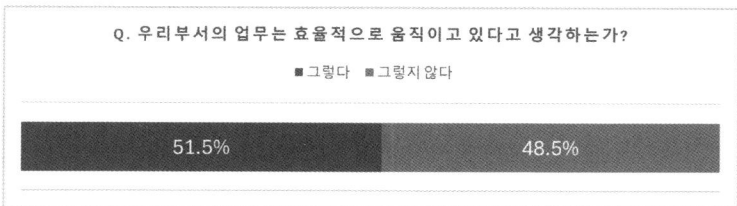

【표2】 우리 조직의 업무효율성에 대해 느끼는 생각 (직급별 비교)

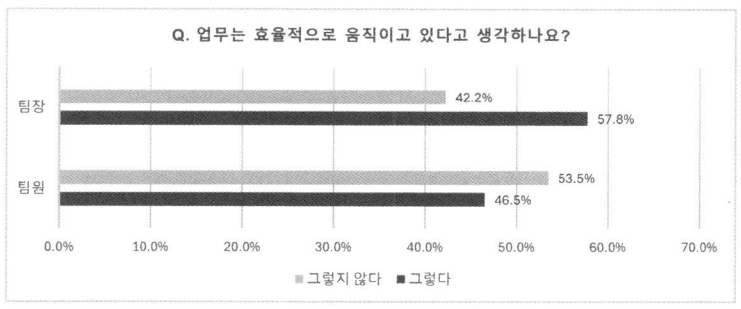

【표3】 우리 조직의 업무효율성에 대해 느끼는 생각 (전년 실적대비)

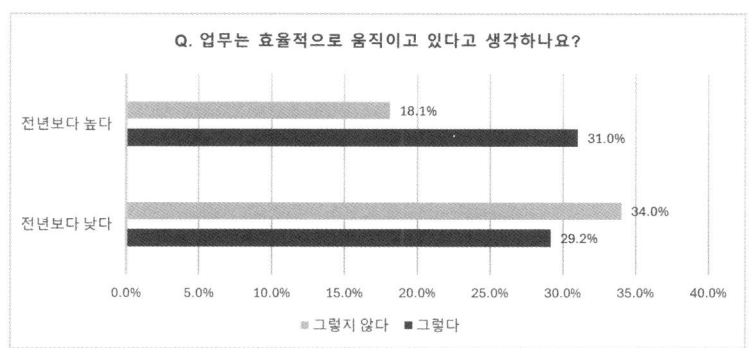

Q2. 귀하 부서의 인력구조에 대한 생각은 무엇입니까?

인력구조의 적정성을 물어보는 질문에는 부족하다고 생각한다 45.4%, 적정하다고 생각한다 43.5%, 오버인원이라고 생각한다 11.2%로 나왔다. 이어서 인력구조를 실적과 연계하여 물어보았다.

전년보다 실적이 더 좋을 것이라고 응답한 조직에서는 현재의 인력구조에 대해 부족하다 40.4%, 적정하다 45.6%, 오버인원이다 14.0%로 나왔다. 반대로 실적이 좋지 않을 것으로 예상되는 조직에서는 현재의 인력구조에 대해 부족하다 51.6%, 적정하다 36.3%, 오버인원이다 12.1%로 나왔다. 실적이 낮은 조직에서 실적이 높은 조직보다 사람부족에 대한 호소가 11.2% 더 높았으며, 적정인원이라는 응답은 9.3% 더 낮았다.

한단계 더 나아가 인력구조와 업무효율성의 관계에 대해 알아보았다. 효율적인 조직에서는 현재의 인력구조에 대해 부족하다 44.0%, 적정하다 53.0%, 오버인원이다 3.0%로 나왔다. 반면, 비효율적인 조직에서는 현재의 인력구조에 대해 부족하다 46.8%, 적정하다 33.3%, 오버인원이다 19.8%로 나왔다. **업무효율화가 떨어지는 조직이 효율적으로 움직이는 조직보다 잉여인력이 6배나 더 많은 것으로 드러났다.**

【표4】 조직내 인력의 적정성을 물어보는 질문에 대한 답변 (인력의 적정성)

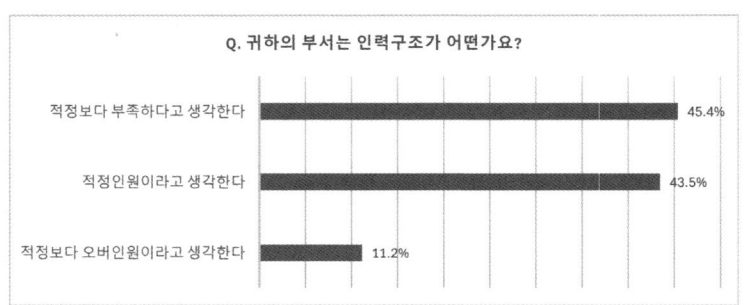

【표5】 조직내 인력의 적정성을 물어보는 질문에 대한 답변 (전년 실적대비)

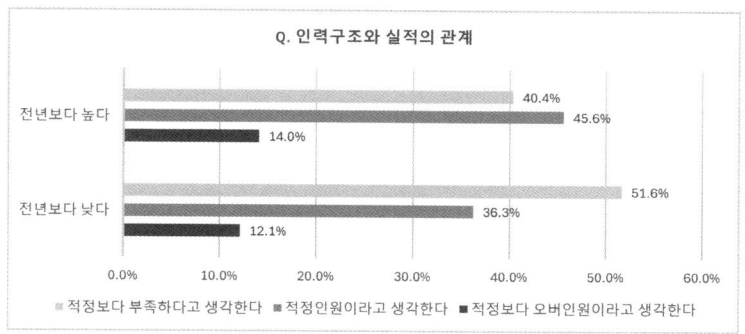

【표6】 조직내 인력의 적정성을 물어보는 질문에 대한 답변 (업무효율성 대비)

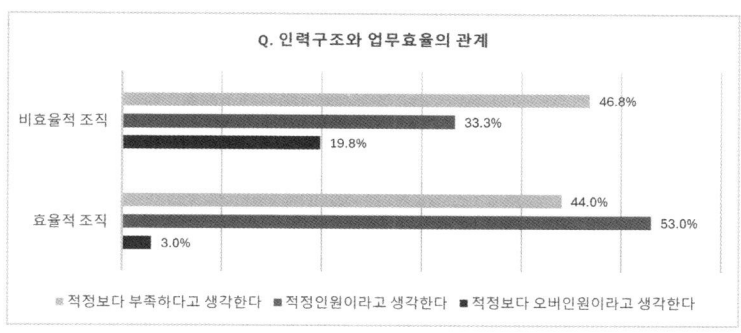

5. 의식조사 결과가 주는 힌트

이번 조사는 업무 효율성과 인력 구조에 대한 인식을 중심으로, 조직 내 구성원들이 변화와 배치에 대해 어떻게 반응하고 있는지를 분석했다. 설문에 참여한 260명의 응답 결과는 우리가 막연히 알고 있던 사실을 보다 구체적이고 입체적으로 드러내준다.

우선 업무 효율성에 대한 질문에서 직장인의 절반이 '비효율적'이라고 응답했다는 점은 주목할 만하다. 특히 팀장보다 팀원 쪽에서 불만족 비율이 높았는데, 이는 동일한 환경이라도 역할과 시각에 따라 체감 효율성이 다르게 인식됨을 보여준다. 팀장은 조직 전체의 흐름을 보며 상대적 안정감을 느끼는 반면, 팀원은 개별 업무의 단편적 경험에서 불합리함을 더 민감하게 받아들이는 경향이 있다.

실적과 연결된 결과는 더 분명한 메시지를 준다. 실적이 좋을 것으로 예상되는 조직은 효율성을 더 긍정적으로 평가했으며, 실적이 낮을 것으로 예측되는 조직은 효율성과 인력구조 모두에 더 부정적인 인식을 보였다. 이는 업무 환경에 대한 인식이 단지 감정이나 기분의 문제가 아니라, 실질적인 성과 경험과 강하게 연결되어 있다는 증거다.

인력 구조에 대한 인식도 흥미롭다. 구성원의 45.4%는 인력이 부족하다고 답했으며, 특히 실적이 나쁜 조직일수록 이 비율이 더 높았다. 그뿐만 아니라 비효율적으로 움직이는 조직일수록 오히려 '오버인원'이라고 느끼는 구성원이 6배나 더 많다는 점은 아이러니하게 들릴 수 있지만, 실제로는 불분명한 역할 구조와 책임 소재가 심리적 잉여감을 만들어낸다는 사실을 뒷받침한다.

결국 이 서베이는 배치와 이동이 단순히 물리적 재배치의 문제가 아니라, 구성원의 심리적 납득과 역할 정체성을 건드리는 민감한 영역이라는 사실을 다시금 일깨워준다. 효율성을 높이기 위해 시도된 변화가 오히려 저항을 유발하는 이유는, 그 변화가 구성원의 심리적 필요를 외면한 채 일방적으로 전달되었기 때문이다.

즉, 실무적으로 조직의 배치와 인력 구조를 재설계할 때는 단지 수치나 역할의 재분배에 머무르지 않고, 변화의 '맥락'을 설명하고, 구성원에게 '내 자리가 왜 바뀌는지'에 대한 정서적 설득을 제공해야 한다. 납득 없는 변화는 아무리 타당한 명분을 내세워도 '이해'보다는 '방어'로 돌아오게 된다. 이것이 바로 인사의 본질이 사람의 심리를 다룬다는 말의 의

미이기도 하다.

6. 참고할 만한 실전사례

사례1 : IBM – 전환 시 '역할 의미'를 설계하다

IBM은 전 세계적으로 인재 순환을 활발하게 운영하는 기업 중 하나다. 기술 중심의 R&D부터 고객 전략, 운영, 정책 기획 등 다양한 영역에서 직무 간 이동을 정기적으로 시행하며, 이를 통해 조직 유연성과 구성원의 성장 가능성을 동시에 추구해 왔다.

하지만 과거 IBM에서도 직무 전환이 꼭 긍정적인 경험으로 받아들여지지는 않았다. 특히 관리자 주도의 일방적인 배치 결정이나 인사부서의 일정 중심 조율 방식은, 몇몇 직원들에게 '이동 통보'로 느껴졌다. "나는 원치 않았는데 왜 이 부서로 간 거지?", "내가 뭘 잘못해서 빠진 건가?"와 같은 심리적 단절감이 퍼졌고, 그로 인한 소극적 이직, 조직몰입도 하락 현상이 나타나기 시작했다.

이러한 문제를 해결하기 위해 IBM은 '내러티브기반 배치가이드'라는 시스템을 도입했다. 이 시스템은 단순히 '언제, 어디로 이동한다'는 공지 차원을 넘어, 직무 전환이 해당 구성원 개인에게 어떤 커리어적 의미를 갖는지 서사적으로 전달하는 구조다. 예를 들어 기존에는, "2024년 3월 1일부터 기획본부로 전환 배치됨" 이렇게 통보되던 방식이, 이제는 이렇게 바뀌었다.

"당신은 지금까지 고객 접점 업무를 통해 시장과 소통해왔습니다. 이번 이동은 그 경험을 전략 기획으로 연결하는 확장입니다. 특히 향후 비즈니스 전략·정책 분석 등 핵심 역할로의 전환 가능성을 내포하고 있습니다." 이는 이동 자체를 경력의 연속선상에서 재해석하도록 돕는 방식이다. 단순한 지시가 아니라, "나의 커리어 안에서 이 이동은 어떤 다음 장인가?"를 납득할 수 있도록 의미 있는 흐름으로 해석해주는 셈이다.

여기서 IBM은 텍스트 구성 방식도 주의 깊게 설계했다. '이동 사유'보다 '역할의 의미'를 강조했고, 업무 성과가 아닌 사람의 성장과 경험 축적 흐름을 중심으로 작성되었다. 덕분에 구성원들은 "이번 이동은 내가 더 큰 역할을 맡기 위한 준비구나"라는 인식 전환을 할 수 있었다.

뿐만 아니라 IBM은 이동 이후에도 이를 단순히 '완료'로 간주하지 않았다. 이동 3개월 이내, 인사부서에서 구성원과 1:1로 팔로업 인터뷰를 진행했고, 이 과정에서 전환에 따른 감정 변화, 소속감, 몰입도 등의 심리 상태를 점검했다.

예를 들어, 누군가 새로운 부서에 잘 적응하지 못하고 있다면 단순한 문제 제기보다 "전 부서에서의 역할과 연결 지점을 찾아드릴게요"라며 심리적 연속성을 회복시키는 방향으로 접근했다. 필요 시에는 전 부서장과의 비공식 면담, 멘토링 매칭, 소규모 조언 그룹 구성 등도 병행했다.

이러한 전환 설계는 단순히 이동의 행정 절차를 관리하는 것이 아니라, "내가 지금 어떤 위치에 있으며, 어디를 향해 가고 있는가"를 구성원이 스스로 설명할 수 있도록 도와주는 전략이었다.

결과적으로 이 방식은 단기적인 성과만이 아니라, 장기적인 몰입도, 정체성 유지, 이직률 감소라는 결과로 이어졌다. 특히 젊은 세대 직원일수록 이동의 의미를 해석해주는 과정에 대한 만족도가 높았고, 자신이 조직 내에서 존중받고 있다는 감정적 신호로 받아들이는 경우가 많았다.

사례2 : 국내 대기업 K사 - 배치 전환을 '승진보다 중요한 이벤트'로 설계

국내 대기업 K사는 수년 전부터 정기 조직개편과 직무순환을 통해 조직의 역동성과 인재 육성을 동시에 도모해왔다. 특히 연말 또는 상반기 조직 재편 시기에는 수십 명 단위의 인력 이동이 이루어졌고, 이를 통해 조직 전체의 기능 재정비와 리더십 리프레시를 달성했다.

하지만 몇 년간의 운영 결과, 겉보기 성과와는 달리 내면의 불만과 피로가 누적되고 있음을 인사팀이 감지했다. 특히 이동 대상자들 사이에서 "예고 없는 통보", "단절된 감정", "정체성 상실"에 대한 이야기가 많았고, 이로 인해 몰입 저하, 이직 증가, 적응 실패가 발생하는 사례들이 나타나기 시작했다.

이에 K사는 조직개편을 '사람 중심 관점'에서 다시 보기로 결정했다. 인사팀은 먼저 최근 3년간 이동자 중 50여 명을 대상으로 심층 인터뷰를 진행했다. 그 결과, 반복적으로 등장한 심리적 저항의 표현은 다음과 같았다.

"이동 통보는 벼락처럼 왔고, 마치 내 커리어를 조직이 마음대로 결정한 것 같았다." "새 부서에서는 내가 왜 왔는지 아무도 모르고 있었고, 첫날부터 허공에 떠 있는 느낌이었다." "내가 잘못해서 밀려난 건 아닌지… 혼자만의 추측으로 밤새 뒤척였다."

이러한 반응은 이동 자체보다, 이동 과정에서 '설명되지 않은 감정'이 더 큰 저항을 낳는다는 사실을 보여줬다. 이에 따라 K사는 배치 전환 과정을 '설명과 납득'의 구조로 재설계했다. 무엇보다 "이동이 아니라 설계된 성장 과정"이라는 인식을 심어주기 위해 기존의 단순 '통보 방식'을 3단계 절차 중심 구조로 바꿨다.

사전 1:1 면담 – 이동 대상자와 리더, 또는 인사BP가 먼저 만나 커리어 방향성에 대한 이야기를 나눈다.

커리어 연계 설명 – 이동의 배경, 개인의 경력 흐름 속에서의 의미, 향후 기회 등을 스토리로 전달한다.

전환 후 목표 협의 – 이동이 끝난 뒤, 새 부서에서의 역할 기대치, 평가 기준 등을 협의하고 조율한다.

뿐만 아니라, 실질적 전환 초기 적응을 돕기 위해 K사는 '첫 30일 코칭 제도'를 도입했다. 이 코칭은 새로운 팀장, 또는 전환을 먼저 겪은 선배가 멘토가 되어 신규 전환자와 함께 정기적으로 대화하는 제도다. 이때 다루는 주제는 단순 업무가 아니라 감정 중심이었다.

"지금 어떤 감정이 드나요?" "새로운 환경에서 불편한 점이 있다면요?" "이전 팀과의 단절이 느껴질 때, 어떤 생각이 드시나요?" 이러한 코칭은 초기의 어색함, 외로움, 불안 같은 정서들을 공감과 공유로 풀어주는 역할을 했고, 많은 관리자들 사이에서도 "팀 전력화가 더 빨라진다"는 긍정적 평가가 이어졌다.

이후 K사는 배치 전환을 단순히 "어디로 이동했는가"의 문제가 아니라, "조직 안에서 나의 존재감이 어떻게 재구성되는가"라는 민감한 심리 이벤트로 재정의했다. 그리고 이를 '승진만큼 중요하게 다뤄야 할 이벤트'로 공식화하며 다음의 실행을 병행했다.

리더 대상 '전환 커뮤니케이션' 교육 필수화, 이동자용 '배치 브리핑 카드' 발행, 조직개편 전·후의 '이동배치 전환자 정서 모니터링' 보고, 이동을 통해 더 '성장한 사람들' 콘텐츠 시리즈 사내 공유.

K사의 인사팀은 이렇게 말한다. "배치 전환은 사실상 '새로운 조직의 문지방'을 넘는 일입니다. 그 문지방을 어떻게 넘어가는지에 따라, 그 사람의 몰입도와 신뢰는 완전히 달라집니다."

7. 이렇게 해 보자!

첫째, 이동 통보 전에 '상실의 감정'을 먼저 점검하자.

배치는 조직에겐 전략이지만, 개인에게는 일상의 중단이 된다. 구성원이 새로운 부서로 이동할 때, 그들이 기존 자리에서 무엇을 잃었는지를 함께 들여다봐야 한다. "앞으로의 기회가 더 좋다"는 설명만으로는 충분하지 않다. 기존 팀에서의 유대, 업무에 대한 자부심, 후배와의 관계 등은 당사자에게 심리적 자산이다. 이동이 '시작'이 되려면, 떠나는 자리의 '마무리'가 먼저 있어야 한다. 면담 시에는 "이 팀에서 의미 있었던 경험이 무엇이었나요?" 같은 질문을 먼저 던져보자.

둘째, '역할의 변화'가 아닌 '존재의 이동'으로 접근하자.

직무 이동은 단지 업무를 바꾸는 것이 아니라, 사람의 존재감을 다시 세우는 작업이다. "이제부터 이 일을 맡으세요"가 아니라, "당신이 이 역할을 맡으면 조직에 어떤 변화가 생길지 기대됩니다"처럼 존재의 가치를 함께 설명해주자. 이동 직후에는 새 팀 구성원들과의 교류를 자연스럽게 돕기 위해 공식적인 환영 절차, 역할 소개, 책상 준비 등의 사소한 요소까지도 신경 써야 한다. '나를 위한 이동'이라는 감각을 만들지 못하면, 배치는 곧 정체로 이어진다.

셋째, 배치 후 2~4주 차에 '정서 피드백 면담'을 운영하자.

직무 전환 직후, 가장 중요한 건 업무 성과보다 감정의 적응이다. "요즘 이 환경에서 어떤 감정을 가장 자주 느끼고 있나요?", "이 팀에서 자신이 어떤 역할로 받아들여지는 것 같나요?" 같은 질문을 통해 구성원의 내면 상태를 체크하자. 초기의 정서적 단절을 방치하면, 역할몰입보다 회피감정이 먼저 자리잡는다. 구성원이 심리적 거리감 없이 새 환경에 다가갈 수 있도록, 관리자와의 대화뿐 아니라 팀원과의 일대일 교류 시간도 설계해보자.

4장. 성과평가 : 평가가 아닌 감정의 반응

성과평가가 공정해야 한다는 믿음은 강하지만, 현실은 늘 다르게 작동하는 이유에 대해 알아보고자 한다. 직장인들의 생생한 인식을 통해 성과평가 제도의 맹점을 짚어보고, 이를 극복하기 위한 심리 기반의 접근 방식도 함께 살펴볼 것이다.

1. 상황 예시

박지훈 과장은 요즘 퇴근길마다 입맛이 없다. 올해 실적이 나쁜 것도 아니었고, 팀장과의 갈등도 없었지만, 어딘가 씁쓸한 기분이 가시지 않는다. 며칠 전 받은 연말 성과평가 때문이다.

올해부터 회사는 절대평가 방식으로 제도를 전면 개편했다. 항목별로 기준이 명시된 표도 받았고, 평가자 교육도 사내에서 진행됐다. 처음엔 기대도 있었다. 이제는 불합리한 상대평가 대신, "누구나 기준만 잘 따르면 좋은 평가를 받을 수 있다"는 말에 고개를 끄덕였었다.

하지만 막상 받아든 평가 결과는 예상 밖이었다. "리더십이 부족했다"는 단 한 줄의 코멘트가 전부였다. 박지훈 과장은 고개를 갸웃했다. '리더십'이 기준표에 있긴 했다. 하지만 그게 회의 때 적극적으로 발언하라는 뜻인지, 아니면 후배들을 이끌라는 의미인지 명확히 얘기된 적은 없었다. 그는 올해 세 건의 프로젝트를 리드했고, 마감도 모두 지켰다. "나름 열심히 했고, 실적도 냈는데… 뭐가 부족했다는 걸까?"

다음 날, 박지훈 과장은 팀장에게 조심스레 평가 결과에 대해 물었다. 팀장은 미안한 표정을 지으며 말했다. "성과는 좋아. 그런데 리더십 부분은 좀 더 강하게 보여줬으면 했거든. 후배들이 너한테 좀 어려움을 털어놓기 힘들어하더라고."

그 말에 박지훈 과장은 더 혼란스러워졌다. 기준표에는 '리더십'이 수치화된 항목으로 분류되어 있었지만, 실제 평가는 감정적인 해석이 더해져 있었다. 기준은 있었지만, 그 기준을 해석하는 방식은 제각각이었다.

인사팀도 이 혼선을 느끼고 있었다. 평가 이후, 사내에서는 불만이 점차 늘고 있었다. "왜 내가 이 점수를 받았는지 모르겠다"는 말은 회식자리의 단골 멘트가 되었고, "이미 점수는 정해져 있었던 것 아니냐"는 수 근거림도 복도에서 들려왔다.

　결국 인사팀은 전사 서베이를 실시했다. 그 결과는 충격적이었다. 전체 응답자의 60%가 평가제도에 불만을 표했으며, 특히 팀원의 불만 비율은 팀장의 1.5배나 높았다. 흥미로운 건, 아직 평가를 도입하지 않은 부서에서도 구성원 35%가 자신을 상위그룹으로 예상했지만, 하위그룹이라 답한 사람은 10%도 되지 않았다. 누구나 자신은 '납득할 점수'를 받을 거라 믿는 셈이었다.

　이 모든 상황은 하나의 교훈으로 수렴됐다. 성과평가란 숫자의 문제가 아니라 '설명과 신뢰'의 문제라는 것. 인사팀은 제도를 다시 뜯어보는 대신, 평가자와 피평가자 사이의 '해석의 간극'을 좁히는 데 집중하기로 했다. 점수 하나가 아니라, 그 뒤에 있는 성장의 대화를 끌어내기 위한 피드백 방식의 개선이 시작된 것이다.

2. 왜 이런 일이 일어나는가

　성과평가는 언제나 민감하다. 평가 기준이 명확할수록 납득도가 높아질 것 같지만, 현실은 그렇지 않다. 많은 조직들이 "정량 지표와 정성 평가를 병행한다"는 논리로 평가제도를 설계하지만, 직원들의 심리는 이렇게 반응한다. "결국 점수는 기분 따라 주는 거잖아요." 혹은 "수치야 핑계고, 결국 누가 눈에 잘 띄었느냐가 중요하지 않나요?"

　이 지점에서 제도와 감정은 충돌한다. 인사팀은 합리적 시스템을 설계하려고 하고, 관리자는 공정한 기준을 적용하려고 한다. 하지만 평가를 받는 당사자는 전혀 다른 감각으로 반응한다. "이건 내가 한 해 동안 인정받았는지 아닌지를 보여주는 시그널이다." 평가 결과는 점수나 등급이 아니라, 자신에 대한 '조직의 시선'으로 받아들여진다.

여기서 심리적 저항은 시작된다. 정성 항목이 들어가는 순간, 평가 기준은 해석의 여지를 갖게 되고, 그 해석은 관계, 기대치, 기억의 편향 등에 따라 달라진다. 실적은 비슷한데 A를 받은 동료와 B를 받은 나 사이의 차이는 결국 '감정'으로 설명된다.

"그 사람은 상사랑 술도 자주 마시잖아." "나는 그냥 조용히 일만 했을 뿐인데…" 사람들은 이런 해석을 통해 자기 감정을 납득시키려 한다. 제도는 숫자를 이야기하지만, 구성원은 정체성을 이야기하고 있는 것이다.

또한, 평가 결과가 피드백 없이 전달되면 상처는 더 깊어진다. 아무런 맥락 없이 숫자 하나가 통보되면, 사람들은 자신이 평가받은 '이유'가 아니라 '결과'만을 가지고 감정을 형성하게 된다. "왜 C였는지 몰라서 속상한 게 아니라, 아무 말 없이 C를 받았기 때문에 납득이 안 된다"는 반응이 흔하다.

심지어 어떤 경우에는 좋은 평가를 받았는데도 불편한 감정이 생긴다. "이번엔 A 받았는데, 상사가 아무 말도 안 했어요. 그냥 '이 정도면 됐죠'라는 식이었죠." 인정이 빠진 평가, 감정이 생략된 보상은 숫자만 남고 의미는 사라진다.

이처럼 성과평가는 객관성의 외피를 쓰고 있지만, 실제로는 '의미의 해석'이 핵심이다. 실무자는 제도를 설계할 때, 점수 기준만큼이나 중요한 것이 피드백 구조, 설명 방식, 심리적 메시지라는 사실을 잊지 말아야 한다. 평가 결과에 납득할 수 있도록 도와주는 것은 수치가 아니라, '왜 그렇게 되었는지를 함께 이야기하는 말의 설계'다.

3. 행동경제학으로 보는 조직심리

평가라는 형식을 빌렸지만, 실상은 정서적 피드백 이벤트다. 그리고 이 과정에서 여러 행동경제학적 심리 메커니즘이 작동한다.

가장 대표적인 것은 '후광효과'다.

이는 한 가지 긍정적(또는 부정적) 인상이 전체 평가에 영향을 주는 현상이다. 예를 들어, '항상 밝은 태도로 일하는 직원'에게는 실적이 기대 이하라도 "그래도 노력은 많이 했잖아"라며 높은 점수를 주게 되는 식이다. 반대로, '자기 주장 센 사람'은 결과가 좋아도 "팀워크는 좀 부족했어"라는 평가로 깎이게 된다.

이 효과는 심리학자 Edward L. Thorndike (Columbia University)가 논문 "A Constant Error in Psychological Ratings" (1920)에서 처음 제기했다. 그는 군대 장교들이 부하 장병을 평가할 때 '외모가 단정하면 성격도 좋을 것'이라 판단하거나, '말수가 적으면 성실하지 않을 것'이라 간주하는 경향이 있다는 점을 관찰했다.

실제로 연구에 참여한 장교들은 한 가지 특성에 기반해 전체 평가 점수를 일관되게 높이거나 낮게 주는 편향을 보였다. 이 실험은 평가 상황에서 사람의 인지가 객관적 기준보다 정서적 인상과 연상 작용에 좌우될 수 있다는 점을 잘 보여준다.

조직에서 성과평가를 할 때도 이 효과는 강력하게 작동한다. 예를 들어 평소 말이 빠르고 명확한 직원이 있다면, 실제 성과 수치가 평범하더라도 "일 잘하겠네"라는 인상이 평가에 영향을 줄 수 있다. 반대로 조용하고 신중한 스타일은 실제 성과가 좋아도 "덜 적극적이다"는 이유로 저평가될 수 있다. 후광효과는 한 사람의 '일부'가 '전부'처럼 느껴지게 만들고, 이로 인해 성과평가가 정량이 아니라 정서가 되기 쉬운 심리적 메커니즘을 설명해준다.

또 하나는 '소유효과'다.

내가 직접 뽑았거나 키운 직원에 대해서는, 동일한 실적이라도 더 높게 평가하는 경향이 있다. 자신의 선택을 정당화하고 싶은 심리 때문이다. 이러한 편향은 부하 평가뿐 아니라 동료 평가, 상향 피드백에서도 빈번하게 발생한다.

이 원리 역시 앞서 2장에서 소개된 Richard Thaler (University of Chicago)가 논문 "Toward a Positive Theory of Consumer Choice" (1980)를 통해 자세히 다룬 바 있다. 그 실험에서 사람들은 평가와 보상이 단순히 기능적 판단이 아니라, '심리적 소유'가 개입된 감정적 영역이라는 걸 보여준다.

그리고 마지막으로 중요한 것이 '인지부조화'다.

사람은 '나는 잘하고 있다'는 자기 신념과 '당신의 성과는 기대에 못 미쳤습니다'라는 피드백이 충돌하면 내용을 이해하려 하기보다 방어적 태도로 반응한다. 그래서 합리적인 설명도 "나를 깎아내린다"는 느낌으로 왜곡되기 쉽다.

앞서 3장에서 Festinger의 실험을 통해 이 개념이 어떻게 나타나는지 자세히 살펴본 바 있다. 그때 우리는, 단순히 평가 기준이 불합리해서가 아니라 내가 노력했다고 믿는 나와, 그에 어울리지 않는 평가 결과 사이의 심리적 충돌이 반발의 출발점이 된다는 점을 확인했다.

이 장에서 강조하고자 하는 포인트는 다음과 같다. 성과평가에서 낮은 점수를 받은 직원이 반발할 때, 그 반응은 단순한 불만이 아니라, 자기개념(self-concept)과 평가 간의 부조화를 해소하려는 심리적 방어작용이라는 것이다. "내가 부족했던 건가?"보다는 "팀장이 기준을 바꿨네", "이건 공정하지 않아" 같은 해석을 선택하는 이유는 심리적으로 자기 정체성을 보호하려는 본능 때문이다.

따라서 인지부조화를 최소화하기 위해서는 사전에 명확한 기준을 반복적으로 안내하고, 실제 피드백 과정에서도 일관성과 구체적 근거를 강조하는 설계가 필요하다.

4. 관련한 직장인 의식조사

※ 조사시기: 2024년 11월, 참여인원: 310명 [▲성별(남성 220명, 여성 90명)]

Q1. 평가제도가 있는 응답자에게 묻습니다. 평가제도의 만족도는 어느 정도입니까?

평가제도가 있다고 답한 응답자를 대상으로 평가제도의 만족도에 대해 물어보았다. 평가제도의 만족도가 만족에 가깝다 40.1%, 불만에 가깝다 59.9%로서 불만의 응답이 20% 더 많았다. 이를 다시 팀장과 팀원의 직급으로 나누어 분석해 보았다. 팀장들은 만족 45.2%, 불만 54.8%, 팀원들은 만족 36.1%, 불만 63.9%로서 팀장들보다는 팀원들이 더 높은 만족저하 불만상승의 기류에 있음을 알 수가 있었다.

【표1】 평가제도에 대한 만족의 정도

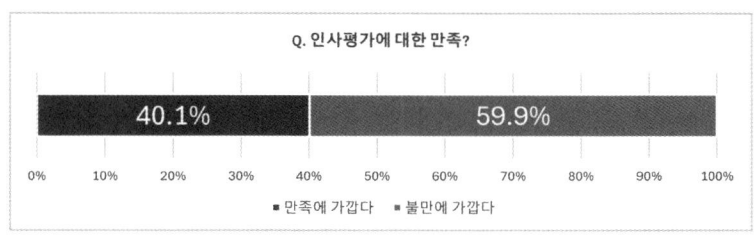

【표2】 평가제도에 대한 팀장과 팀원의 만족도의 차이

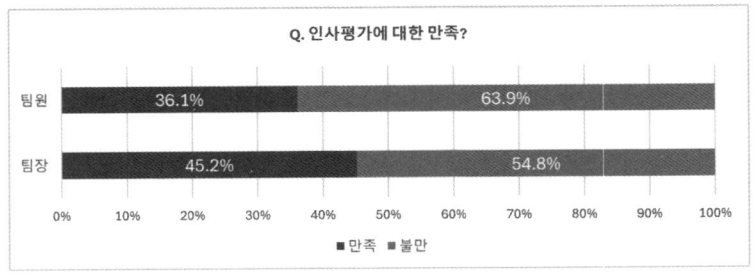

Q2. 평가제도 만족의 이유, 불만의 이유는 무엇입니까?

평가제도 만족의 이유를 물어보았다. 평가제도 만족의 1위는 평가기준이 명확해서 24.6%, 2위 평가과정이 공정해서 20.9%, 3위 상사의 충분한 설명때문에 19.4%의 순으로 나타났으며, 이들 상위 1-3위가 평가제도의 성공을 좌우하는 요소에 있어서 전체의 2/3를 차지했다. 반대로 불만의 이유로는 1위 평가기준이 애매모호해서 20.9%, 2위 이미 결과는 정해져 있다고 생각해서 17.9%, 3위 공정하다고 생각하지 않아서 16.7%, 4위 평가와 관련한 충분치 못한 설명 13.9%의 순위로 나왔다. 자세히 보면, 만족의 이유가 동시에 제대로 시행되지 못할 시에는 불만의 이유가 된다는 사실을 알 수가 있다.

【표3】 평가제도 만족의 이유

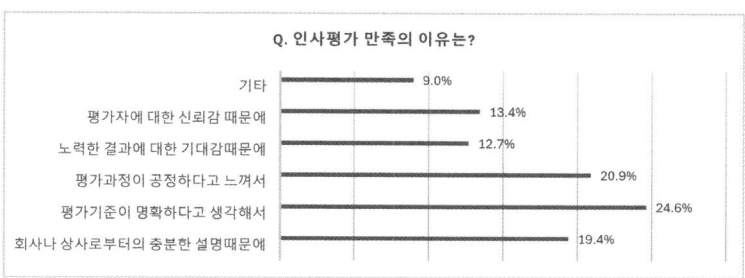

【표4】 평가제도 불만의 이유

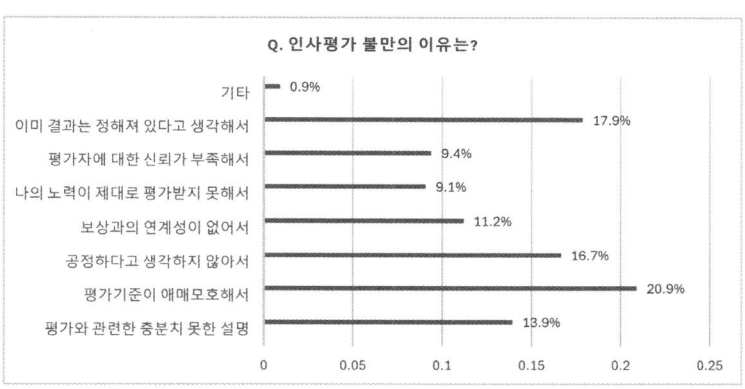

Q3. 평가제도가 없다고 답한 분들에게 묻습니다. 만일 평가제도가 마련된다면 나는 어디에 해당하리라 생각합니까?

평가제도가 없다고 답한 사람들을 대상으로 "만일 평가제도가 구축이 된다면 나는 어디에 해당하는지"를 물어보았다. 상위그룹에 가깝다 35.3%, 중간에 위치한다 54.4%, 하위그룹에 가깝다 10.3%의 순으로 나타났다. 본인이 높은 평가를 받을 것이라는 응답이 낮은 응답을 받을 것이라는 응답보다 3.4배 더 많았다. 이를 다시, 팀원과 팀장의 직급별 비교로 나누어 보았다. 상위에 가깝다 그룹은 '팀장 40.6% VS 팀원 30.6%', 하위그룹에 가깝다 그룹은 '팀장 6.3% VS 팀원 13.9%'의 답변이 나왔다. 팀장들이 일반 멤버들보다 스스로를 과대평가하는 경향이 더 높은 것으로 나타났다.

【표5】 만일 평가제도가 구축이 된다면, 나는 어디에 랭크될 것인가?

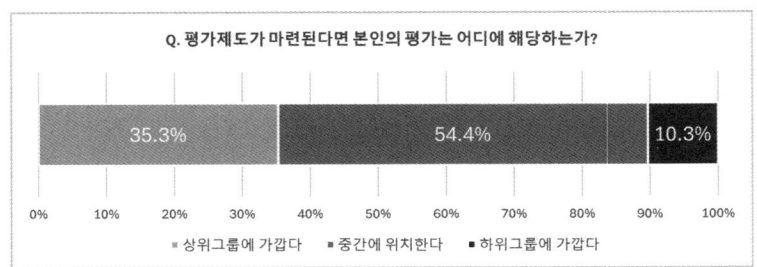

【표6】 평가가 이루어진다면 나는 어떤 평가를 받을 것인가에 대한 팀장과 팀원 인식의 차이

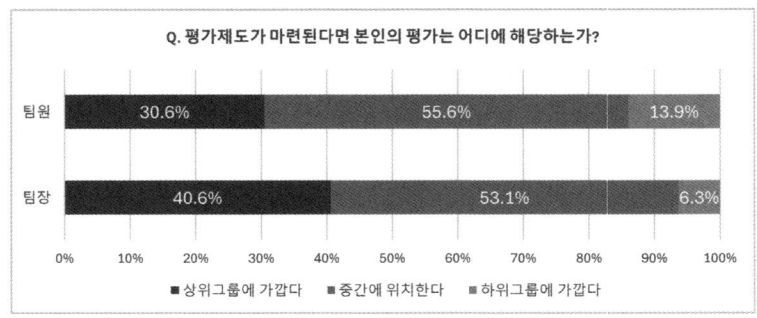

5. 의식조사 결과의 시사점

성과평가에 대한 직장인들의 인식을 묻는 이번 서베이는 '평가제도'라는 이름 아래 숨겨진 심리적 긴장과 구조적 불신을 적나라하게 드러낸다. 전체 응답자의 약 60%가 현행 평가제도에 대해 불만족을 표시했고, 특히 팀원들의 불만 비율이 팀장에 비해 훨씬 높았다. 이는 평가제도가 조직 내에서 위계에 따라 다르게 체감되는 감정적 구조물이라는 사실을 말해준다.

더 깊이 들여다보면, 평가에 대한 만족과 불만의 원인은 서로 거울처럼 대칭을 이루고 있다. 만족 이유는 '기준의 명확성', '공정한 과정', '충분한 설명'이었고, 불만 이유는 '기준의 모호함', '결과에 대한 불신', '설명의 부족'이었다. 이 결과는 성과평가가 단순히 제도의 문제가 아니라 제도의 운용과 커뮤니케이션 방식에 따라 정반대의 감정을 유발할 수 있다는 점을 시사한다. 말하자면, 제도가 아닌 '해석'의 문제가 조직 내 신뢰를 갈라놓고 있는 셈이다.

가장 흥미로운 결과는, 아직 평가제도가 도입되지 않은 조직의 구성원에게 "내가 평가를 받는다면 어느 그룹에 속할 것 같은가?"를 물었을 때 나타난 반응이다. 응답자의 35.3%가 상위그룹에 속할 것이라 응답했고, 하위그룹이라고 응답한 사람은 10.3%에 불과했다. 특히 팀장은 '상위'로 응답한 비율이 팀원보다 10% 이상 높았고, '하위'로 응답한 비율은 절반 이하였다. 이는 사람마다 **자신의 기여와 역량을 과대평가하는 자기편향적 오류**가 평가제도에 대한 납득을 어렵게 만드는 심리적 장벽으로 작용할 수 있음을 보여준다.

이러한 결과는 결국 하나의 사실로 귀결된다. 조직 내 평가제도는 제도 그 자체보다 '어떻게 설명되고, 얼마나 신뢰받는가'가 핵심이라는 점이다. 구성원들은 공정성에 민감하며, '누가' 평가하고, '어떤 방식으로' 이루어지는지를 감정적으로 해석한다. 특히 평가가 불투명하거나 결과가 이미 정해졌다고 느껴질 경우, 그것은 단순한 제도적 비효율이 아닌 심리적 불신을 고착시키는 기제로 작용한다.

결국 인사 실무에서의 성과평가란 숫자를 매기는 기술이 아니라, 감정을 설계하는 커뮤니케이션의 예술이 되어야 한다. 기준의 타당성, 설명의 정직성, 해석의 납득 가능성이라는 세 요소가 갖춰질 때 비로소 평가 제도는 구성원의 신뢰를 얻게 된다. 제도의 완성은 시스템이 아니라, 그것을 해석하는 사람들의 '감정 수용도'에 달려 있다.

6. 참고할 만한 실전사례

사례1 : 넷플릭스(Netflix) – 점수가 없는 평가, 맥락 중심 피드백

넷플릭스는 성과 평가에 있어, 전통적인 '점수 중심' 방식에서 완전히 벗어난 조직이다. 그들은 "1~5점 사이에 사람을 수치화하는 것은 오히려 왜곡을 초래한다"는 철학 아래, 모든 피드백을 대화 중심의 구조로 설계했다.

이 결정은 단순한 제도 변경이 아니라, 평가를 바라보는 철학 자체의 전환이었다. 과거 넷플릭스 역시 숫자 기반의 평가 시스템을 운용한 적이 있었다. 하지만 성과가 좋았던 팀원조차 "내 점수는 왜 4점이지?", "나는 동료보다 못하다는 뜻인가?"라는 불필요한 비교와 낙담, 관계 갈등이 발생하는 사례가 반복되자, 이 시스템이 오히려 조직의 신뢰와 몰입을 훼손하고 있다는 사실을 인식하게 되었다.

그 결과, 넷플릭스는 성과 평가의 목적을 '줄 세우기'가 아니라 '미래의 경로를 함께 설계하기 위한 대화'로 재정의했고, 지금의 비정량 평가 시스템으로 전환하게 되었다. 이들의 평가 방식은 분기마다 진행되며, 직속 상사의 관찰뿐 아니라 프로젝트 리더, 동료, 협업 파트너의 피드백까지 포괄된다.

이때 중심에 두는 원칙은 단 하나다. "무엇을 잘했는가보다, 앞으로 더 나아지기 위해 어떤 것이 필요한가?"이다.

넷플릭스는 이 철학을 'Start, Stop, Continue'라는 실천 모델에 담아냈다.

Start : 앞으로 시작해야 할 행동은 무엇인가?
Stop : 중단해야 할 비효율적인 습관이나 접근은 무엇인가?
Continue : 앞으로도 지속 강화해야 할 강점은 무엇인가?

이 프레임은 모든 구성원이 자신의 성과를 행동과 맥락 중심으로 성찰하게 만들며, 동료의 피드백도 정서적 상처보다 발전을 위한 조언으로 받아들일 수 있게 만든다. 특히 이 대화는 단지 피드백에 그치지 않는다.

넷플릭스는 이 과정을 '경로 리디자인 대화(Path-redesign dialogue)'로 부른다. 이는 평가가 잘잘못을 따지는 시간이 아니라, "당신과 우리가 앞으로 어떤 성장의 경로를 함께 만들 것인가?" "조직이 당신의 역량을 어떤 방향으로 연결하고 싶어 하는가?"를 논의하는 기회의 시간이라는 인식을 만드는 데 집중한다.

넷플릭스의 피드백 대화는 '직무성과를 점검하는 시간'이 아니라, '관계와 신뢰를 회복하고, 방향을 함께 재설계하는 시간'이라는 인식으로 자리잡았다. 실제로 이 구조는 구성원들에게 다음과 같은 감정적 메시지를 남긴다. "이 조직은 나를 점수로 판단하지 않는다." "내 실수는 지적의 대상이 아니라 성장의 출발점이다." "우리는 지금까지가 아니라, 앞으로를 중심으로 이야기한다."

넷플릭스의 인사담당자들은 이렇게 말한다. "우리는 숫자가 아니라 대화의 구조에서 신뢰가 출발한다고 믿습니다. 평가가 아니라 관계를 설계하는 것이, 성과를 지속시키는 진짜 전략입니다."

이러한 구조 속에서 넷플릭스는 성과 중심 문화를 유지하면서도 심리적 안정감과 자율성, 협력적 분위기를 함께 키워냈다. 성과가 높은 조직이면서 동시에 신뢰도 높은 조직으로 평가받는 이유는, 바로 이 피드백 시스템의 설계 방식에 있다.

사례2 : 국내기업 M사 - 납득감 설계 중심의 평가제 개편

중견 제조업체 M사는 오랜 기간 성과 중심의 평가 시스템을 유지해왔다. 분기별로 수치 지표와 상사의 종합 평가 점수를 합산하여 개인 성과 등급을 산정하고, 이를 보상 및 승진의 핵심 기준으로 삼는 구조였다.

표면적으로 이 시스템은 명확하고, 공정한 원칙에 기반한 것으로 보였다. 하지만 몇 년 전부터 인사팀은 미묘한 이상 신호를 감지하기 시작했다. 특히 "왜 이 점수가 나왔는지 모르겠다"는 말이 실무자뿐 아니라 관리자 사이에서도 반복적으로 나오기 시작했고, 성과 평가 시즌이 다가올수록 팀 분위기가 무거워지는 현상이 뚜렷했다.

성과평가 결과 발표 이후에는 자발적인 프로젝트 참여가 줄고, 타 부서와의 협업 요청이 눈에 띄게 감소했다. 심지어 일부 팀원들은 "어차피 아무리 해도 점수는 거기서 거기다", "기준도 없고 설명도 없다"는 이유로 장기 프로젝트를 회피하는 사례도 나타났다.

이에 인사팀은 외부 컨설턴트와 함께 평가 시스템 전반에 대한 리디자인 작업을 착수했다. 초기의 진단에서 M사는 점수 자체보다는 '점수가 전달되는 방식', 그리고 '점수 이후의 대화 부재'가 핵심 문제라는 결론에 도달했다. 결국 M사는 전체 평가 구조를 개편하되, 기존의 수치 체계를 유지하면서 다음과 같은 세 가지를 강화하기로 했다.

첫째, 서술형 피드백의 의무화

각 항목별로 점수를 입력할 때, 단순 수치 입력만으로는 시스템 저장이 되지 않도록 설정했다. 평가자는 반드시 서술형 코멘트를 병기해야 하며, 그 내용은 단순 "잘함/부족함"이 아니라 어떤 상황에서 어떤 행동이 어떤 영향을 주었는지 서술해야 한다는 원칙이 정해졌다.

예를 들면, "3분기 생산성 목표는 달성했지만, 초반에 팀 간 조율이 부족해 협업 파트너의 일정에 영향을 준 점은 개선 필요." "고객 커뮤니케이션이 한층 정돈되어 브랜드 인지도 향상에 기여함." 이런 피드백은 향후 성과 리뷰와 연계되어 누적 관리되며, 구성원에게 단편적인 '점수'가 아닌 '맥락' 중심의 메시지로 전달되기 시작했다.

둘째, 2단계 피드백 면담 구조의 도입

성과 결과 발표는 이제 두 번의 면담으로 나뉜다.

1차 면담: 점수 전달 + 서면 피드백의 공유

평가자는 결과를 일방적으로 통보하지 않고, 사전에 준비한 서술형 코멘트를 구성원에게 직접 전달하고 간단한 첫 반응을 청취한다.

2차 면담: 구성원 피드백 수렴 + Action Plan 설계

일주일 내로 두 번째 면담이 진행되며, 여기서는 "이 점수에 대해 어떻게 느꼈는가?", "앞으로 어떤 지원이 필요한가?"라는 질문을 중심으로 미래 설계 중심 대화가 이루어진다.

셋째, 평가자용 '질문 가이드' 제공

많은 관리자들이 성과 면담을 '점수 방어의 시간'으로 오해하고 있었

다. 이에 인사팀은 관리자 교육을 실시하고, 질문 대본 가이드를 제작했다. "왜 점수를 이렇게 줬냐"가 아니라, "이번 프로젝트에서 본인이 느낀 어려움은 무엇이었나요?" "다음엔 어떤 부분을 같이 보완하면 좋을까요?" "조직이 도와줄 수 있는 부분은 뭐가 있을까요?"처럼 심리적 저항을 낮추고, 납득과 학습을 유도하는 대화가 핵심이었다.

이러한 개편이 시행된 첫 해, 초기에는 다소 낯설어하는 분위기도 있었지만 2차 면담 이후 작성된 Action Plan의 회수율이 90%를 넘었고, 설문조사 결과 "이해하지 못한 채 받아들인 평가"라는 응답은 35%에서 9%로 감소했다.

구성원 중 한 명은 이렇게 말했다. "이번에는 점수가 마음에 들든 안 들든, 최소한 왜 그런 점수가 나왔는지는 이해됐어요. 그게 납득이 되니까, 속으로 억울한 마음이 없어요." 또 다른 실무자는 "면담에서 제 이야기를 먼저 들어줬다는 게 새로웠어요. 예전에는 그냥 듣고 끝이었는데, 이번에는 뭔가 '같이 설계했다'는 느낌이 있었죠."라고 답했다.

7. 이렇게 해 보자!

첫째, '점수'가 아닌 '이유'를 설명하자.

사람은 결과보다 '왜 그런 결과가 나왔는가'를 더 민감하게 받아들인다. 평가점수를 숫자만으로 전달하면, 피평가자는 쉽게 감정적 반발을 느낀다. 따라서 평가자는 점수를 제시할 때마다 그 배경이 되는 구체적 관찰 내용, 기대 수준, 기준의 의미를 설명해야 한다. 예를 들어, "4점입니다"가 아니라 "업무 처리 능력은 좋았지만, 기획안의 구조화 측면에서 다소 일관성이 부족했습니다. 그래서 4점으로 판단했습니다."처럼 납득 가능한 스토리 구조가 필요하다.

둘째, '기준표'는 사전에 반복적으로 내재화시키자.

구성원이 평가지표를 실제로 이해하고 있는지는 평가 후가 아니라 평가 전부터 확인되어야 한다. 대부분의 불만은 "기준이 모호하다"는 데서 발생한다. 매 분기 또는 프로젝트 시작 시 '이번 평가 항목과 기준'에 대한 짧은 오리엔테이션을 진행하고, 기준별 사례나 기대 행동도 함께 공유하자. 이렇게 하면 평가자의 설명이 설득력을 가지게 되고, 구성원도 평가 항목을 자율적 성장의 나침반으로 인식할 수 있다.

셋째, 평가자를 '기술자'가 아닌 '관찰자-코치'로 교육하자.

성과평가자는 점수를 매기는 사람이 아니라, 구성원의 성장 흐름을 읽고 지도해주는 역할을 해야 한다. 이때 필요한 건 감정 없는 수치화 기술이 아니라, 피평가자의 행동을 관찰하고 객관적으로 해석하며, 그에 맞는 피드백을 주는 능력이다. 교육 시에는 '리더십 부족' 같은 추상적 언어 대신, "팀 회의에서 어떤 의견을 어떻게 표현했는가"를 기록하고 대화하는 훈련을 반복해야 한다. 이는 '확증편향'을 줄이고, 구성원의 납득도를 높이는 효과를 준다.

넷째, '낙인'이 아니라 '성장의 여지'를 함께 이야기하자.

한 번 낮은 평가를 받으면 이후에도 부정적 평가가 반복되는 '자기실현적 평가 오류'가 나타나기 쉽다. 이를 막기 위해, 낮은 평가를 받은 구성원에게는 "이번에 부족했던 부분은 이러했고, 이를 개선하기 위한 다음 행동은 이것이다"라는 구조로 성장 경로를 제시하자. 평가가 과거에 대한 판결이 아닌 미래를 위한 안내라는 인식을 심어줘야, 평가에 대한 방어심리가 줄고 개선의 동기가 생긴다.

5장. 보상 : 숫자가 아니라 감정의 비교다

"회사에서 보상을 얼마나 주느냐"보다 더 중요한 것이 있다. 직원들이 '나는 존중받고 있다'고 느끼는가이다. 보상은 객관적 금액의 문제가 아니라, 조직이 나를 어떤 시선으로 바라보는지에 대한 신호이기 때문이다. 감정의 경제학이 작동하는 조직에서는 단 10만 원의 차이도 커다란 감정의 골을 만든다.

1. 상황 예시

보상은 단순히 숫자로만 결정되지 않는다. 구성원에게는 그 숫자 안에 담긴 조직의 태도와 메시지가 더 큰 의미로 다가온다. 자동차 부품 제조사 K사는 연초 전사 평균 4.2%의 연봉 인상안을 발표했다. 회사는 안정적인 실적과 업계 평균을 반영해 인상률을 산정했고, 인사팀은 '복지 포인트 상향', '선택적 복리후생 확대' 등도 함께 홍보했다. 발표 직후 직원들의 반응은 나쁘지 않았다. "생각보다 괜찮다", "이 정도면 선방했네" 같은 말이 오갔다.

하지만 평온은 오래가지 않았다. 3일이 지나자 이상한 분위기가 감지됐다. 부서 단톡방에는 "너 몇 퍼 올랐어?"라는 메시지가 슬쩍 올라오고, 복도에서는 "박 대리는 왜 더 받았지?"라는 말이 속삭임처럼 퍼지기 시작했다. 팀 내 슬랙 채널에선 연봉 산정 기준에 대한 은근한 질문이 이어졌다. 심지어 어떤 직원은 "이 정도 받으려면 박 대리처럼 부장님한테 자주 말 걸어야 하나?"라는 말을 하기도 했다. 웃자고 던진 말이지만 듣는 사람의 표정은 웃지 않았다.

가장 결정적인 장면은 금요일 저녁 회식자리였다. 한 직원이 소주잔을 기울이며 말했다. "아니 뭐, 열 받아서 그런 건 아니고요... 근데 솔직히 말해서, 박 대리보다 적게 받았다는 게 좀 그렇더라고요. 작년 성과는 제가 더 좋았잖아요." 순간 회식자리는 정적에 휩싸였다. 누군가가 애써 웃으며 분위기를 돌리려 했지만, 이미 마음속 균열은 시작되고 있었다.

그 다음 주, 인사팀 메일함은 과열되기 시작했다. "평가 기준이 뭐죠?", "직무 가치는 어떻게 비교한 건가요?", "성과지표가 정량화돼 있다면 인상률도 숫자로 납득 가능해야 하지 않나요?" 익명 게시판에는 "박 대리 케이스 공개해라", "열심히 일한 보람이 없다"는 글이 올라왔고, 인사팀은 긴급하게 해명자료를 준비했다.

"이번 보상은 직무 가치와 성과를 반영한 절대평가 기반이며, 공정성을 최우선으로 고려하였습니다." 자료엔 표와 그래프, 외부 벤치마크 수치까지 첨부됐다. 하지만 직원들은 자료를 보고도 고개를 갸웃거렸다. "이게 왜 이 숫자인지는 알겠는데, 왜 내가 이 숫자인지는 모르겠어요."

결국, 문제는 보상의 '논리'가 아니라 '맥락'이었다. 10만 원의 차이가 단순한 금전적 손익을 말하는 것이 아니라, "나는 존중받았는가?", "조직은 나를 어떻게 평가했는가?"라는 정체성과 소속감의 감정으로 번졌다. 그 감정은 아주 작은 차이로 시작돼 일상 전체의 태도, 몰입도, 심지어 이직 의사로까지 영향을 미치기 시작했다.

한 간부는 나중에 이렇게 회고했다.

"솔직히, 숫자 설계는 잘했어요. 기준도, 배경도, 절차도 빠짐없이 체크했거든요. 그런데 직원들이 그 숫자에 담긴 '의미'를 이해할 수 있게 해주지 못했어요. 사람은 숫자가 아니라 '해석'을 원하더라고요."

K사의 인사팀은 이후 성과면담 시 보상에 대한 '해석적 설명'을 덧붙이도록 제도를 개선했다. 단순히 "○○점이라 이 정도 인상"이 아니라, "당신이 이만큼 성장했고, 이 부분이 특히 높이 평가되었다"는 메시지를 담아 전달하는 방식이었다. 비로소 구성원들은 그 해석을 통해 조직과 감정적으로 연결될 수 있었다.

보상은 객관적 체계로 설계되지만, 체감은 철저히 주관적 언어로 이뤄진다. 그 간극을 메우는 건 설명이 아니라 공감이며, 기준이 아니라 '존재에 대한 메시지'다. 인정받았다고 느낄 때 사람은 보상에 만족한다. 조직은 이제 그 '느낌'까지 설계해야 하는 시대에 있다.

K사의 사례에서 보듯, 보상이 단순한 숫자가 아닌 '존재의 인정'으로 해석되는 시대에, 구성원들은 어떤 요소에 동기부여를 느끼고 있을까?

본 장의 『4. 관련한 직장인 의식조사』의 서베이 결과를 통해 그 심리의 단면을 들여다보기를 바란다.

2. 이런 일이 일어나는 이유

보상 제도는 가장 민감한 심리 반응을 불러일으킨다. 조직에서는 "전사 평균 대비 높은 인상률", "성과 기반의 공정한 차등지급", "시장가치를 반영한 체계적 구조" 등을 근거로 보상의 정당성을 설명하려 한다. 하지만 현장에서 사람들의 반응은 전혀 다르다. "왜 나는 그 사람보다 덜 받았는가", "내가 기대한 수준과 왜 다른가"라는 감정이 먼저 앞선다.

보상은 논리보다 감정의 언어로 받아들여진다. 절대 금액이 아니라 상대적 위치, 공식 기준보다 소문과 비교, 공정성보다 존중받았다는 감정이 훨씬 더 강하게 작용한다. 예컨대, 연봉이 100만 원 올랐다고 해도, 동기보다 50만 원 적게 받았다는 사실이 알려지는 순간, 그 100만 원은 기쁨이 아니라 서운함으로 변한다. "난 성과가 더 좋았는데 왜 적게 받았지?"라는 질문은 단순한 불만이 아니라, 조직이 나를 어떻게 평가하고 있는지를 의심하게 만든다.

이러한 감정은 보상의 방식이 일방적으로 통보될수록 더욱 강해진다. "올해 연봉은 ○○% 인상입니다"라는 문장 하나만 전달되면, 사람들은 '왜'에 대한 해석을 스스로 하게 된다. 그리고 그 해석은 종종 왜곡되고 부정적으로 흐른다. 조직이 나를 인정하지 않았다는 생각, 내가 소외됐다는 느낌, 기대만큼 존중받지 못했다는 실망감이 축적되기 시작한다.

특히, 누군가가 공개적으로 칭찬받거나 높은 인상률을 받은 사실이 알려졌을 때 그 반응은 더욱 예민해진다. "기준이 뭔데?"라는 질문보다 "그 사람은 잘 보여서 그런 거 아니야?"라는 말이 먼저 나온다.

또한, 보상에 담긴 감정은 단지 '차등 지급' 때문만이 아니다. "나는 어떤 이유로 이 금액을 받았는가"에 대한 설명이 부족할 때 생기는 해석의 공백 때문이다. 똑같은 보상도 "○○ 프로젝트에서의 기여가 컸다"는 언급이 함께 있다면 전혀 다른 감정으로 받아들여진다. 사람은 금액보다 맥락 있는 인정을 원한다. "이 보상이 단순한 수치가 아니라, 내가 해온 노력과 가치를 조직이 봐주고 있다"는 감각이 있어야 한다.

그러므로 보상 제도는 설계보다 전달이 중요하다. 차등의 이유를 정리하는 기준표보다, 그 기준이 실제로 어떻게 적용됐는지를 설명하는 개별 피드백이 더 큰 의미를 가진다. 연봉 통지서와 함께 "올해는 이런 부분이 인상적이었습니다. ○○업무에서의 기여는 팀에 큰 도움이 됐어요." 같은 짧은 메시지가 있는 것만으로도, 감정의 흐름은 달라진다.

결국 보상 제도는 숫자보다 사람의 자존감을 다루는 작업이다. 실무자가 감정의 회로를 이해하지 못하고 수치만 정리한다면, 그 제도는 오히려 불신을 키우고 소외감을 확산시키는 장치가 된다. 좋은 보상 제도란, 공정한 수치를 넘어 심리적 인정의 전달 경로를 정교하게 설계한 구조다.

3. 행동경제학으로 보는 조직심리

보상은 수치가 아니라 감정의 언어로 설계해야 한다. 그 안에는 다음과 같은 행동경제학적 심리 효과가 작동한다.

먼저, '사회적 비교이론'이다.
사람은 자신의 보상을 절대 수치로 평가하지 않고, 비슷한 위치의 타인과 비교해 상대적으로 판단한다. 그래서 똑같은 금액을 받아도, 동료보다 적으면 손해처럼 느껴지고 불만이 생긴다. 조직에서는 보상의 액수만큼 비교 대상의 심리적 납득성이 중요하다.

이 심리는 Leon Festinger (Stanford University)가 1954년 논문 "A Theory of Social Comparison Processes"에서 제안한 개념이다. Festinger는 사람들이 스스로를 평가할 때 내면의 기준이 아니라 주변 사람과의 비교를 통해 판단한다고 주장했다. 특히 명확한 절대 기준이 없을수록, 사람들은 자신과 유사한 타인을 기준으로 삼아 "나는 잘하고 있는가?", "내 위치는 적절한가?"를 파악하려 한다.

이후 다양한 실험이 이 이론을 뒷받침했다. 대표적으로 Crosby (1976)는 보상 만족도 조사에서, "절대 금액이 같아도 주변 동료보다 적게 받았다고 느낄 경우 불만족이 크게 증가한다"는 결과를 발표했다.

조직 내에서 보상제도를 설계할 때 이 이론은 매우 중요하다. 직원은 자신이 받은 연봉이나 성과급의 액수보다 "비슷한 역할을 하는 옆 팀 대리는 얼마를 받았는가", "지난번 승진자와 비교해 나는 어느 정도 평가를 받았는가"를 더 민감하게 본다.

이런 심리는 수직적 조직문화일수록 더 강하게 작용한다. 따라서 공정한 보상설계를 위해선 정량 기준의 명확성뿐 아니라, 비교 대상의 납득 가능한 설명이 병행되어야 한다. "왜 나는 이렇게 평가되었는가?"에 대한 정보가 부족하면, 사람들은 스스로 비교 기준을 만들고, 그 결과 심리적 박탈감이 더 커질 수 있다.

두 번째는 '형평성 이론'이다.

사람은 자신이 투입한 노력과 그에 대한 보상을 타인의 투입-보상 비율과 비교해 형평성을 판단한다. 형평이 깨졌다고 느끼면, 심리적 불만뿐 아니라 실제 행동 변화나 조직에 대한 신뢰 저하로 이어질 수 있다.

'기여에 비례한 보상'이라는 인식이 보상 수용의 핵심이다.

이 이론은 John Stacey Adams (Behavioral Psychologist)가 1963년 논문 "Toward an Understanding of Inequity"에서 제안했다. Adams는 실험을 통해 사람들이 보상을 절대적 기준이 아닌 상대적인 투입-산출 비율(input-output ratio)을 통해 평가한다는 것을 보여줬다. 예를 들어, 두 사람이 같은 급여를 받았다고 해도 누군가는 "나는 더 많이 일했는데"라고 느끼면 불공정하게 여긴다는 것이다.

특히 그는, 사람들이 형평이 깨졌다고 인식하는 순간 다음 중 하나의 행동을 취한다고 설명했다 :

1. 실제로 자신의 노력을 줄이거나
2. 상대방의 기여를 깎아내리거나
3. 조직 자체에 대한 신뢰를 낮추는 방식으로 대응한다.

이 이론은 이후 실무 영역에서도 강력한 설명력을 발휘해왔다. 예를 들어 Walster, Berscheid, & Walster (1978)의 후속 연구에 따르면, 평가에서 자신이 과소보상을 받았다고 느끼는 사람보다, 과대보상을 받았다고 느끼는 사람들이 더 큰 내면의 불편함과 죄책감을 경험했다.

조직에서 이 이론은 보상설계 뿐 아니라 평가의 납득성 확보에도 중요하다. 숫자만 맞춰진다고 해서 형평이 확보되는 건 아니며, 기여도에 비례한 보상이라는 심리적 기준이 충족되어야 구성원이 납득하고 받아들일 수 있다. 따라서 단순한 연봉표 이상의 설명, 즉 "왜 이렇게 평가되었고, 이게 어떤 기준에 따른 것인지"에 대한 비교 가능하고 설득력 있는 스토리가 항상 병행되어야 한다.

세 번째는 '기댓값 왜곡/준거점 의존성 이론'이다.

사람은 보상의 만족 여부를 기대했던 기준(준거점)과 비교해 판단한다. 기준보다 낮으면 실망하고, 높으면 만족하지만 그 기준은 대체로 주관적이며 과장되기 쉽다. 기대 형성의 경로를 관리하지 않으면, 합리적인 보상도 감정적으로는 실패할 수 있다.

이 이론은 행동경제학의 대표 이론인 전망이론(Prospect Theory)의 핵심 요소로, Daniel Kahneman과 Amos Tversky가 1979년 논문 "Prospect Theory : An Analysis of Decision under Risk"에서 처음 정립했다.

그들은 실험을 통해, 사람들이 어떤 선택의 결과를 '절대 수치'가 아닌 자신이 상상한 기대 기준을 중심으로 판단한다는 것을 보여줬다. 예를 들어, 같은 100만원 보상도 "150만원을 기대한 사람"에게는 손실처럼 느껴지고, "50만원을 예상한 사람"에게는 보너스처럼 느껴진다. 이처럼 기대 기준이 다르면 동일한 결과라도 심리적 만족도는 극명하게 달라진다.

조직에서는 이 심리가 보상수용에 큰 영향을 미친다. 예를 들어, 연봉 협상에서 직원이 내심 500만 원 인상을 기대했는데 400만 원 인상안을 제시하면, 실제로는 인상이지만 '감정적으로는 삭감처럼' 받아들여지는 상황이 생긴다. 또한, 한 명에게 이미 연봉 인상 가능성을 암묵적으로 시사한 경우, 그 기대가 '기준점'으로 굳어지면 그 기대보다 낮은 결과는 강한 실망으로 이어진다.

보상 설계자는 이러한 기대 기준이 사전에 어디서 형성됐는지를 파악하고, 기준점의 현실화를 위한 커뮤니케이션을 병행해야 한다. 사실보다 기대가 앞서 버리면, 그 자체가 보상의 실패가 되기 때문이다.

4. 관련한 직장인 의식조사

※ 조사시기: 2025년 5월, 참여인원: 496명 [▲성별(남성 338명, 여성 158명) ▲직위별 (팀원 378명, 팀장급이상 118명) ▲연령대(20-30대 297명, 40대 134명, 50-60대 65명)]

Q1. 동기부여를 높이기 위해 가장 필요한 것은 무엇이라고 생각하나요?

동기부여를 높이기 위해 필요한 것에 대해 물어보았다. 급여 보상제도의 개선이 가장 많이 선택이 되었다(51.4%). 2위는 조직문화개선(18.3%), 3위는 근무환경의 개선(15.5%)의 순으로 나타났다. 어찌보면 1위와 3위가 비슷한 뉴앙스를 담고 있다고 볼 수도 있으므로 구성원들에 대한 금전적 혜택과 관련한 영역이 전체의 2/3(66.9%)를 차지한다고 해도 과언이 아니다.

이를 다시, 20대-30대, 40대, 50-60대의 3단계 연령층으로 나누어 분석해 보았다. 그랬더니 나이에 따라 미묘한 차이가 드러났다. 제도개선의 1위로 선택한 급여 및 보상에 있어서는 연령이 올라갈수록 그 비중이 줄어드는(58.9% → 50.7% → 31.8%) 경향이 나타났고, 2위를 차지한 조직문화개선은 연령이 올라갈수록 그 비중이 높아가는(11.2% → 19.2% → 39.4%) 경향이 뚜렷이 보였다.

【표1】 동기부여를 위해 조직에서 필요한 개선책을 물었다(항목별 비교)

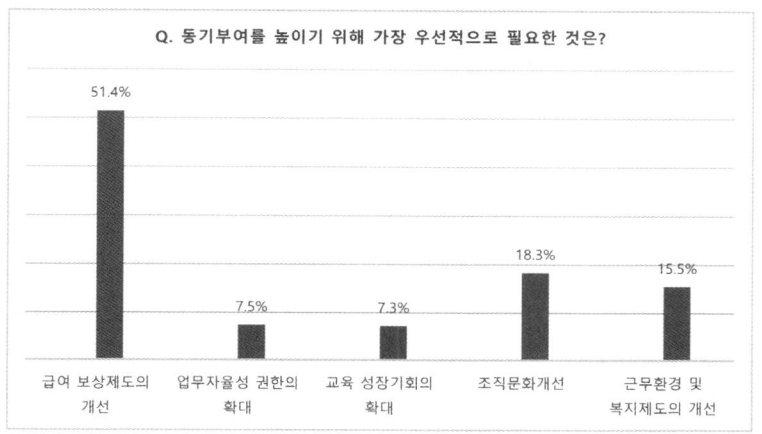

【표2】 동기부여를 위한 개선책을 물었다(연령대별 비교)

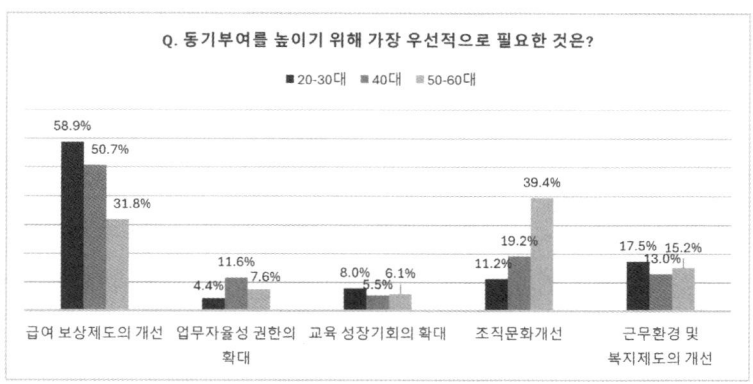

[조직문화개선을 우선적인 개선책으로 선택한 50-60대의 의견]
- 직원들이 좀 더 행복해하는 회사가 되었으면 좋겠습니다.
- 직원들이 뭔가 윗사람들 눈치만보고 의견 개진을 안 하는 분위기가 안타깝다.

• 교육, 사내 문화 등에서 회사에 대한 소속감 및 자긍심을 높이는 정책이 필요하다 생각됨.

• 개발자나 인원은 많은 것 같은데... 뭔가 기획해서 만들어보려고 하면 부서간 이해와 승인이 오래 걸려서 포기하는 분위기

Q2. 질문 1을 선택한 이유를 기입해 주세요.(주관식)

앞의 질문(동기부여를 높이기 위해 필요한 것)에 대해 선택한 이유를 주관식으로 적어 달라고 요청을 했다. 앞에서 표로 나타낸 5가지 요소 중에서, 1위로 선택된 급여보상제도의 개선을 가지고 그 원인이 어디서 나오는지를 Chat GPT에게 물어보았다. 그랬더니 다음과 같이 원인변수를 분석해 주었다. 1위 급여수준에 대한 불만 39.5%, 2위 평가에 대한 불만 28.1%, 3위 타인 타사비교 13.5%, 4위 내부의 문제 8.5%의 순으로 나타났다.

【표3】 급여보상제도의 개선에 대한 카테고리 분류

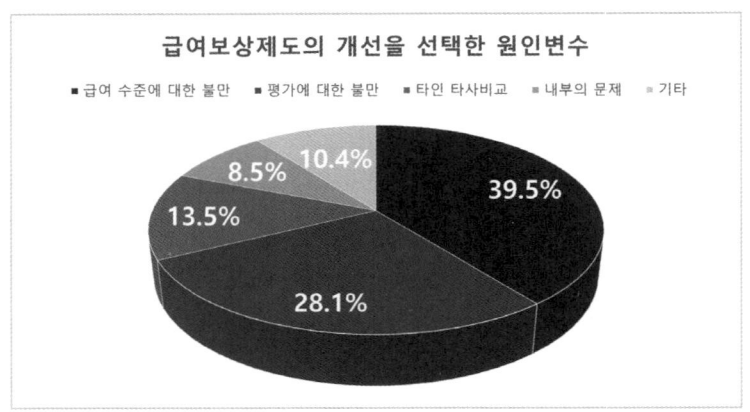

[급여보상제도의 개선에 대한 원인별 답변]

급여 수준에 대한 불만
- 상투적이지만 가장 기본
- 직장인에게 급여는 중요한 요소
- 다른 것도 중요하지만, 기본 적으로 급여가 가장 중요할 것 같음
- 급여 및 보상을 통한 동기부여가 가장 직관적이고 확실한 동기부여가 된다고 생각합니다.

평가에 대한 불만
- 성과에 대한 객관적인 피드백 없이 보상이 주어져, 보상에 대한 납득이 어렵다.
- 본인의 성과를 알 수 없으니 개선 방향을 설정하기 어렵고, 이는 동기부여 저하로 이어진다.
- 많이 받은 사람은 기준이 불명확해 의문이 들고, 적게 받은 사람은 이유를 몰라 불만족이 생긴다.
- 정확한 평가와 피드백이 선행되어야 보상이 신뢰를 얻고, 직원의 성과 향상에도 도움이 될 것이다.

타인 타사비교
- 타사 대비 급여가 매우 짜다.
- 타사 대비 낮은 급여를 받고 있음
- 경쟁사와 비교했을 때, 턱없이 낮은 금액
- 타사의 조건과 비교를 많이 하게 되며, 상대적으로 흡족한 편이 아님

5. 의식조사 결과가 주는 힌트

'보상'이라는 단어는 흔히 금전, 숫자, 제도로 환원되곤 하지만, 이번 서베이 결과는 보상이 조직 구성원의 감정과 직결된 복합적 현상임을 다시금 확인시켜준다. 응답자의 절반 이상이 동기부여를 위해 가장 필요한 요소로 '급여 보상제도의 개선'을 꼽았고, '근무환경 개선'까지 포함하면 무려 66.9%가 '금전적 보상의 실질적 개선'을 조직 변화의 핵심 요인으로 지목했다. 이는 현실에서 수당이나 복지보다, 내가 받는 보상이 정당하다고 느껴지는지, 그리고 그것이 타인과 비교해 손해 보지 않는다고 믿을 수 있는지가 더 중요하게 작용함을 시사한다.

세대별 분석은 특히 주목할 만하다. 젊은 세대일수록 급여를, 중장년층일수록 조직문화 개선을 더 중요하게 여긴다는 결과는, 보상의 개념이 연령과 경력에 따라 '심리적 기대치' 자체가 다르게 설정된다는 사실을 보여준다. 여기서 드러나는 것은, 같은 제도라도 '어떤 나이에, 어떤 위치에 있는 사람인가'에 따라 전혀 다른 감정적 해석이 가능하다는 점이다.

또한 보상 불만의 원인을 주관식으로 분석했을 때, 단순히 '급여 수준'만이 아니라 '평가의 불투명성', '타인·타사와의 비교'가 복합적으로 작용하고 있음이 드러났다. "성과에 대한 객관적 피드백 없이 보상이 주어져서 납득이 안 된다", "타사보다 너무 낮은 수준이다"라는 응답은, 보상이란 액수가 아니라 '정당한 이유의 해석'이라는 본질을 보여준다.

조직은 때때로 '합리적인 기준'으로 설계했다고 말하지만, 구성원은 그것을 감정과 맥락, 비교의 틀에서 받아들인다. 예를 들어, 같은 금액의 성과급이라도 내가 받은 금액이 동료보다 적으면 납득보다 억울함이 먼저 앞선다. 이처럼 보상은 숫자가 아니라 '비교의 감정'에서 의미가 형성된다.

결국 보상제도의 핵심은 금액 그 자체가 아니라, 그 금액이 구성원에게 어떤 메시지를 주는가에 있다. 그것이 '존중', '신뢰', '투명성'이라는 감정적 언어로 해석될 수 있어야 한다. 특히 조직이 원하는 대로 구성원을 동기부여시키고 싶다면, 먼저 구성원이 가진 '비교의 틀'을 어떻게 관리할 것인지, 그리고 '보상의 이유'를 얼마나 설득력 있게 전달할 수 있을지를 고려해야 한다.

보상은 단순한 배분의 문제가 아니라, 심리적 정당성과 비교 감정의 설계이다. 제도는 숫자로 만들 수 있지만, 납득은 감정으로만 얻을 수 있다. 이것이 바로 보상제도가 인사담당자의 언어가 아닌, 구성원의 감정 언어로 번역되어야 하는 이유다.

6. 참고할 만한 실전사례

사례1 : 어도비(Adobe) - 보상보다 '인정'의 정서 설계를 먼저 한다

어도비(Adobe)는 글로벌 소프트웨어 기업으로, 기술 혁신뿐 아니라 조직 문화와 인사 시스템의 혁신적 설계로도 자주 언급되는 회사다. 특히 보상 체계에 있어서는 단순히 성과 기준에 따른 금전적 보상이 아니라, 직원들의 정서적 체감과 기여 인식의 방식을 중심에 두고 설계한 사례로 주목받고 있다.

과거 어도비 역시 보너스 시스템을 '성과등급 기반'으로 운영했다. 그런데 구성원들의 상당수가 돈은 받았지만, '인정받았다는 느낌'은 부족하다는 점을 자주 호소했다. 실제로 한 직원은 인터뷰에서 이렇게 말했다. "매년 보너스가 나왔지만, 정작 회사가 나에게 고마워하는 건지, 아니면 시스템적으로 따라오는 돈인지 구분이 안 됐어요." 이 문제를 해결하기 위해 어도비는 기존의 보상 체계에서 '전달하는 방식'과 '말의 감정적 메시지'를 보상 정책의 중심 요소로 이동시켰다.

팀 리더 중심의 '보상 메시지 설계'

첫 번째 변화는 리더에게 단순히 예산을 주는 것이 아니라, "이번에 보상을 줄 구성원이 누구인지, 그리고 어떤 방식과 말로 전달할 것인지 직접 설계하라"는 가이드가 포함되었다는 점이다.

예를 들어, "성과 1등", "매출 1위" 등 지표 중심의 보상 기준 대신, 위기 대응을 잘한 사례, 조직을 살리기 위해 뒤에서 희생한 태도, 동료의 성장을 조용히 도운 기여 등을 정서적 의미가 담긴 언어로 전달하도록 독려했다.

리더들은 단순히 "보너스를 지급합니다"라는 형식적인 말 대신, "당신이 이 프로젝트에서 보여준 침착함 덕분에 우리가 중요한 의사결정을 성공적으로 이끌 수 있었습니다." "그 순간이 우리 모두에게 인상 깊게 남았고, 그래서 이 보상을 드리고 싶습니다." 와 같은 구체적 상황+감정적 인정의 메시지를 담아 전달하도록 교육받았다.

이러한 설계 방식은 보상 자체보다 "나는 조직 안에서 관찰되고 있고, 기억되고 있다"는 감정적 연결을 만들어내며 구성원에게 훨씬 강한 동기부여 효과를 준다.

'감사의 순간' 프로그램

두 번째는 구성원 간 상호 인정과 연결을 촉진하는 '감사의 순간'이라는 문화 프로그램이다. 이 프로그램은 매월 전사적으로 진행되며, 모든 직원이 자신이 고마움을 느낀 동료에게 감사 메시지를 작성해 보내는 구조다.

메시지는 단순한 칭찬을 넘어서 "어제 너가 마감 도와줘서 큰 실수 없이 끝냈어" "회의 때 네가 내 의견을 대신 정리해줘서 정말 힘이 됐어"와 같이 작지만 구체적인 사건에 기반한 내용이 중심이다. 이 메시지는 해당 동료에게 개인적으로 전달되고, 동의할 경우 사내 디지털 게시판에 전체 공유되며, 간단한 상품권(예: 커피 카드, 점심 쿠폰 등)과 함께 작은 리워드로 이어진다.

이러한 구조는 상사의 승인 없이도 누구나 인정받고, 감사의 주체가 될 수 있다는 경험을 가능케 한다. 어도비 구성원들은 이를 통해 "언제 내가 기여하고 있는지를 실시간으로 체감한다" "보상이란 결국 감정과 연결될 때 동기가 된다"는 반응을 보였다.

실제 사내 조사에서도 '감사의 순간'에 언급된 직원들의 다음 분기 업무 몰입도와 자발적 프로젝트 참여율이 평균보다 높았다는 결과가 확인되었다. 또한 인사팀은 이 프로그램을 단순 이벤트가 아닌, 문화 유지 인프라로 보고 있으며 신입사원 온보딩 시에도 이 제도를 별도로 안내해 '서로의 기여를 인정하는 방식'을 초기에 체화하도록 유도하고 있다.

사례2 : 국내 유통기업 D사 – 포인트보다 마음이 느껴지는 보상이 핵심이다

D사는 전통적으로 분기별 우수직원 포상제도를 운영해왔다. 성과 지표에 따라 일정 기준을 충족하거나 주목할 만한 기여가 있었던 직원에게 사내 포인트 혹은 상품권을 제공하는 구조였다.

이 보상제도는 처음 도입될 당시에는 긍정적 반응이 많았다. 직원들은 "성과가 인정받는다는 느낌"을 받았고, 수상자들은 간단한 시상식과 함께 축하를 받으며 동기부여를 얻었다. 하지만 2~3년이 지나면서 사내 만족도 조사 결과, 이상 징후가 나타나기 시작했다. "보상은 받았는데 그냥 그렇다." "포인트 받는 건 고맙지만, 기억에는 남지 않는다." "그냥 루틴처럼 지나간다."

이는 특히 MZ세대 직원들에게서 두드러졌는데, 그들은 '무엇을 받았는가'보다 '어떤 방식으로 받았는가', 즉 보상에 담긴 진정성과 메시지의 톤에 민감하게 반응했다.

형식은 남고, 의미는 사라진 보상의 진단

D사의 인사팀은 이 문제의 본질을 단순한 보상 금액의 크기가 아니라, '보상이 전달되는 방식과 스토리의 부재'에서 찾았다. 실제로 수상자 중 다수는 "어떻게 뽑혔는지도 잘 모르겠다", "상품권은 받았는데, 누가 어떤 이유로 주는지는 모호했다"는 반응을 보였다. 팀원들도 "그 사람이 왜 받았는지 설명을 들은 적이 없다"는 의견이 많았고, 결국 보상 자체가 '제도는 있는데 감동은 없는 이벤트'가 되어버렸다는 결론에 이르렀다.

이야기 기반의 보상 방식으로의 전환

이에 따라 D사는 보상 제도를 전면 재설계했다. 핵심은 단순한 '포인트 지급'이 아니라, '스토리가 전달되는 방식'으로 전환하는 것이었다. 가장 먼저, 수상자는 단순히 선정만 되는 것이 아니라 "나의 공헌 스토리"를 직접 작성하게 되었다.

이 스토리는 어떤 배경 속에서 어떤 과정을 통해 어떤 기여를 했는지 자기 언어로 서술하게끔 유도하며, 필요 시 동료나 팀장이 코멘트를 덧붙일 수 있다. 작성된 스토리는 간단한 편집을 거쳐 사내 공지 메일이나 인트라넷 게시판에 실리며, 다른 팀원들도 그 내용을 보고 수상자에게 직접 축하 메시지를 보낼 수 있도록 설계했다.

또한 보상금 외에도 사장 명의의 손글씨가 포함된 감사카드, 그리고 팀 전체가 함께 축하하는 소규모 세레머니가 추가되었다. 이 세레머니는 정식 회식이 아니라 회의 시간 중 짧은 시간을 할애해 간단한 음료와 다과를 함께 하며 축하 메시지를 나누는 형태다.

"내 이름을 불러줬다는 것, 그게 기억에 남는다"

이 개편 이후, 내부 반응은 확연히 달라졌다. 특히 수상자들 사이에선 감정적 체감도가 눈에 띄게 높아졌다는 반응이 이어졌다. "같은 보상금이라도, 사장님이 제 이름을 불러주고 직접 손글씨가 담긴 카드를 주셨을 때 느낌이 완전히 달랐어요." "공식적인 자리보다, 팀원들 앞에서 진심어린 말로 축하를 받으니까 '내가 한 일이 회사에 의미 있었구나'라는 생각이 들었어요."

D사는 흥미롭게도 보상 금액에는 전혀 변화를 주지 않았다. 운영 예산도 동일하게 유지되었다. 하지만 '말의 구조'와 '스토리 전달 방식'을 바꾼 것만으로 보상 체감도가 크게 상승한 것이다. 성과보상제 개편 1년 후, 사내 설문 결과 "나는 내가 한 일이 조직에 기여했다고 느낀다"는 응답은 기존 52%에서 74%로 상승했고, 분기별 수상자 인터뷰 응답률도 30% 이상 늘어났다.

7. 이렇게 해 보자!

첫째, 보상에 감정적 해석이 개입되는 순간을 설계하자.

단순히 '얼마'가 중요한 것이 아니라, 그 보상이 어떤 메시지로 해석되는지가 중요하다. 같은 금액이라도 '성과에 대한 정당한 인정'으로 받아들여질 때와, '형식적인 분배'로 느껴질 때의 구성원 반응은 전혀 다르다. 따라서 연봉 인상, 인센티브 지급 시점에는 사전에 감정적 반응을 예측하고 관리할 수 있는 설명 구조와 타이밍을 함께 설계해야 한다. 예컨대 연봉 고지와 피드백 면담을 분리하거나, 조직 전체 지급 구조를 미리 안내함으로써 납득의 여지를 만들어 두는 것이 좋다.

둘째, 보상은 '신호'임을 기억하자.

보상은 숫자가 아니라 조직이 구성원을 어떻게 평가하고 있는지를 보여주는 상징적 언어다. "나는 이만큼 받고 있다"는 말에는 단지 금액이 아니라, "나는 조직에서 이런 존재다"라는 감정이 담긴다. 특히 같은 팀 내에서 보상이 차이 날 경우, 그 차이가 어떻게 설명되는지가 결정적이다. 따라서 동료 간 비교 가능성이 있는 보상 구조에서는, 납득 가능한 기준과 설명의 내러티브가 함께 제공되어야 한다.

셋째, 사후 보상보다 '예측 가능한 보상'을 설계하자.

보상이 '깜짝 선물'처럼 느껴지면 순간의 만족은 클 수 있지만, 다음부터는 예측 불가능한 불안감이 따라붙는다. 불확실성은 감정적 소외감을 낳고, "이번엔 왜 없지?"라는 실망으로 전환된다. 반대로 보상의 구조가 명확히 제시되어 있고, 그 경로가 투명할수록 구성원은 현재의 노력이 미래의 보상으로 연결된다는 신뢰를 갖는다. 이는 보상의 금액을 뛰어넘는 동기 요인으로 작용할 수 있다.

6장. 조직문화 : 분위기는 말투에서 시작된다

조직문화는 추상적이고 보이지 않지만, 팀 분위기와 조직의 장기 성과를 결정짓는 실질적인 힘이다. 많은 기업이 재무적 성과만큼 분위기 관리에도 신경 쓰려 하지만, 정작 그 노력이 성과로 연결되는지에 대한 체감은 크지 않다. "요즘 우리 팀 분위기 어떤가요?"라는 질문에 쉽게 대답하기 어려운 것도 이 때문이다. 그렇다면 조직분위기를 잘 만드는 팀은 과연 어떤 성과를 만들어내고 있을까?

1. 상황 예시

전자부품기업 T사는 구성원 간 신뢰 회복과 소통 강화를 위해, 2023년 말부터 팀장급 관리자 전원에게 '분기별 정기 피드백 제도'를 도입했다. 한 달에 한 번, 팀원과 1:1로 대화를 나누며 성과, 고민, 희망사항 등을 듣는 자리였다. 인사팀은 이를 '신뢰 회복 프로젝트'라 이름 붙였고, 사내 뉴스레터에는 "말하지 않으면 알 수 없습니다"라는 문구가 실렸다.

박민지 사원은 입사 3년 차로, 묵묵히 맡은 일을 해내는 성실한 직원이었다. 늘 일정에 맞춰 보고서를 제출했고, 팀 내 잡무도 마다하지 않았다. 다만 말수가 적어 회의 중에 발언하는 일이 드물었고, 회식 때도 주로 듣는 편이었다. 그녀 스스로는 '조용하지만 성실한 직원'이라고 생각했지만, 팀장 입장에서는 '팀 내 존재감이 약한 직원'으로 느껴졌을지도 몰랐다.

어느 날 오후, 팀장은 평소보다 조심스러운 말투로 박민지를 불렀다.

"민지 씨, 요즘 일은 잘 하고 있지?"

박민지는 가볍게 미소를 지으며 고개를 끄덕였다. 이어 팀장이 덧붙였다.

"근데 말이야, 조금 더 자기 목소리를 냈으면 좋겠어. 너무 조용해서… 걱정하는 사람들도 있더라고."

그 말은 그날 내내 그녀의 머릿속을 맴돌았다.

'걱정하는 사람들? 누가? 내가 뭘 잘못했나? 팀장님이 불만이 있다는 건가?'

집에 돌아간 박민지는 친구와 통화하며 이렇게 털어놓았다.

"돌려 말하는 건지, 진짜 누가 그런 말을 했는지… 괜히 위축돼."

평소 겉으로 감정을 드러내지 않던 그녀는 그날 밤 유독 잠을 설쳤다.

다음날부터 박민지의 행동에는 눈에 띄는 변화가 있었다. 회의 자리에서 발언을 삼가고, 보고서는 전보다 말투를 무난하게 바꾸기 위해 여러 차례 수정했다. 업무 메신저로 보내는 문장 하나도 신중하게 고쳤다. '이렇게 쓰면 오해하지 않을까? 너무 공격적으로 보일까?' 말 한마디에 이토록 예민해진 자신이 낯설었지만, 그렇다고 마음을 접을 수도 없었다.

주변 동료들도 그녀의 변화에 조금씩 눈치를 채기 시작했다.

"요즘 민지 씨 왜 이렇게 말이 없지?"

"괜찮은 거 맞아?"

하지만 누구도 정확한 이유를 몰랐고, 그녀 역시 속마음을 쉽게 털어놓을 수 없었다. 팀장은 다시 말을 걸 기회를 찾았지만, 그녀는 그럴수록 더욱 조심스러워졌다. 짧은 답변, 피하는 눈빛, 멀어지는 거리감만 남았다.

그로부터 2주 뒤, 인사팀에서 정기 소통 모니터링 인터뷰가 시작되었다. 처음엔 별말 없이 넘어가려 했지만, 박민지는 망설이다가 조심스레 입을 열었다.

"팀장님이 해준 말, 진심은 알겠는데… 그 뒤로 계속 위축됐어요. 제가 뭘 잘못했나 싶고, 혼자만 '문제 있는 사람'처럼 느껴져서요."

이 이야기를 들은 인사담당자는 곧장 팀장을 찾아갔다.

"그 말이 그런 영향을 줬다고요?"

팀장은 당황했다. "전혀 그런 뜻 아니었어요. 그냥 조용하니까 팀에서 조금 더 목소리를 내줬으면 좋겠다는 의미였는데… 오히려 좋은 조언이라고 생각했어요."

이후 인사팀은 이 사례를 전체 관리자 대상 피드백 교육의 사례로 활용하기로 했다. 제도가 좋은 취지로 설계되었더라도, 관계적 신뢰와 말투의 뉘앙스가 뒷받침되지 않으면 오히려 역효과를 낳을 수 있다는 교훈이었다. 정기 피드백 제도 자체도 소폭 손질되었다.
- '관계 진단용 대화'와 '성과 피드백용 대화'를 분리
- 사전 질문지를 통해 대화 방향 조율
- 민감한 피드백 전달 전 관리자 코칭 교육 의무화

박민지와 팀장도 이후 다시 대화를 나눴다. 어색한 시작이었지만, 팀장은 진심 어린 사과를 전했고, 박민지 역시 감정을 솔직히 표현하며 한층 편해졌다. 이 경험을 통해 팀 안에서도 "말투와 맥락의 중요성"에 대한 자발적 대화가 오갔다.

2. 이런 일이 일어나는 이유

조직문화는 '공식 제도'가 아니라, '사람들의 말투와 분위기'에서 시작된다. 그런데 많은 조직은 문화 개선을 제도로만 해결하려 한다. 예를 들어, 피드백 문화를 만들겠다며 '정기 면담 제도'를 도입하고, 소통을 활성화하겠다며 '조직 커뮤니케이션 가이드북'을 배포한다. 하지만 정작 변화된 분위기는 느껴지지 않는다. 구성원은 여전히 말을 아끼고, 관리자와의 대화에서 눈치를 본다. 왜 그럴까?

이유는 단순하다. 사람들의 심리 상태가 바뀌지 않았기 때문이다. 제도는 생겼지만, 사람들은 여전히 '이 말을 해도 괜찮을까?', '이 피드백이 나에게 불이익이 되진 않을까?'를 먼저 떠올린다. 조직문화는 제도가 아니라 해석으로 형성된다. 같은 제도라도 사람들이 '이건 우리를 위한 것이다'라고 받아들이면 문화가 되고, '이건 보여주기용이네'라고 받아들이면 무용지물이 된다.

특히, 커뮤니케이션 방식은 기존의 반복된 언행에서 비롯된다. 이전까

지 팀장이 피드백을 잘 안 해왔던 조직이라면, 아무리 정기면담 제도가 생겨도 구성원은 진심으로 느끼지 않는다. 오히려 "이건 인사팀 지시니까 어쩔 수 없이 하는 거야"라고 해석할 가능성이 크다. 신뢰는 말이 아니라 반복된 경험에서 나온다. 제도 도입보다 더 중요한 건, 그 제도를 어떤 '말투'와 '표정'으로 운영하느냐다.

또 하나의 문제는 '말의 의미'가 정해지지 않았다는 점이다. 어떤 팀장은 "조금 더 자기 목소리를 내주세요"라고 말하며 응원을 보냈다고 생각한다. 하지만 구성원은 그 말을 "내가 조용해서 문제라는 뜻인가?"로 해석한다. 말 자체보다 상대가 그것을 어떻게 받아들이느냐가 중요하다. 그런데 조직은 종종 '우리는 이미 말했으니까 됐다'는 식으로 자기 역할을 끝냈다고 착각한다.

심지어 관리자 교육에서 "칭찬과 피드백을 자주 하세요"라는 가이드를 전하면, 몇몇 팀장은 하루 만에 팀원들에게 갑작스럽게 말을 건넨다. "요즘 잘하고 있어요." "회의에서 조금 더 적극적으로 해보세요." 평소에 그런 말을 전혀 하지 않던 사람이 갑자기 바뀐 톤으로 말을 건네면, 그 말은 신뢰를 얻기보다는 경계심을 자극한다. '왜 갑자기 저러지?', '인사평가 기간인가?'라는 의심이 먼저 생긴다. **문화란 '갑작스러운 변화'가 아니라 '일관된 분위기'에서 만들어진다.**

그렇기 때문에 좋은 조직문화를 만들려면, 제도보다 먼저 '해석의 심리구조'를 고려해야 한다. 말을 받아들이는 사람의 감정 상태, 이전 경험, 조직 내 권력 관계 등 다양한 맥락이 함께 설계돼야 한다. 공식적인 피드백보다 더 중요한 건, 평소 회의에서 무심코 나오는 언행이다. "그건 지난번에도 했잖아요." "그거 지금 논의할 필요는 없을 것 같은데요." 같은 말이 반복되면, 조직은 점점 침묵의 분위기로 굳어진다.

결국 조직문화는 '분위기의 총합'이다. 그리고 그 분위기를 만드는 것은 '제도'가 아니라 '사람들의 말투, 표정, 반복되는 반응'이다. 제도 설계자는 이 점을 명확히 인식해야 한다. 설득의 기술은 문서를 만드는 데 있는 것이 아니라, 매일 나누는 말 속에 숨어 있다.

3. 행동경제학으로 보는 조직심리

조직 안에서 특정한 분위기나 말투가 굳어지는 데는 몇 가지 심리 요인이 작용한다.

첫째, '프라이밍 효과'다.
이는 특정 단어나 이미지에 반복적으로 노출되면, 그에 맞춰 생각과 행동이 유도되는 현상이다. 조직 내에서 성과, 지표, 빠르게 같은 단어가 자주 쓰이면, 사람들은 점점 조심스럽고 계산적인 커뮤니케이션 방식을 취하게 된다. 이 개념은 John Bargh (Yale University)의 고전적 실험 "Automaticity of Social Behavior : Direct Effects of Trait Construct and Stereotype Activation on Action" (1996)을 통해 널리 알려졌다.

이 실험에서 연구진은 참가자들에게 단어 배열 문제를 풀게 했는데, 한 그룹에게는 예의, 인내, 존중 같은 단어, 다른 그룹에게는 무례함, 성급함 등의 단어를 반복적으로 노출시켰다. 그 후 참가자가 실험실 복도에서 연구원을 기다리는 상황을 만들었는데, '무례한 단어'를 노출받은 집단은 훨씬 빠르게, 그리고 공격적으로 연구원을 방해하는 행동을 보였다. 반면 '예의바른 단어'를 접한 그룹은 훨씬 더 오래 참으며 조용히 기다리는 태도를 보였다.

이 실험은 단지 단어 하나의 노출이 이후 행동까지 바꿀 수 있다는 것을 증명한 사례다. 조직에서도 이 프라이밍 효과는 강하게 작동한다. 예를 들어 회의 자리에서 성과, 지표, 속도, 성과급 같은 단어들이 반복되면 조직 내 커뮤니케이션은 점점 숫자 중심, 책임 전가형, 계산적 대응으로 변하게 된다. 반대로 협업, 기여, 배려, 고마움 같은 언어가 자주 등장하는 조직에서는 자연스럽게 말투, 피드백 방식, 회의 분위기가 달라진다.

즉, 분위기는 제도가 아니라 언어에서 시작되며, 그 언어는 반복되는 단어의 무의식적 주입을 통해 조직의 기본 톤을 결정하게 된다.

둘째, '반복성의 원리'다.

같은 분위기, 같은 말투, 같은 피드백 방식이 반복되면 그게 자연스러운 규범처럼 받아들여진다. 결국 분위기는 제도보다 반복에서 만들어진다. 예를 들어, 부정적 피드백만 반복되는 문화에서는 '말을 아끼는 침묵'이 조직 언어가 되어버린다. 이 현상은 심리학자 Robert Zajonc (University of Michigan)가 1968년 논문 "Attitudinal Effects of Mere Exposure"를 통해 입증했다.

Zajonc는 참가자들에게 생소한 단어나 기호, 낯선 얼굴 등을 노출 빈도에 따라 여러 번 보여준 뒤, "얼마나 호감이 가는지"를 평가하게 했다. 결과는 명확했다. 더 자주 노출된 이미지일수록 호감도 평가가 높아졌으며, 이는 논리적 판단이나 정보 해석 없이 감정적 익숙함만으로도 호감이 형성될 수 있다는 것을 보여줬다.

이 원리는 조직에서도 강하게 작용한다. 예를 들어, 반복적으로 딱딱하고 건조한 표현의 회의 메일, 부정적 피드백이 중심이 되는 보고 문화, 위계적인 말투와 발표 방식이 계속 반복되면 처음엔 어색하고 불편했던 방식이라도 사람들은 점점 "이게 이 조직의 스타일이구나" 하며 받아들이게 된다.

결국, 문화는 특별한 선언이나 강령이 아니라 작은 일상 언어와 피드백의 반복을 통해 정착되는 것이다. 이는 '규범 내면화(norm internalization)'라는 이름으로도 설명된다. 즉, 특정 말투와 피드백 방식이 계속 반복되면 사람들은 그걸 따르는 것이 당연하다고 느끼고, 이렇게 반복된 커뮤니케이션 양식이 결국 조직의 무형 규칙으로 굳어진다.

셋째, '윈저 효과'다.

직접 들은 말보다, 제3자를 통해 우회적으로 들은 말에 더 민감하게 반응한다는 심리다. "○○ 부장이 너 일 잘한다고 하더라"는 말은 본인에게 직접 듣는 것보다 더 긍정적인 영향력을 남긴다. 이처럼 분위기를 바꾸는 데에는 우회적인 칭찬, 간접적 인정이 의외로 강력한 힘을 가진다.

이 용어는 공식적인 학술 개념이라기보다는 조직 커뮤니케이션과 리더십 현장에서 널리 쓰이는 실용 심리 개념이다. 이 효과의 이름은 영국의 유명한 귀족인 윈저 공이 즐겨 사용하던 넥타이 매듭법의 이름인 'Windsor Knot'에서 유래한다. 우아하고 간접적으로 전달된 메시지가 더 품격 있게 다가온다는 비유로 쓰인다. 이 효과는 커뮤니케이션 방식이 정보의 신뢰성·객관성을 증폭시킬 수 있음을 보여준다.

비슷한 심리를 다룬 실증 연구로는 Joseph Walther (Michigan State University)의 "The Hyperpersonal Model of Communication" (1996)이 있다. 이 연구는 온라인 커뮤니케이션 상황에서 간접적 메시지, 익명성, 제3자 발언이 사람의 인지적 해석과 감정적 반응에 미치는 영향을 분석했다. 실험 결과, 사람들은 자신을 직접 칭찬한 사람보다 타인이 전해준 간접 칭찬에 대해 더 신뢰를 갖고, "진심이구나"라는 감정을 더 강하게 느낀다는 경향을 보였다.

조직에서도 이 심리는 매우 강하게 작용한다. 예를 들어 팀장이 "너 요즘 수고 많다"라고 직접 말했을 때보다, "팀장님이 너 요즘 일 잘한다고 하더라"는 말을 동료에게서 들었을 때 감정적 반응은 훨씬 더 크고 오래 간다. 이는 간접적 칭찬이 더 객관적으로 느껴지고, "나를 인정하는 사람이 단 한 명만이 아니"라는 사회적 확신을 주기 때문이다.

따라서 조직문화 개선을 위해서는 무조건 직접적 피드백만이 능사가 아니다. 우회적 인정, 제3자를 통한 긍정적 소문 퍼뜨리기, 간접적 칭찬 전략이 분위기를 바꾸는 데 오히려 더 강력한 효과를 발휘할 수 있다.

4. 관련한 직장인 의식조사

※ 조사시기: 2024년 7월, 참여인원: 193명 [▲성별(남성 137명, 여성 56명)]

Q1. 귀사는 조직분위기 개선을 위해 어느 정도의 노력을 하고 있습니까?

현재의 재무적 실적과 조직분위기 개선을 위한 노력을 동시에 질문하여 그 관계성을 분석해 보았다. 그랬더니, 조직분위기 개선에 관심이 높은 기업들 중에서 46.3%가 전년보다 실적상승, 43.9%가 전년과 동일한 실적, 9.8%가 전년보다 실적하락의 상황에 있다고 응답했다.

반면, 조직분위기에 관심이 없는 기업들 중에서는 25.4%가 전년보다 실적상승, 38.1%가 전년과 동일한 실적, 36.5%가 전년보다 실적하락의 상황에 있다고 응답했다. 조직분위기 개선을 위한 노력을 할 경우 실적 상상의 가능성은 2배, 실적하락을 예방할 가능성은 3배에 이르는 것으로 나타났다.

【표1】 조직분위기 개선을 위한 노력이 조직성과에 미치는 영향

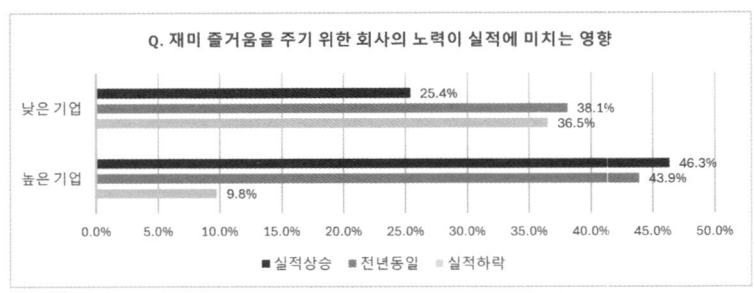

Q2. 조직분위기 개선을 위해 현재 실시하고 있는 제도는 무엇입니까? 그 중에서 가장 효율성이 높은 것은 것은 무엇입니까?

조직분위기 개선을 위해 현재 실시하고 있는 제도로는 1위 간식제공 (14.9%), 2위 동호회활동지원(14%)의 순으로 나타났다. 그런데 효과성이 높은 것을 묻는 질문에는 1위 근무환경개선(16.6%), 2위 휴가장려(16.4%)인 것으로 나왔는데, 이는 현재 사용하고 있는 제도와 효과가 있는 제도 사이에 상당한 괴리감이 있음을 나타내고 있다.

괴리감이 가장 작은 영역은 자기계발지원(현재실시 11.2% VS 효과성 12.4%)으로 가성비에 큰 차이가 없었다. 반면, 괴리감이 가장 큰 영역은 간식제공 (현재실시 14.9% VS 효과성 8.8%)으로서 기대에 비해 효과는 그리 크지 않은 것으로 나타났다. 반면, 생각보다 큰 효과를 볼 수 있는 것으로는 문화행사(현재실시 7.7% VS 효과성 11.2%), 스포츠(현재실시 3.9% VS 효과성 6.7%)인 것으로 나타났다.

[표2] 조직분위기 개선을 위해 실시하고 있는 제도에 대한 효과성 분석

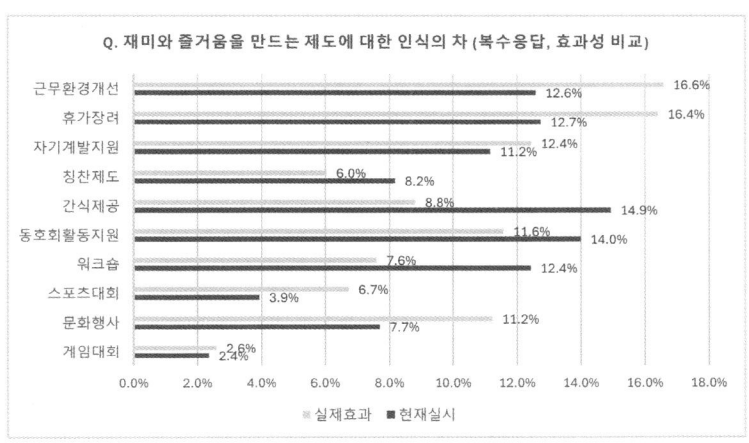

Q3. 회사생활에서 가장 크게 재미 행복 즐거움을 느꼈던 때를 적어주세요(주관식 서술형)

• 10주년 행사로 난타 공연팀 초청하여 모두가 신나게 즐기는 모습을 볼 때 준비한 사람으로 즐겁고 뿌듯했다.

• 가족들과 함께 회사에서 주관한 영화 관람을 할 때 가족들이 행복해 하는 모습을 보며 회사에 대한 감사와 조직생활에 대한 보람을 느꼈다

• 강사님이 진행하시는 팀빌딩 단체 게임에 처음 참가했을 때, 잘 몰랐던 타부서 직원들과 어울리면서 무척 즐거웠던 기억이 아직까지 생생하다.

• 강제적이지만 휴가를 장려하는 부분으로 가족과 보낼 수 있는 시간적 여유가 다른 회사보다 많아서 좋다.

• 문화행사로 팀원들이 즐겁게 활동하고 포상까지 이어져서 즐거워하는 모습이 좋았다.

- 워크샵 및 동호회 활동으로 회사 내 잘 모르는 분들과 친해지고 원래 알던 분들의 새로운 면을 발견했을 때 좋았다.
- 회사에서 성장하고 있고 존중받고 있다고 느낄 때, 워크숍에서 숙박하며 다양한 이야기를 나눌 때가 즐겁다.

5. 의식조사 결과가 주는 힌트

조직문화는 보이지 않지만 분명 존재하는 공기와 같다. 이번 서베이 결과는 이 '공기'가 실제 성과와 얼마나 깊은 연관을 맺고 있는지를 명확히 보여준다. 특히, 조직 분위기를 개선하기 위해 적극적으로 노력하는 기업은 그렇지 않은 기업에 비해 실적 상승 비율이 거의 두 배 가까이 높았고, 실적 하락을 막을 확률도 3배에 달했다. 이 수치는 분위기 관리가 단지 '좋은 회사 만들기' 차원의 문제가 아니라, 실질적인 경영성과를 만드는 전략적 선택이 될 수 있다는 점을 강하게 시사한다.

또한 흥미로운 사실은, 현재 시행 중인 조직문화 프로그램과 실제 효과성이 높은 프로그램 간에 뚜렷한 '괴리'가 존재한다는 점이다. 간식 제공이나 동호회 지원은 많이 시행되고 있지만, 정작 효과성 면에서는 근무환경 개선과 휴가 장려가 훨씬 높은 평가를 받았다. 이는 조직문화 설계가 '쉽게 실행 가능한' 방향으로 치우치기 쉬운 현실을 보여준다. 즉, '가시적인 이벤트'보다는 '삶의 질을 높이는 실질적 제도'가 더 깊은 정서적 반응과 몰입을 이끌어낸다는 것이다.

주관식 문항에 나타난 직원들의 생생한 기억은 이를 더욱 뒷받침한다. 구성원들이 가장 즐겁고 행복했다고 느낀 순간은 대개 타인과의 진심 어린 교류, 가족과 함께하는 시간, 그리고 자신이 존중받고 성장하고 있다는 느낌을 받을 때였다. 이는 조직문화가 구성원에게 단지 재미와 편의를 주는 차원을 넘어, 자기 존재에 대한 긍정적 감정을 심어주는 핵심 요소라는 점을 보여준다.

결국 이 서베이는 하나의 방향을 제시한다. 조직문화는 임의적이거나 장식적인 것이 아니라, 조직 성과를 좌우하는 심리적 인프라라는 것이다. 문화가 긍정적일수록 구성원은 관계 속에서 안전함을 느끼고, 자발적으로 몰입하며, 성과를 만들어낸다. 반면 문화가 부정적이면 가장 먼저 무너지는 것은 구성원의 심리적 유대감이며, 이는 조직의 장기적인 생산성과 직결된다.

따라서 인사담당자가 해야 할 일은 단지 제도를 운영하는 것이 아니라, 구성원이 어떤 경험을 하며 어떤 감정을 가지는지를 세심하게 읽어내는 일이다. 문화 설계란 결국 감정 설계이며, 경험 디자인이다. 실적과 분위기는 분리된 두 축이 아니라, 같은 줄기의 뿌리와 줄기라는 사실을 조직이 인식할 때, 비로소 진정한 문화경영이 시작된다.

6. 참고할 만한 실전사례

사례1 : Pixar – '말할 수 있는 조직'은 의도적으로 설계된다.

픽사(Pixar)는 〈토이 스토리〉, 〈업〉, 〈인사이드 아웃〉 등 전 세계적인 흥행을 이끈 애니메이션을 탄생시킨 창의 집단이다. 많은 사람들은 픽사를 '천재 예술가들의 모임'으로만 생각하지만, 실제 픽사의 경쟁력은 "누구든 말할 수 있는 조직 문화"에서 나온다. 단순한 창의력이 아니라, 그 창의가 안전하게 공유되고, 비판되고, 다시 발전될 수 있는 제도적 구조가 조직의 핵심이다.

창의적 조직에서 더 필요한 것은 '심리적 안전감'

픽사의 초기 제작팀은 곧바로 깨달았다. 창의적인 작업일수록 의견 충돌이 잦고, 감정의 상처도 깊다는 사실을. 특히 감독, 시나리오 작가, 애니메이터 등 여러 전문성이 얽히는 팀 구조에서는 누가 먼저 말하느냐, 누가 반대하느냐에 따라 아이디어의 질이 급격히 흔들릴 수 있었다. 이로 인해 강한 의견을 내기보다 침묵하거나, 상급자의 말을 그대로 따르는 분위기가 굳어질 수 있다는 위기감이 퍼졌다.

이런 상황을 방치한다면, 아이디어는 줄어들고, 실험은 사라지며, 결과적으로 픽사의 가장 큰 무기인 '집단 창의력'이 사라진다는 위기 의식이 생겼다. 그래서 픽사는 단호한 결정을 내렸다. "우리는 심리적으로 안전한 공간을 설계해야 한다."

'브레인 트러스트(Brain Trust)': 피드백이 살아 숨 쉬는 공간

픽사는 이 원칙을 실행하기 위해 '브레인 트러스트(Brain Trust)'라는 고유의 피드백 시스템을 만들었다. 이는 단순한 회의가 아니라, 공식화된 심리적 안전 구조다. 참여자는 직급에 관계없이 누구나 발언할 수 있고 모든 피드백은 '사람이 아니라 작품'을 향해야 한다 감독이라도 피드백을 수용할 수 있도록 훈련되고 발언 후에는 반드시 반응과 피드백 수용 여부가 기록된다

예컨대, 〈인크레더블〉의 한 장면에서는 신입 스토리보드 작가가 "이 장면은 앞의 이야기 흐름과 연결되지 않는다"는 의견을 냈고, 이에 대해 감독이 즉시 "그건 생각 못 했네요. 어느 부분이 그런지 자세히 설명해 줄 수 있나요?"라고 물었다. 이후 실제 해당 장면은 수정되었고, 그 신입 작가는 "내가 누구인지보다, 무슨 말을 했는지가 중요하다는 걸 처음 체감했다"고 말했다. 이 경험은 사내 뉴스레터를 통해 조직 전체에 공유되

었고, 이후 더욱 많은 신입들이 자신감을 갖고 참여하게 되었다.

익명 시스템 : 말 못하는 사람까지 끌어안는 설계

픽사는 '말하는 사람'만의 조직이 아니라, '말하지 못하는 사람'도 설계하는 조직이 되어야 한다고 믿었다. 그래서 만든 것이 '무기명 피드백 시스템'이다. 이는 다음과 같은 3단계로 운영된다.

1. 익명 의견 접수 : 프로젝트나 상호 피드백에 대한 불만, 제안, 문제 인식 무기명으로 시스템에 입력
2. 내부 회고 시스템 연동 : 모든 의견은 프로젝트 종료 시 '피드백 회고 시스템'에 자동 연동
3. 정기적 공론화 : 인사와 리더 그룹이 내용을 정리하고, 필요 시 리더 타운홀이나 팀 회의에서 사례와 함께 공유

이를 통해 픽사는 단순한 제안함이 아니라, '침묵이 목소리가 될 수 있는 통로'를 만들었다. 누군가 큰소리로 말하지 않아도, 의견은 조직의 공식 어젠다가 될 수 있도록 설계한 것이다.

말하지 않으면 존재하지 않는 것이다

픽사의 리더십 철학은 명확하다. "아무리 뛰어난 인재라도, 그 사람이 말하지 않는다면 존재하지 않는 인재다." 그래서 픽사는 '말해도 되는 분위기'를 기다리지 않고, 말할 수밖에 없는 구조를 먼저 만든다.

이는 심리적 안전감의 핵심 전략이다. "누구도 혼자 결론내리지 않는다. 말한 사람은 책임지지 않는다, 고치는 건 모두의 몫이다. 비판은 사람이 아니라 작품을 향한다." 이 철학은 〈토이 스토리〉에서 〈엘리멘탈〉에 이르기까지 픽사 작품의 DNA로 이어져 있으며, 결과적으로 창의성

과 안전의 공존이라는 매우 어려운 균형을 픽사는 제도화에 성공한 셈이다.

사례2 : 국내 스타트업 R사 - 피드백을 일상으로 만들다

국내 IT 기반 스타트업 R사는 설립 초기만 해도 수평적이고 자율적인 문화로 주목받았다. 창업자와 직원이 직접 대화하고, 회의는 짧고 유쾌했으며, 팀 간 경계 없이 아이디어가 오갔다. 그러나 조직 규모가 50명을 넘어서며 이상 신호가 나타나기 시작했다. 겉보기엔 유쾌했지만, 안에서는 불만과 긴장, 누적된 감정들이 점차 침묵으로 변해갔다.

특히 중간관리자의 역할이 모호한 상태에서, 사적 친분에 기반한 피드백, 형식적인 1:1 면담, 비공식 대화에 의존한 문제 해결 방식이 더는 통하지 않게 되었다. 피드백은 '편한 사람'끼리만 오갔고, 불편한 이야기는 "괜히 말 꺼냈다 손해 보는 것 아닐까"라는 생각 속에 묻히곤 했다.

결정적인 계기는 창립 멤버였던 직원 두 명의 연속 퇴사였다. 대표는 회고 미팅에서 두 사람 모두 공통적으로 이렇게 말했다는 것을 알게 됐다. "일이 힘들었던 게 아니라, 말할 곳이 없었어요. 계속 쌓이기만 했습니다." 이 말을 들은 대표는 처음으로 문제의 본질이 제도 미비가 아니라, '심리적 설계의 부재'였음을 인정했다. 이후 R사는 '관찰 → 해석 → 개입'이 유기적으로 흐를 수 있는 시스템을 만들기 위해 세 가지 핵심 장치를 도입했다.

첫째, 격주 인사 Check-in : 감정을 정기적으로 들여다보는 습관 만들기

R사는 전 직원 대상으로 격주 인사 Check-in 제도를 도입했다. 이 대

화는 의무이되, 비공식적이고 비기록성 중심으로 설계되었다. 즉, 문서화보다 분위기를 중요하게 여겼고, 대화 주제 역시 업무보다 감정 중심이었다.

"최근 들어 답답했던 순간이 있었나요?" "누구와의 커뮤니케이션이 조금 어려웠나요?" "내가 조직에서 잘 연결되고 있다는 느낌이 드시나요?" 이런 질문들을 바탕으로 인사부서는 구성원의 심리 흐름을 점으로 보기보다 패턴으로 읽기 시작했다. 격식 없이 대화하다 보면, 불쑥 나오는 한마디가 중요한 징후로 작용했다.

예를 들어, "요즘은 출근할 때 약간 무겁긴 해요"라는 말 하나에도 인사부서는 '팀 내 미묘한 감정 정체 현상'이 생겼다는 신호로 인식했다. 이러한 대화는 관리자에게 곧바로 전달되는 것이 아니라, 종합된 흐름으로 간접 전달되었기에 직원들은 보복이나 낙인에 대한 불안을 덜 느낄 수 있었다.

둘째, '토끼굴' 채널 : 말의 무게를 줄이는 구조적 장치

R사는 슬랙(Slack) 기반으로 '토끼굴'이라는 익명 채널을 개설했다. 이 이름부터가 상징적이었다. "모두가 들어갈 수는 있지만, 아무도 정면으로 보진 않는다"는 은유가 담겨 있었다. 이 채널에서는 날 선 비판보다, 가벼운 불편, 분위기 감지, 사소한 이상 징후들이 자연스럽게 흘러나왔다. "요즘 팀 미팅 분위기가 조금 답답하네요…" "이건 저만 느끼는 건지 모르겠는데, 최근 피드백이 좀 무서워졌어요"

인사는 이 내용을 주간 단위로 요약해 리더 회의에서 간접 공유했다. 중요한 점은, 어느 말이 누구의 것인지는 리더도 알 수 없었다는 것이다. 이후 리더는 회의에서 그 내용을 참고해 공감 또는 개선 언급을 해야 했고, 그 발언은 다시 토끼굴 채널에 공유되었다. 이처럼 "말해도 되는구나"라는 심리 신호가 조용히 조직에 퍼지기 시작했다.

셋째, 감정 이슈 우회 전송 제도: 안전한 경로를 제도화하다

R사는 직속 상사와 연관된 갈등이나 감정 이슈에 대해, 상사를 건너뛴 우회적 전달이 가능하도록 루트를 설계했다. 예를 들어, 팀장과의 갈등이 있는 경우 직원은 슬랙의 전용 채널이나 이메일을 통해 인사에 익명 피드백을 전달할 수 있었고, 인사는 그 내용을 익명과 중립을 유지한 채 리더에게 피드백했다.

이런 방식은 특히 감정적 이슈가 관계 단절로 이어지기 전에 중재할 수 있는 통로를 마련해주었고, 구성원들은 "말할 수 있는 선택지가 있다는 것만으로도 위안이 된다"고 말했다.

변화의 결과 : 말의 온도가 조직의 온도를 바꾸다

제도가 도입되고 6개월이 지났을 무렵, R사는 전사 퇴사자 설문에서 "답답함을 말할 곳이 없다"는 항목이 0건으로 집계됐다. 이는 이전 분기까지 가장 많이 언급되던 응답 항목 중 하나였다.

또한 인사는 사내 심리 온도를 숫자 중심의 만족도 조사 대신, 대화와 언어의 패턴으로 모니터링하게 되었고, 이는 보다 선제적인 조직 케어로 이어졌다. 무엇보다 갈등이 생겼을 때, 예전에는 "왜 이제 말하냐"던 리더들의 반응이, 이제는 "말해줘서 고맙다"로 바뀌었다는 점에서 조직의 신뢰는 새로운 기반 위에 올라섰다.

7. 이렇게 해 보자!

첫째, 말투와 언어를 바꾸는 것만으로도 조직문화는 달라질 수 있다.

'팀장 말투만 바뀌어도 분위기가 좋아진다'는 말처럼, 구성원은 리더의 언어에서 조직의 기류를 감지한다. 업무지시 대신 대화, 통보 대신 협의, 비판 대신 피드백으로 언어의 프레임을 바꾸면, 신뢰와 존중이 자라난다. 말의 방향이 위에서 아래가 아닌, 사람 사이로 흘러가야 한다.

둘째, 규범은 공감 속에서 형성된다.

"우리 조직의 분위기는 어떤가요?"라는 질문이 어렵게 느껴지는 이유는, 분위기가 '공식'이 아닌 '느낌'으로 존재하기 때문이다. 따라서 팀의 공통 정서를 정기적으로 묻고, 그것이 어떻게 경험되고 있는지를 함께 나누는 시간이 필요하다. 익명 설문이나 정서 공유 세션을 만들어 두면, 무형의 규범을 유형화하고 변화의 지점도 발견할 수 있다.

셋째, 성과처럼 분위기도 관리의 대상이 되어야 한다.

조직문화는 장기성과를 만드는 보이지 않는 기반이다. 그러나 많은 조직이 분위기를 '관리 불가능한 영역'으로 방치하고 있다. 문화 역시 관리 가능하다는 전제를 세우고, 정기적인 정서 체크인, 리더 언어 모니터링, 팀 단위 피드백 순환 구조 등을 통해 조직문화의 체계를 세워야 한다. 분위기 관리에는 비용이 들지 않지만, 방치할 경우 더 큰 비용을 치르게 된다.

7장. 조직력 강화 : 동료관계가 실적을 좌우한다

조직에서 가장 미묘하면서도 결정적인 요소는 '동료와의 관계'다. 좋은 관계는 시너지를 만들고, 나쁜 관계는 성과를 갉아먹는다. 그런데도 우리는 업무 평가나 전략 회의에서 '사람 사이의 분위기'는 종종 간과된다. 팀워크를 위한 제도를 만들지만, 팀워크 자체가 만들어지지 않는 이유는 무엇일까?

1. 상황 예시

헬스케어 스타트업 V사는 외부 투자 유치를 앞두고 조직문화를 정비하던 중이었다. 대표는 "이제는 수평적 소통과 신뢰의 리더십이 필요하다"며, 변화관리 워크숍을 전사적으로 시행했다. 마케팅팀 김솔모 팀장이 가장 먼저 이에 나섰다. 그는 정리된 슬라이드와 설득력 있는 말투로 회의에서 다음과 같이 말했다.

"이제부터는 실적 중심의 평가가 아니라, 팀워크와 협업도 중요합니다. 함께 성장하는 문화를 만들자는 게 이번 변화의 핵심입니다." 말은 좋았다. 자료도 명쾌했고, 김 팀장은 자신감 있게 회의를 마쳤다. 하지만 회의실을 나서자 분위기는 싸늘해졌다. 동료들은 복도에서 수군거렸다.

"말은 맞는데… 김 팀장이 저 말을 하니까 와닿지가 않네."

"지난달에도 책임은 우리한테 넘겨놓고, 자기는 보고서 정리도 안 했잖아."

"사람은 안 바뀌었는데, 갑자기 문화만 바꾸겠다고 하니까 이상하지."

심지어 사내 메신저에는 "대표가 말한 걸 김 팀장이 자기 입맛대로 해석한 거 아니냐", "진짜 팀원 얘기 들을 생각이 있었으면, 평소부터 행동이 달랐을 텐데"라는 말들이 오갔다. 누구도 공개적으로 반대하지는 않았지만, 그날 이후 마케팅팀은 변화관리 툴킷 활용률이 최하위, 팀원들의 제안 건수도 눈에 띄게 줄었다.

3주 후, 인사팀이 진행한 소규모 인터뷰에서 실무자들은 이렇게 말했다. "내용은 맞았어요. 근데 김 팀장이 말하니까 믿음이 안 갔어요." "늘 위에서 시켜서 말하는 것 같고, 진심이 느껴지지 않았어요." "팀장님이 바뀌지 않는데, 우리 보고 바뀌라고 하니 좀 냉소적으로 느껴졌죠."

이 사례는 하나의 중요한 사실을 보여준다. 신뢰 없는 관계에서의 메시지는 아무리 논리적이고 타당해도 사람의 마음을 움직이지 못한다는 점이다. 설득은 내용이 아니라 말하는 사람의 신뢰도에서 시작된다.

조직은 자주 "무슨 말을 했는가"에 집중하지만, 구성원은 "그 말을 누가, 어떤 분위기에서 했는가"를 더 민감하게 받아들인다. 신뢰가 쌓이지 않은 상태에서의 '좋은 말'은 오히려 공허하거나 방어적으로 느껴질 수 있다. 이처럼 동료관계와 신뢰는 변화의 추진력 이전에, 존재의 기반이다.

2. 이런 일이 일어나는 이유

조직에서 변화의 메시지가 사람들의 마음을 움직이지 못하는 이유는 무엇일까? 그 이유는 종종 메시지의 논리성이나 내용의 타당성 때문이 아니다. 오히려 그보다 훨씬 더 근본적인 요소, 메시지를 전달하는 사람에 대한 '신뢰'의 부재에서 비롯된다.

많은 조직이 '설득'을 잘하려면 자료를 잘 준비하고, 핵심을 정리하고, 명확하게 설명하면 된다고 믿는다. 그래서 변화관리 워크숍을 준비할 때도, 교육을 진행할 때도, 대개 '무엇을 말할 것인가'에 초점을 맞춘다. 하지만 정작 중요한 것은 구성원이 그 말을 누구의 입에서, 어떤 태도와 맥락 속에서 들었느냐이다.

위 사례에서 김 팀장의 말은 옳았다. 슬라이드도 훌륭했고, 전달력도 있었다. 하지만 그를 향한 팀원들의 반응은 냉소에 가까웠다. 이는 그가 과거에 보여준 행동들이 말의 진정성을 약화시켰기 때문이다. 그동안 자신에게 유리하게 책임을 나누고, 팀의 고충에는 무관심했던 그의 행적이, 말 한마디의 의미마저 변질시켰다. 이전의 '행동'이 현재의 '말'을 신뢰받지 못하게 만든 셈이다.

이처럼 조직에서는 '동료관계'가 단순한 업무적 편의나 친목의 문제가 아니다. 그것은 메시지를 해석하는 렌즈이며, 때로는 어떤 변화든 수용할 수 있게 만드는 정서적 기반이다. 특히 변화의 시기에는, 구성원들은 이전보다 더 예민하게 '이 말이 진짜일까?', '이 사람이 정말 나를 생각하는 걸까?'를 묻는다. 신뢰가 부족한 상태에서 전하는 메시지는 아무리 내용이 좋아도 '지시'처럼 들리고, '책임 전가'로 오해되며, 심지어 반감을 유발하기도 한다.

또한 동료 간 신뢰가 부족한 조직일수록, 구성원들은 공식적인 말보다 비공식적인 분위기와 뒷담화에 더 귀를 기울인다. 메신저에서 오가는 뒷말, 복도에서의 수군거림이 회의실에서 들은 말보다 더 강한 영향력을 가지게 되는 것이다. 공식 메시지의 무게가 가벼워지는 순간, 조직의 진짜 힘은 서서히 약화된다.

이 모든 현상의 배경에는 한 가지 공통된 심리 작용이 존재한다. 사람은 논리보다 감정에, 내용보다 관계에 반응하는 존재라는 점이다. 사람들은 자신을 존중해주는 사람의 말에 더 귀를 기울이고, 신뢰하는 사람의 말에서 진심을 느낀다. 반대로, 관계가 소원해진 사람의 말은 아무리 논리적이어도 방어적으로 들리고, 쉽게 거부된다.

결국 문제는 팀워크 툴킷이 아니라, 그 툴킷을 전달하는 사람과의 정서적 거리감이다. 아무리 제도가 잘 설계되어 있어도, 동료 간 신뢰가 형성되지 않은 상태라면 그 제도는 종이 위의 글에 불과하다. 조직의 변화는 슬로건이나 프로그램이 아니라, 사람과 사람 사이의 신뢰와 존중에서 출발한다. 변화의 핵심은 시스템이 아니라 심리이고, 메시지가 아니라 관계다.

3. 행동경제학으로 보는 조직심리

'사람들이 움직이지 않는 이유'를 이해하기 위해서는, 단순한 태도 문제가 아니라 인지적·감정적 작용을 이해할 필요가 있다. 행동경제학은 이를 세 가지 관점에서 설명해준다.

첫째는 신뢰의 '정체성 효과'이다.
구성원은 제도보다 사람을 먼저 본다. 즉, '무슨 말인가'보다 '누가 말하는가'가 더 중요하다. 이는 '정체성 기반 설득'이론과 연결된다. 사람은 타인의 메시지를 평가할 때, 그 말이 자기 정체성과 얼마나 가까운가, 말하는 사람을 얼마나 진정성 있게 인식하는가에 따라 수용 여부를 결정한다.

이 맥락에서, 김 팀장의 설득 실패는 '메시지'가 아니라 '메신저'의 신뢰 부족에서 비롯되었다. 아무리 정확한 말이라도 그 말을 전한 사람이 평소 동료의 이야기를 무시하거나 일관되지 않은 언행을 보였다면, 그 말은 위선처럼 들릴 수밖에 없다.

둘째는 '확증편향'이다.
구성원들은 평소의 경험을 토대로, 팀장이나 리더에 대한 고정된 이미지를 형성하고 있다. 이때, 기존 인식과 맞지 않는 말이나 행동은 무시하거나 불신하는 경향이 나타난다. 이는 확증편향의 전형적인 작용이다.

"그 사람은 항상 회의에서 자기 이야기만 해." → 이후 그 사람이 '함께 소통하자'고 해도, 진정성보다는 포장된 메시지로 느껴진다. 이 편향은 리더가 변화 메시지를 전할 때 특히 강하게 작용한다. 이전의 언행과 다른 메시지를 전하면 전할수록, 구성원은 "위에서 시켜서 하는 말"이라고 판단하며 태도를 닫는다.

셋째는 '사회적 증거' 부족이다.

행동경제학에서 사회적 증거(social proof)란, 사람들이 다른 사람의 행동을 기준 삼아 결정을 내리는 심리를 말한다. 조직에서도 마찬가지다. "다른 부서장들도 변화에 동참하고 있나?", "다른 팀원들은 어떻게 반응하고 있지?"와 같은 주변의 움직임이 변화 수용의 기준이 된다.

그런데 사례 속 마케팅팀처럼, 공식적 변화는 추진되는데, 비공식적 분위기가 따라오지 않으면 사람들은 그 변화를 '진짜'로 받아들이지 않는다. 아무도 적극적으로 변화에 동참하지 않고, 메신저조차 변하지 않았을 때, 구성원은 더더욱 심리적 거리감을 갖게 된다.

4. 관련한 직장인 의식조사

※ 조사시기: 2025년 6월, 참여인원: 496명 [▲성별(남성 338명, 여성 158명) ▲직위별(팀원 378명, 팀장급이상 118명) ▲연령대(20-30대 297명, 40대 134명, 50-60대 65명)]

Q1. 귀하는 현재 직장 동료들과의 관계가 어떻습니까?

직장인들의 동료관계를 회사실적과 연동하여 비교해 보았다. 그랬더니 회사실적이 전년보다 좋다고 답한 곳의 응답자는 만족 97.1%, 불만 2.9%인 반면에, 지금 회사실적이 전년보다 좋지 않다고 답한 사람들은 지금의 동료관계에 대해 만족 84.1%, 불만 15.9%로 나타났다. 회사실적의 좋고 나쁨이 동료들과의 관계형성에도 큰 영향을 미치고 있음을 알 수가 있다.

【표1】 실적이 직장 동료들과의 관계형성에 미치는 영향

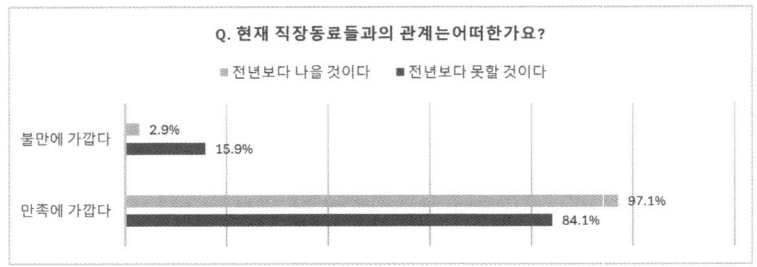

Q2. 혹시 조금이라도 동료관계에 어려움이 있다면, 어떤 것입니까?

동료관계의 어려움에 대해 직장인들이 지목한 1순위는 소통부족(28.7%)으로 나왔다. 다음으로 업무분담(16.0%), 책임회피(12.8%), 동료의 역량부족(11.0%)의 순으로 나왔다.

【표2】 동료관계 어려움의 종류에 대한 질문

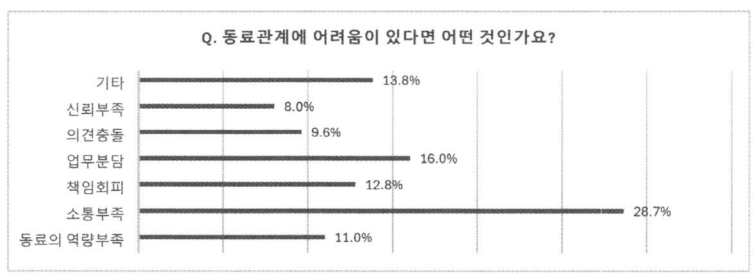

Q3. 회식은 팀워크 향상에 도움이 된다고 말합니다. 귀하의 생각은 어떻습니까?

회사 주관의 회식에 대해서는 찬성(50.0%)이 반대(16.1%)로서 긍정이 부정보다 3배 이상 높게 나왔다. 이를 다시, 동료관계의 만족여부로 나누

어 분석해 보았다. 결과는 동료관계가 좋을 수록 회식에 대한 긍정적 의견이 높았고, 동료관계가 불만일수록 회식에 대한 부정의 의견이 많았다. 동료관계가 만족스런 집단은 회식 찬성(87.9%) VS 반대(12.1%). 동료관계가 불만인 집단은 회식 찬성(28.6%) VS 반대(71.4%)로 응답했다.

【표3】회식을 바라보는 직장인의 생각

【표4】동료관계의 좋고 나쁨이 회식을 바라보는 인식에 미치는 영향

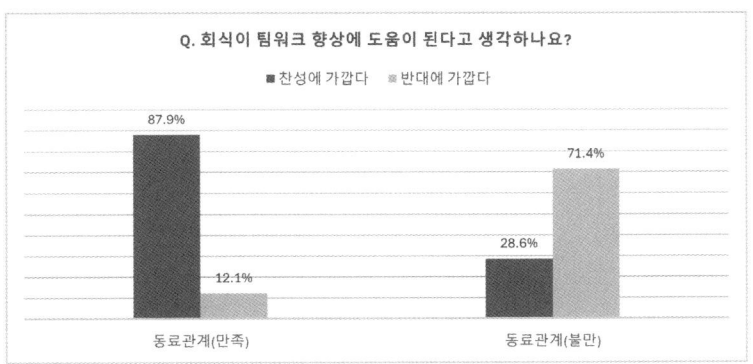

Q4. 위의 질문에서 그렇게 응답한 이유는 무엇입니까? (주관식)

회식에 대해 긍정적이라고 응답한 사람들을 대상으로 그 이유를 물어 보았다. 주관식 서술형 응답을 AI를 이용하여 같은 뉘앙스를 가진 답변의 숫자로 나누어서 분석해 보았더니, 1위 소통 팀워크강화(58%) 2위 감

정연결(26%) 3위 긍정적 조직문화(12%)의 순으로 나타났다. 그래프의 하단에 관련된 의견을 몇 개만 올려보면 이하와 같다.

【표5】 조직내 회식을 긍정적으로 생각하는 이유

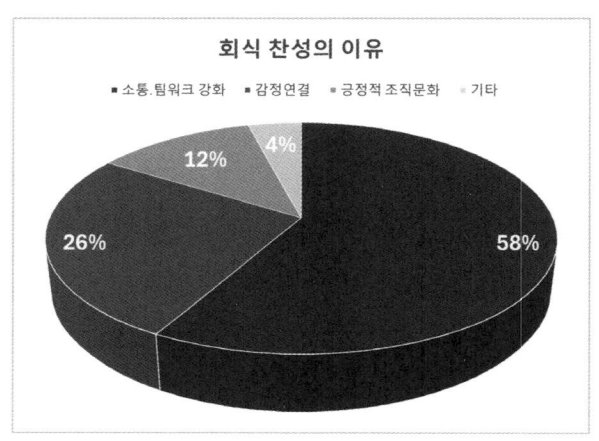

• 업무 중에는 일에 집중하느라 개인적인 이야기를 할 수 없다.
• 개인적인 이야기, 평소 하지 못했던 이야기는 회식을 통해서 자연스럽게 풀어지는 순기능이 있다.
• 업무적으로 쌓인 감정을 풀어내기 좋고 팀원들도 본인의 고충을 좀 더 편안한 분위기에서 얘기할 수 있는 것 같다.
• 업무시간 내에 나누지 못했던 사사로운 고민이나 최근 이슈들을 함께 나누고 가까워질 수 있는 좋은 자리가 회식이라고 생각하기 때문이다.

5. 의식조사 결과가 주는 힌트

이번 장의 핵심은 '동료와의 관계'가 조직의 성과와 밀접하게 연결되어 있다는 사실이다. 496명을 대상으로 한 조사 결과는 이 가설을 강하게 뒷받침한다. 먼저, 실적이 좋은 회사일수록 동료 관계에 대한 만족도가 현저히 높게 나타났다(97.1% 만족), 반면 실적이 저조한 회사는 그 비율이 84.1%로 떨어졌다. 이는 단순한 수치 차이가 아니다. 관계의 질이 실적에 영향을 주는 동시에, 실적 역시 관계의 질을 다시 반영하는 선순환 또는 악순환 구조를 암시한다.

관계의 갈등 원인을 묻는 항목에서는 '소통 부족'이 가장 큰 비중(28.7%)을 차지했다. 이어서 '업무 분담의 불균형'(16.0%), '책임 회피'(12.8%), '역량 부족'(11.0%) 등이 뒤를 이었다. 이는 곧, 많은 조직에서 동료 갈등은 단순한 감정의 문제가 아니라 역할 분담, 책임 구조, 개인 간 기대의 불일치에서 비롯된다는 것을 보여준다. 이 모든 요소의 핵심에는 결국 '소통의 부재'가 자리잡고 있다.

회식에 대한 태도 역시 동료 관계 만족도에 따라 극명하게 달랐다. 동료 관계에 만족하는 사람들의 87.9%는 회식을 긍정적으로 평가한 반면, 불만족 그룹은 71.4%가 회식을 부정적으로 평가했다. 이 극단적인 차이는 회식이라는 행위 자체보다는 회식을 통해 관계를 맺고 싶은 대상이 누구인가에 따라 회식의 의미가 달라진다는 사실을 보여준다.

주관식 응답에서도 다수의 구성원들이 회식의 효용을 '소통'과 '감정 연결'에서 찾았다. 업무 시간 중에는 하지 못했던 이야기, 개인적 고민, 쌓였던 감정을 풀어낼 수 있는 유일한 통로로 회식이 작동하는 것이다. 결국 이 서베이는 "회식이 팀워크에 도움이 되는가"라는 질문이 아니라, **"누구와 함께하는 회식인가"가 관건이라는 점을 드러낸다.**

인사 실무에서 이 데이터가 던지는 메시지는 분명하다. 조직력 강화를 위해 관계를 정비하고 싶다면, 이벤트나 워크숍보다 먼저 일상 속 소통의 회로를 재설계해야 한다. 커뮤니케이션은 형식이 아니라, 신뢰와 안정감 위에서 이뤄지는 감정의 흐름이다. 관계는 자연히 좋아지는 것이 아니라, 의도적이고 일관된 소통 설계 위에서만 자란다.

6. 참고할 만한 실전사례

사례1: 링크드인(LinkedIn) - 몰입은 정체성의 연결로부터 시작된다

링크드인(LinkedIn)은 매년 '가장 이직률이 낮은 글로벌 IT 기업' 중 하나로 꾸준히 꼽히고 있다. 많은 조직이 직원의 몰입도를 높이기 위해 보상, 복지, 성장 기회를 강조하지만, 링크드인의 관점은 조금 다르다.

이 회사는 몰입을 단순히 "회사가 좋아서 남는다"로 보지 않고, "이 조직 안에서 내가 어떤 사람으로 살아가고 있는가"에 따라 결정된다고 본다. 링크드인은 직원의 정서적 몰입이란 결국 '조직과 나의 정체성이 어떻게 연결되어 있는가'에 대한 감각이라고 믿는다. 이 철학은 곧 조직의 모든 인사 설계의 방향을 결정짓는 기준이 된다.

'정체성 기반 성장관리 시스템': 성과보다 여정을 추적하다

가장 대표적인 제도가 바로 '내러티브 기반 성장관리 시스템'이다. 이 시스템은 매년 연초, 전 직원이 참여하는 자기 선언 과정에서 시작된다. 직원들은 올해 자신이 되고 싶은 모습을 구체적으로 적는다. 예를 들면, "올해 나는 나서서 리딩하는 사람이 되고 싶다" "복잡한 프로젝트를 스스로 관리하는 사람이 되고 싶다" "기술이 아닌 사람에 더 민감한 리더로 성장하고 싶다" 이 선언은 단순한 목표가 아니라, 자기 서사(Narrative)

의 시작점이다.

중요한 건 이 선언이 그저 적고 마는 것이 아니라, 각 분기별 1:1 미팅에서 리더와 함께 확인하고 되짚는 과정이 있다는 점이다. 상사는 단순히 "성과가 어떠했는가"를 묻지 않는다. 대신, "당신이 초기에 말했던 그 모습에 가까워졌다고 느끼나요?" "최근 경험 중, 당신의 선언에 부합한다고 느낀 순간은 언제였어요?" 와 같은 정체성 추적 질문을 던진다.

이러한 대화는 단순한 KPI 리뷰가 아니라, 직원 스스로가 자신의 성장과 '존재 방식'을 해석하게 하는 과정이 된다. 그리고 이 경험은 직원으로 하여금 "이 회사는 내가 뭘 했느냐보다, 내가 누구이고 어디로 가고 있는가를 진심으로 관심 갖고 있다"는 감정을 느끼게 한다.

'조직 스토리텔링'은 연결의 심리적 기반

링크드인의 또 다른 강점은 조직 내 스토리텔링의 활용이다. 이들은 매주 발행되는 사내 뉴스레터와 정기 타운홀 미팅, 사내 영상 콘텐츠 등에 단순한 업무 소식이 아닌 '직원의 이야기'를 중심으로 콘텐츠를 채운다.

"입사 3년 차, 나는 왜 슬럼프에 빠졌고 어떻게 빠져나왔는가" "이직 제안을 받았지만, 나는 왜 남기로 했는가" "팀을 옮기고 느낀 관계의 변화, 내가 배운 커뮤니케이션 방식은?" 이처럼 실제 직원들이 겪은 내면적 성장, 감정의 진폭, 결정의 이유를 이야기 중심으로 풀어내면서, 구성원들로 하여금 "나만 그런 게 아니구나", "나도 이 여정 안에 있다"는 정서적 유사성을 불러일으킨다.

이는 곧 조직에 대한 정서적 연결감과 "이 조직은 나를 성과로만 평가하지 않는다. 내가 어떤 사람인지, 어떤 고민을 하는지도 기억한다"는 인식을 강화시킨다.

'몰입'은 자기 자신에게 다가가는 감각에서 시작된다

링크드인의 인사담당자는 말한다. "사람은 조직을 위해 일하지 않습니다. 자신이 어떤 사람인지 확인하고, 그 정체성에 가까워질 수 있을 때 몰입합니다." 이 회사는 단순히 성과를 달성하게 만드는 조직이 아니라, '성장하고 있다는 감각'을 사람에게 제공하는 구조를 만들기 위해 노력하고 있다.

이를 위해 성과관리도, 커뮤니케이션도, 보상도 모두 "그 사람이 어떤 방향으로 살고 있는지를 함께 정리해주는 시스템"이 되도록 설계되어 있다. 그리고 그 결과, 링크드인은 높은 내부 몰입도 낮은 이직률 장기 근속자 비율의 안정성을 동시에 유지하고 있다.

사례2 : 국내 콘텐츠 기업 C사 – 성과보다 연결의 감정을 먼저 설계하다

국내 콘텐츠 기업 C사는 빠르게 성장하는 디지털 기반 기업으로, 영상·음원·웹툰 등 다양한 크리에이티브 콘텐츠를 다루며 업계에서도 주목받는 곳이다. 젊고 감각적인 인재들이 모여 있었고, 기획력과 실행력 모두 뛰어난 팀이라는 평가를 받았다. 하지만 성과와 별개로 내부적으로는 심각한 문제가 이어졌다. 3년 차 이직률이 30%에 달하면서, "성과는 좋은데 사람이 남지 않는다"는 자조 섞인 평가가 조직 안팎에서 나왔다.

이에 인사팀은 이직자 인터뷰를 정기적으로 수집해보기로 했다. 단순히 '왜 나갔는가'를 묻는 대신, '왜 머물지 않았는가', '무엇이 당신을 조직 밖으로 밀어냈는가'를 탐색하는 방식이었다. 놀랍게도 대부분의 이직자들은 복지나 연봉, 갈등을 문제 삼지 않았다. 오히려 반복적으로 등장한 피드백은 이랬다.

"열심히 했지만, 내가 여기에서 어떤 의미 있는 사람인지 모르겠어요."

"성과는 내고 있었는데… 그냥 나 하나쯤 빠져도 조직이 달라질 것 같진 않았어요." "일은 열심히 했는데, 존재감이 느껴지진 않았어요."

C사는 이 이야기를 듣고 기존의 몰입 전략에 근본적인 의문을 품게 되었다. 그동안 몰입을 유지하려고 시도했던 다양한 시도 – 성과 기반 보상, 워라밸 개선, 복지 확장 등 –은 일시적 효과에 그쳤다. 결국 몰입은 "조직이 나를 어떻게 보고 있는가"보다 "내가 이 조직 안에서 누구인가"에 대한 내면적 감각에서 비롯된다는 통찰에 도달했다.

'사람 간 연결'을 제도화한 인터뷰 설계

인사팀은 '심리적 연결감'을 제도화할 수는 없을까를 고민했고, 먼저 아주 단순한 구조부터 도입했다. 바로 '사람-사람 인터뷰'다. 매월 전 직원 중 1명을 무작위로 매칭하여 30분 동안 업무 외 이야기만 나누는 대화 시간을 만들었다.

주제는 다음과 같은 식이었다. "어떤 방식으로 휴식을 취하나요?" "지금 가장 관심 있는 건 뭔가요?" "일 외에 나를 표현할 수 있는 키워드가 있다면?" 이 대화는 강제적이지 않았지만, 끝나면 누구든 느낀 점을 사내 공유 게시판에 올리는 방식으로 연결됐다. 처음에는 어색하고 형식적으로 느껴졌지만, 시간이 지나자 많은 직원들이 이 시간을 "일보다 내 존재를 보여줄 수 있는 유일한 시간"이라 표현하기 시작했다.

"그 사람도 나처럼 불안한 순간이 있다는 걸 들으면서 팀원이 아니라 인간으로 느껴졌어요." "처음엔 시간 낭비라고 생각했는데, 얘기를 나누고 나니 협업할 때 훨씬 편안해졌어요." 이러한 변화는 의외의 시너지를 만들었다. 실무에서 갈등을 겪던 팀원 간의 오해가 풀리는 계기가 되기도 하고, 프로젝트 제안 시 함께 대화를 나눈 경험이 '심리적 거리'를 줄여주는 연결 고리가 되었다.

'조직 연결 지도'를 통해 흔적을 시각화하다

다음으로 C사는 '성과가 아니라 흔적을 남긴다'는 조직 철학을 시각화하기 위한 실험을 시작했다. 그 이름은 조직 기여 지도(Contribution Map). 이 지도는 단순한 퍼포먼스 보고서가 아니라, 개개인이 조직 안에서 만든 영향과 연결의 흔적을 도식화한 도구였다.

예를 들어, 이런 흐름으로 시각화되었다. 내가 만든 영상 콘텐츠 → SNS에서 입소문 → 마케팅팀이 그 데이터를 활용 → 신규 캠페인 수주로 연결 내가 제안한 UX 개선 → 개발팀의 빠른 수정 → 고객 만족도 상승 → 고객 리뷰 증가.

이 지도는 분기마다 열리는 '성장 회고 미팅'에서 함께 보면서 공유되었고, 구성원들은 그 안에서 자신이 단지 일을 한 것이 아니라, 조직 안에서 어떻게 '흔적'을 남기고 있었는지를 실제 눈으로 확인하게 되었다. 많은 직원들이 그 회고 시간에 이렇게 말했다.

"이게 나 때문이었다는 걸 몰랐어요. 그냥 내 일 하나라고만 생각했어요." "조직 안에서 내가 남긴 선 같은 게 보여서 감정이 울컥했어요."

연결의 감정이 곧 몰입의 뿌리가 되다

이처럼 C사의 접근은 성과 중심의 몰입 설계가 아니라, "나는 이 조직 안에 살아 있는가?"라는 정체성 기반 감정을 만드는 방향으로 이동했다. 제도는 작고 단순했지만, 관계의 연결을 가시화하고, 기여의 흔적을 정서적으로 해석하게 해주는 구조가 조직에 새로운 감정을 만들어내기 시작했다.

그 결과 이직률은 1년 만에 12%포인트가 낮아졌고, 장기 프로젝트 참여율과 자발적 제안 수는 1.6배 증가했다. 사람들은 돈보다 "이 조직에서 내가 살아 있다는 느낌"을 더 깊게 원한다. C사의 실험은 그 간극을 제도와 감정 설계로 메운 성과였다.

7. 이렇게 해 보자!

첫째, '정서적 연결'을 우선시하는 조직문화를 설계해보자.
업무성과 이전에, 사람들은 자신이 이 조직 안에서 의미 있는 존재로 인식되는지부터 살핀다. 동료 간 연결의 감정을 북돋을 수 있는 구조를 만들어야 진정한 팀워크가 자란다. 공식적인 회의보다, 비공식적 대화에서 진심이 오간다는 점을 기억하자.

둘째, 변화의 메시지를 전할 때는 '무엇을 말할지'보다 '누가 말하는지'에 집중하자.
구성원은 시스템보다 사람을 보고, 내용보다 관계에 반응한다. 제도가 신뢰를 만드는 게 아니라, 신뢰가 제도를 작동시킨다. 말보다 먼저 바뀌어야 할 것은 리더의 평소 태도다.

셋째, 구성원이 서로의 '존재'를 확인할 수 있는 대화 구조를 일상화하자.
가볍고 사적인 질문이라도 정기적으로 오가는 시간을 마련하면, 협업과 소통의 벽이 낮아진다. 일 중심의 대화만으로는 조직력은 자라지 않는다. 감정과 맥락을 나누는 대화가 팀워크의 밑거름이다.

넷째, '성과'만이 아니라 '흔적'을 남기는 문화로 전환해보자.
나의 일이 조직에 어떤 영향을 미쳤는지를 함께 시각화하고 회고하는 시간은, 구성원에게 소속감과 존재감을 준다. 조직력은 실적이 아니라 정체성과 연결감 위에서 만들어지는 감정의 합이다.

다섯째, 구성원 간 신뢰가 부족할수록 '사회적 증거'를 활용하자.

먼저 행동한 팀의 사례, 변화에 동참한 리더의 모습, 감정을 나눈 동료들의 경험을 조직 안에서 퍼뜨려야 구성원의 태도가 바뀐다. 사람은 이성보다 분위기에 따라 움직이며, 조직력은 그 분위기의 농도에 비례한다.

8장. 커뮤니케이션 :
상대의 마음을 움직이는 심리 전략

직장 내 갈등이나 비협조는 종종 '역할'의 문제가 아니라, '마음의 거리'에서 시작된다. 그런데 많은 리더들이 아직도 커뮤니케이션을 지시와 설명, 혹은 일방적 피드백의 언어로만 접근한다. 그러나 중요한 건 무엇을 말했는가가 아니라, 어떻게 들렸는가다. 말은 정보가 아니라 감정의 통로이며, 관계의 온도를 결정짓는 가장 강력한 수단이다. 과연 지금 우리 조직의 말은, 사람을 움직이고 있는가?

1. 상황 예시

전국단위로 운영되는 고객지원센터 A사. 센터장은 인력 충원을 위한 상반기 리더 워크숍에서 각 팀장에게 이렇게 말했다.

"우리 팀은 정보보다 정서가 흐르는 조직이어야 합니다. 지금 필요한 건 '정답을 아는 사람'보다 '상대를 납득시키는 말'을 할 줄 아는 사람이에요."

말뿐이 아니었다. A사는 실무자와 관리자 모두에게 매년 '커뮤니케이션 리뷰'를 실시하고 있었다. 상대방의 말투, 피드백 스타일, 갈등 시 언행 등을 익명으로 평가하고, 그 결과를 토대로 코칭을 제공했다. 하지만 한 팀장에 대한 피드백은 유독 극단적이었다.

"말은 맞는데 꼭 지적처럼 들립니다."
"조언을 들으면 힘이 나기보단, 자존심이 상해요."
"사적인 대화는 아예 불가능해요. 계속 '정답 말하기'만 하니까요."

해당 팀장은 억울함을 토로했다.

"나는 감정을 상하게 하려고 말한 게 아니에요. 그냥 논리적으로 접근했을 뿐입니다."

하지만 그 논리는 누구도 움직이지 못했다. 그의 말에는 정보는 있었지만, 상대의 마음에 닿는 온기와 여백이 없었다.

몇 달 후, 인사팀은 그 팀장을 대상으로 커뮤니케이션 코칭을 다시 시작했다. 처음에는 "말투 하나로 뭘 바꿀 수 있겠냐"며 회의적이던 그는, 1:1 코칭에서 이런 피드백을 들었다.

"말을 잘하고 싶은 게 아니라면, 일단 말을 늦추고 들어주세요. 논리보다 먼저 와야 하는 건 '신뢰의 여지'입니다."

그는 이후 회의에서 "여기까지 제 생각인데, 혹시 다르게 느끼신 분 있으면 알려주세요"라는 말을 처음으로 덧붙이기 시작했다. 처음엔 어색했지만, 몇 주 후 같은 팀원이 회의 말미에 말했다.

"요즘 팀장님 얘기를 듣는 게 훨씬 편해졌어요. 예전보다 사람을 보고 얘기하시는 느낌이에요."

2. 이런 일이 일어나는 이유

많은 리더들이 커뮤니케이션의 목적을 '정보 전달'이나 '업무 지시'에만 국한시키는 이유는 뭘까? 그것은 단순히 개인적 성향이나 말투의 문제가 아니다. 그들은 오랜 시간, 조직이 말하는 방식에 적응해 왔기 때문이다.

조직 내에서는 오랫동안 '정확하게 말하기'와 '논리적으로 말하기'가 좋은 커뮤니케이션의 기준처럼 여겨져 왔다. 실수를 줄이고, 불필요한 오해를 막으며, 명확한 기준을 세우기 위해서는 이런 말하기 방식이 필요하다는 것이 그 배경이었다. 특히 관리자나 리더의 위치에 오를수록 '말의 무게'와 '정보의 정합성'이 더 중시되었고, 그에 따라 사람들은 감정보다 논리를 앞세우는 습관을 몸에 익혀 왔다.

하지만 문제는 바로 거기에 있다. 리더가 전달하려는 정보는 논리적일지 몰라도, 구성원이 받아들이는 방식은 철저히 정서적이라는 점이다. 조직 구성원들은 리더의 말에서 '무엇이 맞는가'보다 '나를 어떻게 보고 있는가', '이 말 뒤에 어떤 감정이 숨어 있는가'를 먼저 감지하려 한다. 그리고 그 정서적 단서를 통해 리더의 말 전체를 해석한다.

이런 심리 구조를 이해하지 못한 채, 논리만 앞세운 피드백이나 설명은 오히려 '지적', '거리감', '차가움'이라는 인상을 주게 된다. 특히 위계가 뚜렷한 조직일수록, 한 마디의 말이 권력처럼 작동하고, 침묵조차 메시지가 되기 때문에, 커뮤니케이션은 더욱 민감한 주제가 된다.

또한 많은 리더들은 '말을 잘해야 한다'는 부담감에 사로잡혀 있다. 조직 안에서 말실수가 곧 평가로 연결되기 때문이다. 이 부담은 오히려 말을 '잘해야 하니까' 감정을 드러내지 말자, '논리로 무장하자'는 방어기제로 작동하고, 결국 말은 논리가 되지만, 관계는 거리감만 쌓이게 된다.

게다가 대부분의 기업 교육에서는 여전히 '보고서 작성법', '프레젠테이션 기법', '피드백 기술' 등 기술적 접근에만 초점을 맞추고 있다. 정작 중요한 '정서적 커뮤니케이션', '관계 기반 말하기'는 교육의 중심에서 배제되어 있다. 이로 인해 리더들은 "나는 틀린 말을 하지 않았는데, 왜 나에게만 문제가 생기는가?"라는 혼란을 겪게 된다.

결국 커뮤니케이션 문제는 말의 기술이 아니라 심리의 거리에서 시작된다. 단어 하나, 말투 하나는 곧 '나와 너의 관계를 정의하는 신호'가 된다. 이 신호가 일방적인 정보로만 채워질 때, 구성원은 '이 조직은 나를 사람으로 보지 않고, 기능으로만 본다'는 감정을 가지게 되고, 그 감정이 바로 협업 저하, 이탈 충동, 상호 신뢰의 붕괴로 이어진다.

그러므로 이 장에서 말하고자 하는 핵심은 단순하다. 지시의 언어가 아닌, 관계의 언어를 설계할 수 있는 리더가 필요하다. 상대방이 듣고 싶은 말이 아니라, 상대방이 듣고도 존중받았다고 느끼는 말을 하는 것이 바로 진짜 커뮤니케이션이며, 그것은 '논리'보다 훨씬 더 강력한 조직의 성장 자원이 된다.

3. 행동경제학으로 보는 조직심리

이러한 커뮤니케이션 오류는 단순한 성격 차이가 아니라, 예측 가능한 인간 심리의 작동 방식에서 비롯된다. 행동경제학은 이를 세 가지 대표

개념으로 설명해준다.

첫째는 '감정휴리스틱'이다.

사람은 논리보다 감정으로 먼저 판단한다. 같은 말이라도 기분이 좋을 때는 "좋은 조언"으로, 예민할 때는 "기분 나쁜 충고"로 받아들인다. 이처럼 사람은 말의 내용보다, 말하는 사람의 표정, 어조, 시선에서 먼저 반응한다.

예를 들어, "좀 더 꼼꼼하게 해 주세요"라는 말도, 따뜻한 말투와 웃는 얼굴이면 "도와주는 말"이지만, 차가운 말투와 무표정한 얼굴이면 "지적"으로 들린다. 이는 우리가 정보를 인식할 때, 감정이 판단의 우선 경로로 작동한다는 심리 작용이다. 말을 잘하는 것보다, 말하기 전 감정의 분위기를 조절하는 것이 더 효과적인 이유다.

둘째는 '기본 귀인 오류'이다.

사람은 타인의 행동을 '성격' 때문이라고 해석하는 반면, 자신의 행동은 '상황' 때문이라고 본다. 예컨대,

"저 사람은 왜 이렇게 예민해?" → 타인의 성격 문제

"나는 상황이 힘들어서 그런 거야" → 자기의 상황 문제

이러한 심리 작용은 갈등을 고착화시킨다.

A사 팀장의 경우처럼, 그는 "나는 감정 없이 이성적으로 말했다"고 믿지만, 팀원은 "그 사람은 원래 사람 기분을 몰라"라고 성격 문제로 해석한다. 이처럼 사람은 말의 내용이 아니라, 그 말을 하는 사람의 '본질'로 해석하는 오류를 범한다.

셋째는 '상호성의 법칙'이다.

말은 주고받는 관계 속에서 신뢰를 만들어간다. 한쪽이 먼저 마음을 열면, 상대도 열고, 한쪽이 먼저 닫으면, 상대도 닫는다. 이게 바로 상호성의 심리다. 말의 성공 여부는 이전의 커뮤니케이션 이력에 의해 결정된다.

상대가 "항상 내 말을 자르던 사람"이라면, 아무리 다정하게 말해도 방어부터 하게 된다. 반면, "평소에 내 말을 경청해 주던 사람"이라면, 다소 직설적이더라도 진심으로 받아들인다. 즉, 말 한마디의 힘은 이전의 누적된 말들과의 관계 속에서 결정된다. 이것이 조직 커뮤니케이션에서 '일관된 태도'와 '신뢰의 누적'이 중요한 이유다.

4. 관련한 직장인 의식조사

※ 조사시기: 2024년 4월, 참여인원: 233명 [▲성별(남성 146명, 여성 87명)]

Q1. 직장내 인간관계로 고민한 적이 있습니까?

직장인의 79%가 사내 인간관계로 고민한 적이 있다고 응답. 남자 91% 여자 68%로서 여자보다는 남자가 훨씬 더 많이 사내 인간관계 때문에 고민을 하고 있는 것으로 나타났다. 그런데, 여기에서도 입장차는 존재했다. 고민한 경험에 대해 팀장급 이상은 있다(95.1%) VS 없다(4.9%)인데 반해 팀원의 경우는 고민한 경험이 있다(71.1%) VS 없다(28.9%)로서 직급에 따른 격차를 느낄 수가 있었다.

【표1】 직장내 인간관계로 고민한 적이 있습니까?

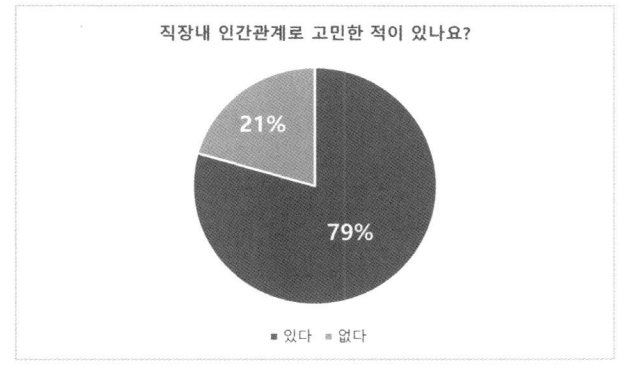

【표2】 직장내 인간관계로 고민한 적이 있습니까? (직급비교)

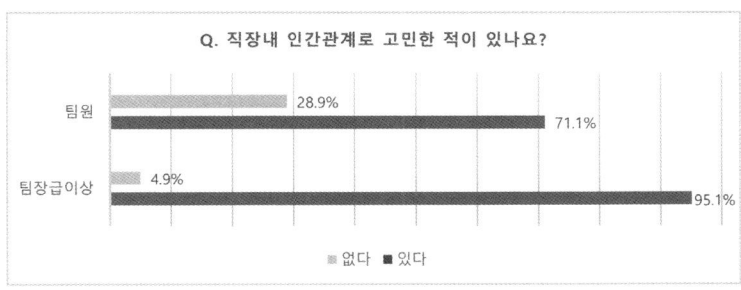

Q2. 고민한 적이 있다고 답한 분에게, 누구와의 인간관계가 가장 힘들었습니까?

누구와의 인간관계가 가장 힘든가? 에 대한 질문에 대해 상사 48.9%, 동료 17.6%, 후배 16.5%, 선배 9.6%의 순으로 응답. 그런데 여기에 남녀별로 인식의 차이가 있는 것으로 나타났다. 남녀별 인식의 차이가 가장 크게 나온 대상은 상사(남자 54% VS 여자 44.9%) 선배(남자 6.2% VS 15.9%)로 나온 반면, 동료 후배에 대한 인식의 차이는 크게 없는 것으로 나타났다.

【표3】 "고민한 적이 있다"고 답한 분에게 묻습니다. 누구와의 인간관계가 가장 힘이 들었습니까?

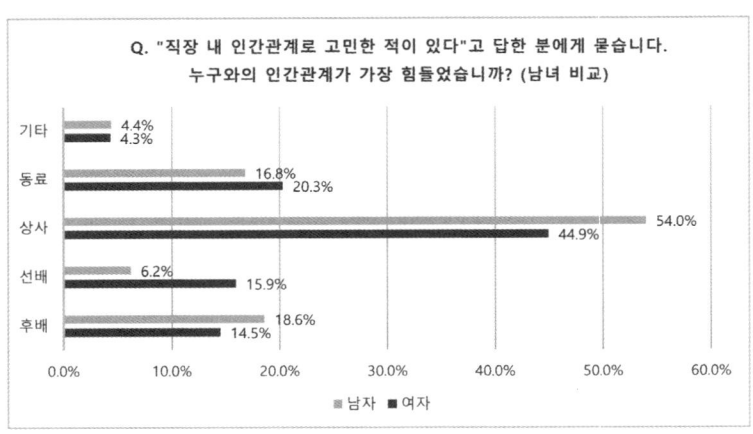

Q3. 근무시간외 직장동료와의 교류는 어떻게 생각하십니까?

직장동료와의 사적인 관계형성에 대해서, 긍정적 의견이 부정적 의견보다 6배 높았다. 긍정적이다 65.2%, 부정적이다 11.2%로 나타났다.

【표4】 근무시간외 직장동료와의 교류는 어떻게 생각하나요? (전체)

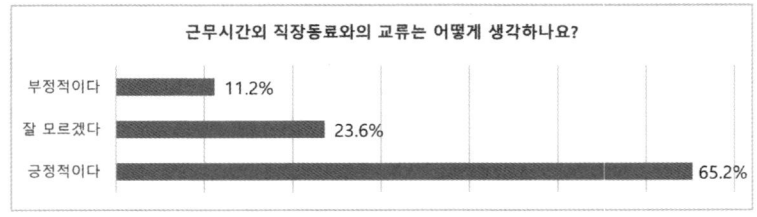

Q4. 부정적 긍정적이라고 생각하는 이유를 말해 달라는 주관식 질문에 대해…

〈긍정의 답변〉
• 동료와의 교류가 조직의 결속력을 좌우한다.
• 어느 정도 친밀한 사이여야 업무에 능률도 올라간다.
• 팀워크를 통한 성과는 동료와의 교류를 통해서 이루어진다고 생각한다.
• 결국 사람이 하는 일이므로 함께 보내는 시간이 많을수록 업무에 협조를 얻을 가능성이 높다.

〈부정의 답변〉
• 동료는 친구가 아니다.
• 직장동료와 업무 외시간을 보내는 건 업무의 연장선이다.
• 업무관계를 사적영역으로 끌어 들이려는 사람치고 도움되는 사람 못 봤다.

5. 의식조사 결과가 주는 힌트

이번 서베이는 커뮤니케이션이 단순히 '말을 주고받는 행위'가 아니라, 조직 내 관계의 온도와 협업의 가능성을 결정짓는 정서적 행위임을 분명히 보여준다.

첫 번째 문항에서, 전체 응답자의 79%가 직장 내 인간관계로 고민한 적이 있다고 응답했다. 특히 남성의 고민 경험 비율이 91%에 달한 반면, 여성은 68%였다. 이처럼 높은 수치 자체도 중요하지만, 고민의 주된 대상이 '상사'(48.9%)였다는 점은 더욱 주목할 만하다. 이는 위계 관계 속에서 커뮤니케이션이 얼마나 긴장을 유발하고 있는지를 보여주는 강력한 지표다.

직급별로 보면, 팀장급 이상은 무려 95.1%가 인간관계로 고민한 경험이 있다고 응답했는데, 이는 상위 관리자일수록 커뮤니케이션에서 오는 정서적 부담을 더 크게 느끼고 있음을 의미한다. 반면 팀원들은 71.1%만이 고민한 적이 있다고 응답했다. 이는 말을 '하는 위치'와 '듣는 위치'가 서로 다른 긴장과 해석을 동반한다는 사실을 말해준다.

또한, '직장 동료와의 사적 교류'에 대해 65.2%가 긍정적으로 평가했다는 결과는 커뮤니케이션이 단지 업무상 절차가 아니라, 신뢰와 유대감을 축적하는 수단이라는 점을 보여준다. 주관식 응답에서도 "서로 잘 알아야 협업이 원활하다", "사적인 교류가 업무 몰입도를 높인다"는 의견이 반복되었다. 이는 '비공식적 대화'가 공식적 성과에 긍정적 영향을 미친다는 사실을 뒷받침한다.

반면 부정적인 의견 중에는 "동료는 친구가 아니다", "사생활 침해다" 같은 방어적 태도도 발견되었다. 이 역시 조직 내 커뮤니케이션에 대한 감정이 개인의 가치관, 역할, 심리적 거리감에 따라 크게 달라진다는 점을 보여준다.

이 서베이가 시사하는 핵심은 단순하다. 조직에서 말은 정보의 전달이 아니라 감정의 교환이며, 심리적 신호다. 말투, 피드백의 방식, 질문의 톤 하나가 관계의 질을 결정한다. 커뮤니케이션을 '효율성'의 문제로만 접근하면, 정작 중요한 '정서의 설계'를 놓치게 된다.

결국 커뮤니케이션은 리더의 전략이다. 조직 전체의 분위기를 정하고, 신뢰의 회로를 만들어내며, 구성원 간의 협업 가능성을 열어주는 열쇠다. 말은 무기가 아니라, 관계를 여는 문이어야 한다. 조직 커뮤니케이션은 그래서 '무엇을 말했는가'가 아니라, '어떻게 들리게 했는가'로 평가받는다.

6. 참고할 만한 실전사례

사례1 : 구글(Google) - 설득은 말보다 맥락이 우선한다

구글은 단순히 창의적인 아이디어를 많이 내는 기업이 아니라, 사내 설득과 변화 수용 과정을 '맥락 중심'으로 설계하는 조직문화를 갖고 있다. 이들은 새로운 프로젝트나 제도를 추진할 때, '무엇을 말할 것인가'보다 '그 말이 어떻게 받아들여질 것인가'를 먼저 설계한다. 즉, 구글의 설득은 논리보다 심리, 자료보다 관계에서 출발한다.

예를 들어, 협업 툴이나 근무 방식을 새롭게 바꾸려 할 때, 구글은 전사 공지로 바로 도입하지 않는다. 대신 먼저, 해당 변화가 어떤 불안, 우려, 기대를 낳을 수 있을지를 파악하기 위해 핵심 구성원들과의 '공감 인터뷰(empathetic interview)'를 진행한다. 이 인터뷰에서는 단지 찬반 의견을 묻는 것이 아니라, 구성원이 느끼는 감정, 경험, 두려움 등을 경청하는 것이 핵심이다. "이런 변화가 있다면 당신은 어떤 감정을 느낄까요?", "이 시스템이 당신 일에 어떤 영향을 미칠까요?"와 같은 질문이 이어진다.

이후 구글은 '사전 체험 그룹(pilot group)'을 구성한다. 이 그룹은 조직 내에서 신뢰받는 실무자들로 이루어져 있으며, 새 툴이나 제도를 실제로 일정 기간 사용해본 뒤 솔직한 피드백을 제공한다. 그런데 이 피드백은 단순히 설문 조사로 끝나지 않는다. 이들은 회의, 팀 채팅, 사내 포럼 등에서 자신의 체험을 비공식적으로 공유하도록 독려된다. 예컨대 "써보니까 생각보다 편하더라", "회의 시간 줄어들어서 좋았어요"와 같은 이야기가 자연스럽게 흘러나오게 한다.

이렇게 생성된 비공식 공유는 '누군가 시켜서 말하는 느낌'이 아니라, 내부에서 자연스럽게 형성된 분위기로 받아들여진다. 조직 전체로 확산되기 전부터 이미 몇몇 사람들이 공감하고 있다는 '정서적 기반'이 생기면서, 정식 도입 시점에 구성원들의 거부감은 현저히 줄어든다. 직원 입장에서는 변화가 위에서 '떨어진 것'이 아니라, 우리 팀 안에서 '형성된 흐름'처럼 느껴지는 것이다.

이와 같은 방식이 가능한 이유는 구글 내부에 '설득은 권한이 아니라 신뢰에서 나온다'는 암묵적 원칙이 있기 때문이다. 구글은 설득자에게 자동으로 권위를 부여하지 않는다. 그 사람이 평소에 어떻게 행동해왔는가, 얼마나 팀의 신뢰를 얻고 있는가, 얼마나 동료들의 심리와 맥락을 이해하고 있는가가 훨씬 중요하게 작용한다. 발표 직전의 태도보다, 일상의 관계 자산이 설득의 성패를 가르는 기준이 되는 셈이다.

결국 구글은 다음과 같은 질문에 먼저 답한 뒤에 말을 시작한다.
"지금 이 이야기를 꺼내도 괜찮은 분위기인가?"
"내가 이 말을 꺼낼 자격이 있나?"
"이 이야기를 누가 먼저 꺼내주는 게 가장 자연스러울까?"
"듣는 사람은 어떤 맥락에서 이 말을 받아들일까?"
이러한 철저한 맥락 중심 설계는 구글이 변화에 대한 저항을 줄이고, 구성원들로 하여금 "우리가 만든 변화다"는 주인의식을 갖도록 만드는 가장 강력한 설득 전략이 된다. 자료나 숫자가 아닌, 공감과 흐름을 먼저 설계하는 것. 이 점에서 구글은 설득을 '말하기'보다 '공감 구조를 짜는 일'로 이해하는 조직이다.

사례2 : 국내 IT기업 S사 – 설득이 통하지 않던 회의실을 바꾼 건 '말투'였다

국내 IT솔루션 기업 S사는 매월 정기적으로 팀 리더 회의를 열어 주요 인사 제도 변경 사항과 정책 방향을 공유해왔다. 하지만 어느 순간부터 회의실 분위기는 눈에 띄게 무거워지기 시작했다. 인사팀장이 아무리 열정적으로 설명해도, 팀장들의 반응은 점점 미지근해졌다. 발표가 끝나면 침묵이 이어졌고, 회의실을 나선 뒤에는 "이번에도 그냥 이미 정해놓고 통보하는 거잖아"라는 말이 슬그머니 흘러나왔다.

인사팀 내부에서는 당황스러움과 답답함이 겹쳤다. "자료는 잘 만들었고, 내용도 설득력 있었는데 왜 반응이 없지?" "어떻게든 설명하고 설득하려 했는데, 왜 분위기는 점점 멀어지는 걸까?"라는 자문이 반복됐다. 결국 인사팀은 이 문제의 본질이 '내용'이 아니라 '방식'에 있다는 점을 깨닫고, 회의의 구조와 커뮤니케이션 방식을 전면 재설계하기로 했다.

우선, 회의의 오프닝 방식을 바꿨다. 기존 회의는 항상 "다음 분기부터 이렇게 바뀝니다"라는 일방적 발표로 시작됐다. 하지만 이제는 "요즘 팀원들의 성과평가 반응은 어떠세요?", "평가 시즌마다 겪는 고민이 있으셨나요?"처럼 참여를 유도하는 질문으로 문을 열었다. 제안 이전에 먼저 상대의 경험과 생각을 묻는 구조로 바꾼 것이다.

가장 결정적인 변화는 '말투'였다. 과거 인사팀은 설득력을 높인다는 명분으로 단정적인 언어를 자주 사용했다. "이번 제도는 훨씬 더 공정해졌습니다", "지금 방식보다 이게 훨씬 효율적입니다" 같은 표현이 대표적이었다. 그러나 이 말투는 상대에게 이미 결정된 결과를 '받아들이라'는 압박으로 작용했다. 반면, 바뀐 후에는 "이 방식이 공정함에 더 가까울지, 함께 점검받고 싶습니다", "이 방향이 실무에 어떤 영향을 줄지 솔직한 의견을 듣고 싶습니다"처럼 겸손하고 참여를 유도하는 어조를 사용했다. 설득이 아니라 '검토 요청'으로 메시지를 전환한 셈이다.

이러한 변화는 서서히 조직 안에서 신뢰를 복원하기 시작했다. 회의 후 팀장들 사이에서는 "이제는 질문해도 되겠다는 느낌이 든다", "예전엔 말해봤자 바뀌지 않을 것 같았는데, 지금은 진짜 듣고 있다는 느낌이 있다"는 반응이 이어졌다. 회의실 안에서 실제 발언 횟수도 늘었고, 회의 후 피드백 채널을 통한 제안 채택률은 과거보다 40% 이상 증가했다.

이 경험을 계기로 S사의 인사팀은 '커뮤니케이션 톤 가이드'라는 문서를 만들어 관리자 리더십 교육 과정에 정식으로 편입시켰다. 이 가이드에는 단어 선택, 문장 구조, 회의에서의 첫마디 예시까지 담겨 있었고, 매년 갱신되며 실무 리더들의 언어 습관 개선을 지원하는 도구가 되었다.

S사의 사례는 '설득이 먹히지 않는 상황'에서 단순히 제도의 완성도나 논리적 설명을 고치기보다, 말하는 태도와 방식, 관계 맺는 언어 자체를 점검하는 것이 얼마나 중요한지를 보여준다. 설득은 결국 말의 내용보다 말의 방식이 먼저다. 특히 조직 내부에서 설득은 곧 '관계에 대한 메시지'라는 점을 잊지 말아야 한다.

7. 이렇게 해 보자!

첫째, 감정의 흐름을 확인한 뒤 말문을 열자.

아무리 옳은 말이라도 상대의 정서가 준비되지 않은 상태에서는 지적으로 들릴 수 있다. 회의나 대화를 시작하기 전, 조직이나 팀의 분위기를 먼저 읽고, 긴장이 있거나 피로도가 높다면 말의 강도를 조절하거나 타이밍을 재조정하는 것이 효과적이다. 감정은 커뮤니케이션의 통로이자, 정보의 수용 여부를 결정하는 열쇠이므로, 말하기보다 먼저 '분위기 읽기'를 습관화하자.

둘째, 정보보다 정서, 논리보다 여백을 설계하자.
커뮤니케이션에서 가장 중요한 건 '무엇을 말했는가'가 아니라, '어떻게 들렸는가'이다. 특히 피드백이나 지시 상황에서는 논리를 앞세우기보다, 말 속에 여백을 두는 것이 중요하다. "혹시 다른 의견 있으신가요?", "이 부분은 어떻게 느끼셨어요?" 같은 문장을 덧붙이면 상대는 '존중받고 있다'는 감정을 느끼며 방어를 내려놓게 된다. 말의 여백은 심리적 거리를 줄이는 지름길이다.

셋째, 설득은 말로 하지 말고 사전 공감으로 시작하자.
공식 회의에서 발표하는 것보다, 회의 전에 신뢰받는 동료들과 '공감 인터뷰'를 진행하는 것이 훨씬 효과적이다. 변화나 제안을 앞두고 "이건 어떻게 느껴지세요?", "팀에 어떤 영향을 줄 것 같나요?" 같은 질문으로 감정을 수집하면, 발표 때 구성원은 이미 심리적으로 준비된 상태가 된다. 이렇게 되면 새로운 메시지가 '지시'가 아니라 '함께 만든 흐름'으로 받아들여진다.

넷째, 말투 하나도 전략적으로 설계하자.
같은 말도 말투와 어조에 따라 전혀 다른 반응을 이끌어낸다. 단정적인 말투는 위계적 거리감을 키우고, 유연하고 검토를 요청하는 어조는 수용성을 높인다. "이게 더 효율적입니다"보다 "이 방식이 실무에 어떤 영향을 줄지 함께 점검해보고 싶습니다"라는 식의 문장은 상대방에게 '함께 만드는 과정'이라는 인식을 심어준다. 말은 단순 전달 수단이 아니라 관계의 온도를 조절하는 장치다.

다섯째, 말하기보다 듣는 태도를 먼저 보여주자.

　진짜 커뮤니케이션은 말을 잘하는 사람이 아니라, 잘 듣는 사람에게서 시작된다. 말을 시작하기 전, 상대방의 이야기를 끊지 않고 끝까지 듣는 연습부터 하자. 이는 단순한 예의가 아니라, 심리적 신뢰의 기초다. 특히 피드백 상황에서는 말을 늦추고, 고개를 끄덕이며 반응을 보이는 작은 행동들이 관계의 온도를 높이는 데 큰 역할을 한다.

9장. 이탈과 잔류 :
떠나는 사람보다 머무는 이유를 설계하라

조직은 흔히 퇴사율을 낮추기 위해 복지와 급여를 손본다. 하지만 진짜 중요한 질문은 따로 있다. "왜 떠나는가?"보다 먼저, "왜 머무르고 있는가?"이다. 많은 구성원이 퇴사를 고려하고도 남아 있는 이유는, 단지 현실적 제약 때문만은 아니다. 그 안에는 기대, 책임감, 사람에 대한 애정, 혹은 '여기서의 내 서사' 같은 감정의 요소가 숨어 있다. 퇴사를 막는 건 조건이 아니라 정서다. 그래서 우리는 떠나는 사람만 보지 말고, 머물고 있는 사람의 이유를 설계해야 한다.

1. 상황 예시

중견 IT기업 A사는 작년 말, 예상치 못한 인력 유출을 경험했다. 인사팀은 몇몇 핵심 인력의 연쇄 퇴사에 당황했고, 특히 '겉보기에 아무 문제가 없어 보였던 사람들'의 퇴사가 잇따르자 긴장했다.

그중 한 명이 박서연 대리였다. 입사 3년 차, 실적도 좋았고, 상사와의 관계도 원만했으며, 프로젝트 만족도 조사에서도 항상 상위권에 있던 인재였다. 퇴사 면담 자리에서 인사팀장은 조심스럽게 물었다.

"혹시 최근에 불편한 점이 있었을까요? 부서 이동이나 보상 문제가 원인이었나요?" 하지만 그녀는 고개를 천천히 저으며 말했다. "아니요, 그런 건 아니에요. 그냥… 어느 순간부터 여기에 있어야 할 이유가 흐릿해졌어요." 그녀는 말투도 조용했고, 목소리에도 감정의 기복이 없었다.

"처음엔 나도 이 회사에서 뭔가 배워가고 있다는 느낌이 있었어요. 그런데 요즘은… 그냥 주어진 일만 하는 느낌이 들더라고요. 무엇을 향해 가고 있는지도 모르겠고요." "불만이 많은 것도 아니고, 사람들과 싸운 적도 없어요. 그냥… 나를 이곳에 묶어둘 이유가 점점 줄어들고 있었던 것 같아요."

인사팀장은 속으로 생각했다. '성과도 나쁘지 않고, 팀원 평판도 좋고, 상사도 괜찮았는데… 왜 이런 감정을 갖게 된 거지?' 며칠 후, 그녀가 남긴 퇴사 이메일은 짧고 예의바른 인사말로 가득했지만, 단 한 문장이 유독 눈에 밟혔다. "조용히 정리해보니, 나를 이곳에 남겨둘 이유가 없어졌더라고요."

사실 박 대리는 지난 1년 동안 주변의 이직자들과 자주 교류해왔고, 자연스럽게 '나는 어디로 가야 하는가'에 대한 질문을 스스로에게 던지고 있었다. 그 와중에 조직 내 분위기는 바빠졌고, 회의에서도 "이후엔 어떤 방향으로 성장하고 싶은가요?"라는 질문은 사라졌다. 대신 "이번 주 마감 일정부터 정리하자"는 말이 늘어났다.

무엇보다 그녀는 '내가 성장하고 있다는 감각'이 사라졌다는 사실을 가장 힘들어했다. 성공적으로 마친 프로젝트도, 칭찬받은 기획서도 '다음엔 뭐가 될 수 있을까'라는 상상으로 이어지지 않았다.

퇴사 후, 그녀는 가장 친했던 동료에게 메시지를 하나 남겼다. "이 조직은 참 좋은 곳이었어. 하지만 어느 순간부터, 조직도 나를 더 이상 잡으려 하지 않더라. 그래서 나도, 굳이 붙잡지 않기로 했어." 이야기는 그렇게 끝났지만, 인사팀에게는 묵직한 질문 하나가 남았다. "조직은 언제부터, 그 구성원이 멀어지는 걸 알아차리지 못하게 되었을까?"

결국, '머무를 이유'는 복지나 급여 이전에 감정적 설계에서 비롯된다. 조직은 잔류의 이유를 묻는 질문을 통해 구성원의 심리적 잔고를 확인하고, 이탈 이전에 연결을 회복해야 한다.

2. 이런 일이 일어나는 이유

퇴사는 사표를 쓰는 순간이 아니라, 마음이 멀어지는 순간부터 시작된다. 실제로 조직에서 나타나는 이탈의 신호는 '대놓고 말하는 불만'보다, '말하지 않는 침묵'에서 먼저 감지된다. 말수가 줄고, 회의에 의견을 덜 내고, 팀 단체 메신저에서 반응이 느려지는 등, 겉으로 보기엔 단지 조용한 사람처럼 보이지만 내면에서는 조직에 대한 애착이 점점 옅어지는 것이다. 이러한 심리적 이탈의 배경에는 크게 두 가지 축이 있다.

첫째는 피로의 축적이다.
지속적인 업무 과중, 끝나지 않는 프로젝트, 반복되는 긴장 상황은 구성원의 감정 자원을 고갈시킨다. 특히 '고맙다'는 말 없이 계속 일을 맡기거나, 기여도가 높았음에도 당연하다는 듯 넘어가는 문화에서는 구성원은 어느 순간 '나는 더 이상 특별하지 않다'는 감정을 갖게 된다. 피로는 단지 몸의 피곤함이 아니라, 의욕의 무게를 누르는 감정의 두께다.

둘째는 인정의 결핍이다.

사람은 누구나 "내가 한 일이 누군가에게 의미 있었으면" 하는 감정을 지닌다. 하지만 조직 내에서 수고가 보이지 않거나, 이름 없는 성과로 흘러가 버리면, 구성원은 자신의 존재감에 대해 회의감을 갖게 된다. "이 일은 내가 하지 않아도 되는 거였나?", "나는 왜 여기서 계속 일하고 있는 거지?"와 같은 질문이 마음속에 자리잡는다. 이는 곧 정서적 연결의 단절로 이어진다.

심리적 이탈은 표면적으로 드러나지 않지만, 내부에서는 여러 정서적 변화가 누적된다. 예를 들어 다음과 같은 신호들이 대표적이다. 회의에서 말수를 줄이거나, 메신저 응답 속도가 느려진다. 자발적 제안이 사라지고, 주어진 업무 외에 관여도가 현저히 낮아진다. 칭찬, 피드백, 성장 언어에 반응이 무뎌진다. 직장 외 커뮤니티나 타 기업 문화에 더 큰 관심을 보인다.

이런 상태가 지속되면, 구성원은 어느 순간 "언젠가 떠나야지"가 아니라 "이젠 떠나도 되겠다"는 심리로 전환된다. 이 순간은 조직이 구성원을 붙잡을 수 있는 마지막 기회를 놓치는 지점이기도 하다.

이탈은 '사건'이 아니라 '감정이 누적된 과정'이다. 구성원은 떠날 이유를 찾기보다, 머물 이유를 잃어가는 것이다. 조직은 '묻지 않으면 떠나는' 이 심리를 직시해야 한다.

3. 행동경제학으로 보는 조직심리

박 대리의 퇴사는 단순히 개인적인 결단이 아니라, 조직 내부의 '심리적 연결 고리'가 느슨해진 결과였다. 이는 다음 세 가지 행동경제학적 관점에서 해석할 수 있다.

첫번째는 '현재지향편향'이다.

사람은 언제나 논리적으로 행동하지 않는다. 특히 미래의 이익보다는 지금 눈앞의 손해에 더 예민하게 반응한다. 이것은 일시적인 감정이 아니라, 인간의 인지 구조 자체가 가진 특징 중 하나다. 행동경제학에서는 이러한 경향을 '현재지향편향(Present Bias)'이라고 부른다. 현재지향편향이란, 장기적인 이득이 있더라도 그것이 '지금 당장'의 불편이나 손해를 동반하면 쉽게 받아들이지 못하는 성향을 말한다.

이 이론은 하버드대학의 데이비드 라이브슨(David Laibson) 교수가 2002년에 진행한 실험을 통해 대표적으로 입증된 바 있다. 실험 참가자들에게 두 가지 선택을 제시했다. 첫 번째는 '오늘 10달러를 받을 것인가, 아니면 내일 11달러를 받을 것인가'였고, 두 번째는 '30일 후에 10달러를 받을 것인가, 아니면 31일 후에 11달러를 받을 것인가'였다.

놀랍게도 많은 사람들이 첫 번째 상황에서는 '오늘 10달러'를 택했지만, 두 번째 상황에서는 '31일 후의 11달러'를 선택했다. 이는 시간이 가까울수록 사람들이 더 급하게 판단하고, 현재의 보상에 더 크게 반응한다는 사실을 보여준다. 즉, '시간이 가까울수록 불편은 크게, 이득은 작게' 인식하는 심리적 왜곡이 존재한다는 것이다.

조직 내에서 이러한 현재지향편향은 변화관리의 큰 장벽이 된다. 구성원들은 "이 제도를 도입하면 6개월 후에는 훨씬 나아질 것입니다"라는 설명보다는, "다음 주부터 일이 더 복잡해진다"는 부담을 더 크게 받아들인다. 특히 실무자일수록 '장기 전략'보다는 '지금 눈앞의 혼란'을 먼저 체감하기 때문에, 도입 취지나 기대 효과보다는 당장 발생할 변화의 수고에 민감하게 반응한다.

그래서 현장에서는 "좋은 건 알겠는데 지금은 좀…" "조금만 더 여유 있을 때 얘기하죠" 같은 반응이 자연스럽게 나오는 것이다. 이것이 바로 현재지향편향이 조직 내에서 실제로 작동하는 모습이다.

이러한 인지적 성향을 고려하지 않으면, 아무리 정교한 제도나 전략도 '현장의 외면'을 받기 쉽다. 따라서 실무자나 리더는 제도 설계 초기부터 변화의 효과뿐만 아니라, 변화 과정에서 사람들이 느낄 불편과 저항을 줄이는 설계를 함께 고민해야 한다. 예를 들어, 제도 도입 전에 시범 기간을 두고 초기 성과를 빠르게 보여주거나, 실천 과정에서 불편을 줄이기 위한 임시 지원체계를 운영하는 것이 도움이 된다.

또한 미래의 편익은 되도록 구체적인 사례나 실명 후기 등을 통해 '감정적으로 가깝게' 전달하는 것이 효과적이다. 막연한 비전이 아니라, '이 팀은 벌써 변화로 이런 효과를 봤다'는 메시지를 주는 식이다.

결국 현재지향편향은 변화 자체를 거부하는 심리가 아니라, '지금의 나'를 방어하려는 인간의 본능적인 반응이다. 실무자는 이 반응을 억누르기보다는, 그것을 이해하고, 그 위에 설계를 더하는 전략을 가져야 한다. 변화는 미래를 설계하는 일인 동시에, 현재의 감정을 설득하는 일이기 때문이다.

두번째는 '심리적 거리감'이다.

사람은 자신에게 물리적으로, 시간적으로, 사회적으로 멀리 떨어진 대상을 덜 현실적이고 추상적으로 느끼는 경향이 있다. 이 심리적 거리감

(Psychological Distance)은 우리가 어떤 사건이나 선택을 얼마나 '실제로 일어날 일'로 받아들이는지를 좌우하는 중요한 심리 작용이다. 이 이론은 뉴욕대학교의 Yaacov Trope와 텔아비브대학교의 Nira Liberman이 공동으로 연구한 것으로, 대표 논문은 2003년에 Psychological Review에 실린 "The psychology of intertemporal discounting : Why distant events feel less real"이다.

연구자들은 심리적 거리를 크게 네 가지로 설명한다. 첫째, 시간적 거리는 사건이 현재에서 얼마나 떨어져 있는지를 의미하며, 미래일수록 행동은 덜 구체적으로 느껴진다. 둘째, 공간적 거리는 물리적 거리를 의미하며, 멀리 있는 장소에서 벌어지는 일은 나와 무관하다고 느낄 가능성이 높다. 셋째, 사회적 거리는 타인이 나와 얼마나 가까운 관계인가에 따라 반응이 달라지는 것을 말한다. 마지막으로, 가상적 거리는 일이 실제로 일어날 가능성이 얼마나 높은가에 대한 인식이다. 가능성이 낮을수록 덜 신경 쓰게 된다.

이들은 이 이론을 뒷받침하기 위한 실험을 설계했다. 실험 참가자들에게 "친구를 도와주는 행동"이라는 문장을 제시한 후, 이 행동이 내일 일어날 것이라고 설명한 집단과, 6개월 뒤 일어날 것이라고 설명한 집단으로 나누었다. 그리고 각 집단에 "이 행동을 왜 하는가"와 "어떻게 하는가"에 대한 생각을 자유롭게 기술하게 했다.

그 결과는 명확했다. 가까운 시점으로 설정된 집단은 '어떻게 도울 것인가'를 더 구체적으로 묘사했다. 반면, 먼 미래로 설정된 집단은 '왜 도와야 하는가'라는 동기나 가치를 중심으로 설명했다. 즉, 시간적으로 가까운 일은 구체적인 행동으로, 먼 일은 추상적 개념으로 인식된다는 결론이었다.

세번째는 '정체성 위협'이다.

사람에게 있어 자신이 누구인가라는 인식, 즉 정체성(Identity)은 단순한 자기소개 이상의 의미를 지닌다. 정체성은 개인이 자존감을 유지하고 소속감을 느끼며, '내가 이곳에서 어떤 역할을 하고 있는가'를 인식하는 핵심 기반이다. 그런데 이 정체성이 의심받거나, 무시되거나, 훼손된다고 느끼는 순간, 사람은 방어적이 되거나 조직과의 연결을 끊으려는 행동을 보이게 된다. 이를 정체성 위협(Identity Threat)이라고 한다.

이 개념은 미국 미시간대학의 Blake Ashforth 교수와 Glen Kreiner 교수가 발표한 논문 "How Can You Do It? : Dirty Work and the Challenge of Constructing a Positive Identity"(Academy of Management Review, 1999)에서 구체화되었다. 이들은 특히 '외부로부터 낮게 평가되는 직무'에 종사하는 사람들이 자신의 직무 정체성을 유지하기 위해 어떻게 심리적 방어를 하는가를 연구했다.

Ashforth와 Kreiner는 병원 소독노동자, 장례지도사, 감옥 교도관 등의 직업군을 연구 대상으로 삼았다. 이들은 직무 자체가 사회적으로 존중받지 못하거나 오해받는 환경 속에서, 어떻게 자기 정체성을 유지하려 하는지를 조사했다.

연구 방법은 심층 인터뷰 및 현장 관찰 방식이었고, 참여자들의 반응에서 공통된 패턴을 도출해냈다. 대부분의 참여자들은 외부 평가와 상관없이 자신의 일을 '의미 있는 일', '책임 있는 역할'로 재해석하려는 경향을 보였다. 그러나 이 해석이 깨지는 순간, 즉 정체성에 대한 위협이 가시화되는 순간, 사람들은 크게 다음 두 가지 방식으로 반응했다:

방어적 침묵(defensive silence) – 조직 내에서 더 이상 자신의 역할에 대해 목소리를 내지 않고, 스스로를 보호하려는 심리적 벽을 세움

이탈 행위(exit behavior) – 자존감 유지를 위해 조직과 거리를 두고 결국

이직이나 퇴사를 선택함

이 실험은 "정체성은 단지 개인의 내면 문제가 아니라, 조직의 환경과 언어, 리더의 메시지에 의해 흔들릴 수 있는 사회적 구조"라는 점을 강조한다.

4. 관련한 직장인 의식조사

※ 조사시기: 2024년 2월, 참여인원: 278명 [▲성별(남성 160명, 여성 118명)]

Q1. 지금까지 퇴사를 고려해 본 적이 있습니까?

"퇴사를 고려해 본 적이 있다"는 답변은 남성보다는 여성이 높았다(남76% VS 여90%). 반면, "한 번도 퇴사를 생각해 본 적이 없다"는 응답은 여성보다 남성이 더 높았다(남24% VS 여10%).

【표1】지금까지 퇴사를 고려해 본 적이 있습니까?

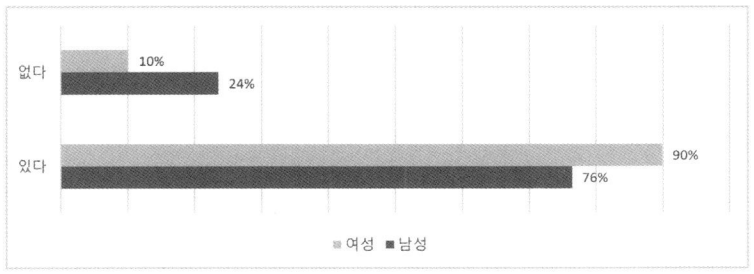

Q2. 퇴사를 생각해 본 적이 있다고 답한 분에게, 퇴사를 고민하게 만드는 이유는 무엇입니까?

퇴사를 생각하게 된 계기가 무엇인가에 대한 질문에 1위는 '성장에 대한 고민(18.6%)', 2위는 '의욕상실(15.6%)', 3위는 '회사의 장래성에 대한 불안(13.1%)', 4위는 '급여가 낮아서(8.9%)', 5위는 '인간관계(7.9%)'가 주요 원인인 것으로 나타났다.

【표2】 퇴사를 생각해 본 적이 있다고 답한 분에게 묻습니다. 퇴사를 생각한 계기는 무엇인가요? (복수응답)

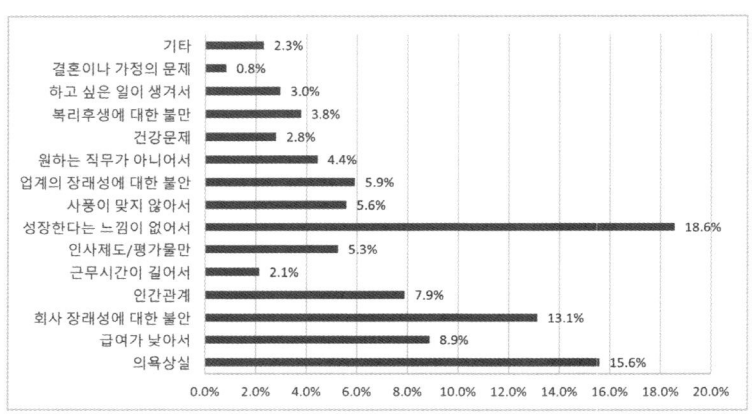

Q3. 퇴사를 밝히고 실제 퇴사까지의 기간은 어느 정도입니까?

퇴사를 통보하고 실제 퇴사까지 걸린 기간에 대해서는 1위가 '1개월 이내(49.3%)', 2위가 '퇴사 2개월 이내(29.7%)', 3위가 '2주 이내(12.7%)'의 순으로 나왔다.

【표3】 퇴사를 밝히고 실제 퇴사까지의 기간은 어느 정도입니까?

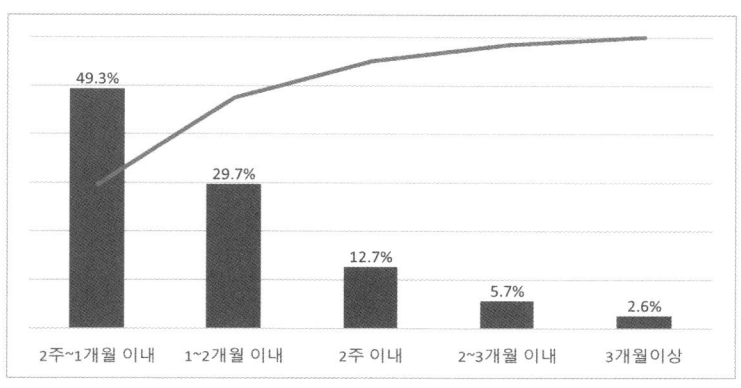

Q4. 직장 동료의 퇴사에 대해 불만을 느낀 적이 있습니까?

"직장 동료의 퇴사에 대해 불만을 느낀 적이 있느냐?"는 질문에 대해서는 '있다(56%)'가 '없다(44%)보다 12% 더 높게 나왔다.

【표4】 직장 동료의 퇴사에 대해 불만을 느낀 적이 있습니까?

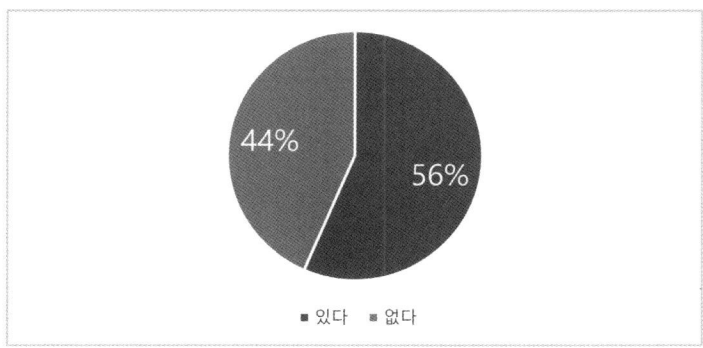

Q5. 불만을 느낀 적이 있는 분에게 묻습니다. 어떤 불만이었나요? (복수응답)

직장 동료의 퇴사에 대해 불만을 느낀 이유가 무엇이냐는 질문에 대해서는, 1위가 '너무 급한 퇴사'(26.8%), 2위가 '인수인계자의 부재'(24.2%)'를 지목했으며, '퇴사통보 후의 태도(19.1%)'가 그 뒤를 따랐다.

【표5】 불만을 느낀 적이 있는 분에게 묻습니다. 어떤 불만이었나요? (복수응답)

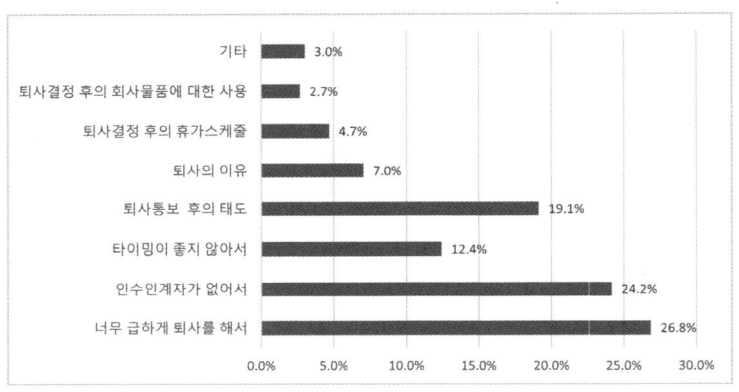

5. 의식조사 결과가 주는 힌트

퇴사율이 높아지면 조직은 보통 급여를 올리거나 복지를 손본다. 그러나 이번 서베이 결과는 전혀 다른 방향을 시사한다. '왜 떠나는가'보다 중요한 질문은 '왜 아직도 머물고 있는가'라는 것이다. 많은 구성원이 퇴사를 고려한 적이 있다고 응답했지만, 이들이 실제로 회사를 떠나지 않은 이유는 단순한 조건 때문만이 아니다. 그 안에는 정서적 애착, 팀에 대한 책임감, 자신만의 서사, 미래에 대한 기대 등 보이지 않는 심리적 요인들이 숨어 있다.

첫 번째 문항에서 응답자의 대다수(남성 76%, 여성 90%)가 '퇴사를 고려한 적이 있다'고 답했다. 이는 조직 내 대다수 구성원이 한 번쯤 이탈을 고민해본다는 사실을 보여준다. 그런데 정작 조직이 주목해야 할 것은 퇴사를 생각한 이들이 왜 여전히 '남아 있는가'라는 질문이다.

퇴사를 고민한 이유는 '성장에 대한 고민'(18.6%)과 '의욕상실'(15.6%), 그리고 '장래성에 대한 불안'(13.1%) 등이 상위권을 차지했다. '급여'나 '인간관계'는 오히려 그 뒤를 이었다. 이는 사람들이 회사를 떠나는 결정적 계기가 단순한 외적 조건이 아니라, 개인의 성장에 대한 기대가 무너질 때, 혹은 일에 대한 의미를 상실했을 때라는 점을 보여준다.

퇴사 의사를 밝히고 실제 퇴사까지 걸리는 기간 역시 중요한 단서다. 응답자의 약 80%가 2개월 이내에 퇴사를 실행한다고 답했다. 이는 조직이 구성원의 '이탈 시그널'을 빨리 포착하고 개입하지 않으면, 실제 행동까지 매우 짧은 시간 안에 이어질 수 있다는 경고다.

또 하나 흥미로운 점은 '동료의 퇴사에 대한 불만'이다. 56%가 동료의 퇴사에 대해 불만을 느낀 적이 있다고 답했으며, 그 이유는 '너무 급한 퇴사', '인수인계 미흡', '퇴사 통보 후 태도' 등이었다. 이는 조직 내에서 퇴사가 단순한 개인 선택이 아니라, 팀 전체의 심리적 동요와 신뢰에 영향을 주는 사건임을 보여준다.

결국 이 서베이는 다음과 같은 인사이트를 제공한다. 조직이 잔류율을 높이고 싶다면, 떠나는 사람의 조건을 바꾸는 것이 아니라, 머무는 사람의 이유를 설계해야 한다. '남아서 다행이다'는 감정을 어떻게 설계할 것인가, '지금 여기서 일하는 이유'에 대한 서사를 어떻게 만들어줄 것인가가 핵심이다. 이는 급여와 복지의 문제가 아니라, 정서적 유대와 자기서사의 문제다.

6. 참고할 만한 실전사례

사례 1 : 링크드인(LinkedIn) - 정체성 연결을 통한 이직률 방어

실리콘밸리는 수많은 인재가 모이는 곳이지만, 동시에 가장 빠르게 인재가 떠나는 곳이기도 하다. 그 속에서 링크드인은 예외적으로 이직률이 낮은 기업으로 알려져 있다. 고연봉과 복지 혜택이 넘치는 시장에서도 사람들을 조직 안에 머물게 하는 데 성공한 이유는, '정체성 연결'을 조직의 중심에 두는 특별한 인사 철학 때문이다.

링크드인은 구성원이 조직에 머무는 가장 강력한 동기를 '회사에 대한 충성'이 아니라 '자기 자신에 대한 연결감'에서 찾는다. 이들은 구성원이 스스로의 성장과 조직의 방향성이 어떻게 교차하는지를 지속적으로 인식할 수 있도록 인사제도를 설계한다.

가장 대표적인 제도가 '연간 성장 선언서(Growth Declaration)'다. 매년 초가 되면, 각 구성원은 단순히 KPI나 실적 목표를 세우는 것이 아니라, 스스로에게 한 가지 질문을 던진다.

"나는 올해 어떤 사람이 되고 싶은가?" 이 질문은 단순히 추상적인 포부를 나열하는 것이 아니라, 구성원 각자가 자기 정체성을 기반으로 목표를 설정하게 만든다. 어떤 이는 "보다 전략적인 시각을 가진 리더가 되고 싶다"고 적고, 또 어떤 이는 "사람들과 소통이 잘 되는 동료"라는 정체성을 지향한다.

이후 해당 선언은 리더와의 분기별 피드백 대화 속에서 살아 움직이게 된다. 링크드인의 리더들은 단순한 실적 리뷰 대신, 매 분기 '정체성 기반 피드백(Identity-Driven Feedback)'을 제공한다. 예를 들어, 어떤 구성원이 "팀을 이끄는 리더가 되고 싶다"는 선언을 했다면, 분기 말 미팅에서 리더는 이렇게 말한다.

"이번 분기에 신규 프로젝트 PM을 맡은 일은 당신이 말했던 '이끄는 역할'을 실현한 좋은 사례였어요. 특히 회의에서 팀 의견을 조율한 방식이 리더십 성장을 보여준다고 생각합니다." 이러한 구체적이고 정체성에 맞춘 피드백은, 단순한 평가나 칭찬을 넘어, '이 조직 안에서 내가 성장하고 있다'는 감정적 연결감을 만들어낸다. 구성원은 자신이 조직 안에 있다는 사실만으로 자존감이 채워지는 것이 아니라, '내가 되고 싶은 사람'과 '지금의 나'가 조직 안에서 연결되고 있다는 감각을 경험하게 되는 것이다.

링크드인은 이러한 제도를 넘어, 조직 내 스토리텔링 전략도 함께 활용한다. 내부 뉴스레터나 타운홀 미팅에서 자주 등장하는 콘텐츠는 화려한 성과보다, 평범한 직원이 조직 안에서 경험한 작은 성장의 여정이다. "입사 3년 차에 이직을 고민했지만, 조직 안에서 나의 경로를 다시 발견했다", "성과는 부족했지만, 나의 관심사가 존중받는 곳이라는 느낌에 머무르게 되었다"와 같은 이야기들이 반복적으로 등장한다.

이러한 이야기 구조는 다른 구성원에게도 감정적 울림을 준다. "나도 그런 적이 있었는데." "저런 고민, 나도 느끼고 있었지." "우리 조직 안에서는 저런 회복과 전환이 가능한가 보네." 그 결과, 구성원들은 단순히 연봉이나 혜택으로 연결되어 있는 것이 아니라, 자신이 걷고 있는 인생 여정이 이 조직과 맞닿아 있다는 인식을 하게 된다.

링크드인의 핵심 철학은 명확하다. "사람은 조직에 충성해서 머무는 것이 아니라, 자기 자신의 의미를 그 조직 안에서 찾을 수 있을 때 머무른다." 조직이 구성원을 오래 붙잡고 싶다면, 그 사람에게 질문해야 한다. "당신은 어떤 사람이 되고 싶은가?" 그리고 그 답을 조직 안에서 실현할 수 있도록 돕는 구조를 만들어야 한다. 그것이 진짜 '조직몰입 설계'의 시작이다.

사례 2 : 국내기업 L사 – '머무를 이유'를 상시 확인하는 전략

국내 유통 대기업 L사는 한때 국내 업계에서 가장 주목받는 성과 기업 중 하나였다. 신사업 진출, 디지털 전환, ESG 경영 도입 등 외부 성과지표는 늘 안정적이었고, 직원 만족도 역시 중간 이상으로 평가되곤 했다. 하지만 정작 내부에서는 '조용한 이직 대기자' 문제가 심화되고 있었다.

사표를 내는 직원은 예년 수준이었지만, 인사팀은 알게 모르게 이직을 준비하고 있는 중간 관리자, 3~5년차 핵심 인재들이 꾸준히 늘고 있다는 걸 감지했다. 성과는 양호했지만, 팀 회의에서의 존재감이 줄고, 연말 피드백에서도 "더 이상 이곳에서의 내 성장이 그려지지 않는다"는 말이 등장하기 시작한 것이다.

L사의 인사팀은 이 문제를 단순히 연봉, 복지, 팀장 리더십 같은 전통적 이탈 요인으로 해석하지 않았다. 퇴사 면담과 사후 인터뷰를 반복해도 본질은 드러나지 않았다. 문제는 이미 마음이 떠난 이들에게서 이유를 묻는 것 자체가 늦었다는 판단이었다.

그래서 그들은 새로운 질문을 던지기로 했다. "왜 떠나려는가?"가 아니라, "왜 아직 남아 있는가?" 이 질문에서 시작된 제도가 바로 '잔류 인터뷰(Retention Interview)'이다. 이 제도는 이직을 고민하고 있다는 신호가 명확하게 드러나지 않은 사람들에게 먼저 다가가, 조직이 직원의 '머무름의 이유'를 확인하는 것이다.

면담 내용은 단순히 근무 만족도를 묻는 것이 아니었다. "지금 이 조직에 계속 머물고 싶은 이유는 무엇인가요?" "최근 6개월간 가장 성장감을 느낀 순간은 언제였습니까?" "지금 이 조직이 당신의 커리어에 어떻게 기여하고 있나요?" 이러한 질문은 초기에 다소 어색하게 받아들여졌지만, 점차 직원들의 내면을 건드리는 방식으로 작용하기 시작했다.

예를 들어, 한 팀장은 이렇게 말했다. "성과는 꾸준히 내고 있었지만,

그게 나에게 어떤 의미인지 생각해본 적은 없었어요." 또 다른 실무자는 이렇게 답했다. "상사와 커리어에 대해 이야기해본 적이 없어요. 그냥 계속 바쁘게만 살고 있는 느낌이었죠." 이 인터뷰들을 통해 L사는 구성원 개개인의 '무언의 거리감', '성장에 대한 인식의 결핍', '정체성의 희미해짐' 같은 심리 신호들을 포착할 수 있었다. 이들은 퇴사라는 사건으로 표출되기 전의 심리적 전조 증상들이었다.

이후 인사팀은 이 자료를 바탕으로 두 가지 방향으로 대응을 설계했다.

첫째, 제도 중심 개편보다 정서 기반 커뮤니케이션을 강화했다. 연간 인사제도 발표보다 중요한 건 분기마다 구성원의 성장감각을 체크하는 구조라는 인식 아래, '성장 회고 미팅', '미니 커리어 토크', '팀 내 커리어 코칭데이' 같은 프로그램이 도입되었다.

둘째, 직속 리더의 역할을 '성과 관리자'에서 '커리어 내비게이터'로 전환하기 위한 가이드를 제공했다. 예를 들어, 평가 면담 시 "이번 프로젝트에서 당신이 얻은 경험은 어떤 커리어 자산으로 연결될 수 있을까요?" 같은 질문을 통해 직원이 스스로 경로를 해석할 수 있도록 유도했다.

이러한 변화는 가시적인 성과로 바로 이어지진 않았다. 퇴사율은 단기적으로 큰 폭의 감소를 보이지 않았지만, 이직 희망 여부를 묻는 조사에서는 뚜렷한 반전이 나타났다. "이직 고민은 했지만 지금은 그 시기가 아니다." "지금 내가 있는 곳에서 더 해볼 수 있다는 느낌이 들기 시작했다." 이 같은 응답 비율은 6개월 내 27% 증가했고, 특히 5년 차 이상 직원군에서 '지속 근무 의향' 비율이 30% 가까이 늘었다.

L사는 이 경험을 통해 확신하게 되었다. "사람은 보상이 아니라, '남

아 있는 이유'를 인식하는 순간에 머문다." 그 이유는 제도가 아니라, 정서적 맥락 속에서 만들어진다. 그리고 그 맥락은 '당신은 왜 아직 여기에 있는가?'라는 단순한 질문에서 시작된다.

7. 이렇게 해 보자!

첫째, '왜 떠나는가'보다 '왜 머무는가'를 질문하자.
퇴사자 면담뿐 아니라, 재직 중인 직원들에게도 정기적으로 "당신은 왜 이 조직에 남아 있습니까?"라는 질문을 던져보자. 복지나 급여 외에 기대감, 관계, 소속감 등 '감정의 이유'가 드러나면, 그것이 곧 조직이 유지해야 할 핵심 자산이다. 단순 만족도 조사보다 '심리적 잔류 요인'을 파악하는 인터뷰나 서술형 설문을 병행하자.

둘째, '남은 사람들'의 감정을 관리하자.
퇴사자보다 더 신경 써야 할 대상은 바로 옆자리의 동료일 수 있다. 한 명의 이탈이 남은 구성원에게 어떤 정서적 파장을 줬는지, 관계망은 어떻게 흔들렸는지를 살피자. 퇴사자가 발생한 팀에는 리더와 함께 잔류 구성원을 대상으로 감정을 점검하는 시간을 마련하고, '당신의 선택은 의미 있다'는 심리적 지지를 표현하는 자리를 갖도록 하자.

셋째, 잔류 이유를 제도에 반영하자.
사람들이 머무는 이유를 듣고 끝내지 말고, 그것이 유지되고 강화될 수 있도록 시스템화하자. 예를 들어 "이 팀의 문화가 좋아서 남는다"는 의견이 많다면, 그것을 체계화해 신입 온보딩에 반영하거나 팀 리더의 평가 항목에 포함시키면 좋다. 잔류의 감정적 이유를 제도화하는 것은,

퇴사를 줄이는 가장 현실적인 전략이다.

10장. 성장설계 : 커리어를 설계하는 조직의 기술

커리어는 흔히 개인의 책임이라 여겨진다. 하지만 실제로는 많은 사람들이 "어디로 가야 할지 몰라서" 멈춰 있다. 조직은 구성원에게 성장의 동기를 만들어주는 것이 아니라, '길을 함께 그려주는 설계자'가 되어야 한다. 직무를 맡겼다고 해서 경로가 생기는 것이 아니며, 제도를 만들었다고 해서 동기가 생기는 것도 아니다. 조직은 성장의 방향을 설계하고, 구성원은 그 길을 걸어가며 의미를 만들어간다. 커리어는 혼자 꾸는 꿈이 아니라, 함께 설계해야 하는 여정이다.

1. 상황 예시

국내 금융 플랫폼 기업 N사는 최근 몇 년간 업계에서 가장 빠른 속도로 성장한 회사 중 하나였다. 금융 서비스의 디지털 전환 흐름을 선점한 덕에 사용자 수는 폭발적으로 늘었고, 투자자들의 반응도 긍정적이었다. 언론에는 "차세대 핀테크 유니콘"이라는 표현이 자주 등장했고, 채용시장에서도 '가고 싶은 기업' 상위권을 차지했다.

하지만 내부에서 이상 신호가 감지되기 시작한 건, 작년 하반기부터였다. 한두 명의 퇴사 소식이 들릴 때만 해도 '이직 시즌인가 보다' 싶었지만, 두 달 사이 팀 리더 6명이 연달아 사표를 냈다. 전략기획팀, 데이터팀, UX실, 고객운영팀 등 부서도 다양했다.

문제는 이들이 모두 핵심 프로젝트를 이끌던 중간 관리자였다는 점이다. 그들은 현장에서 인정받는 '기둥' 역할을 해왔고, 성과 지표로도 높은 평가를 받아왔다. 인사실장과 경영진은 적잖이 당황했다. 퇴사 면담에서 가장 많이 들렸던 말은 다름 아닌 이거였다.

"일은 정말 많이 했어요. 그리고 잘하고 있다고도 들었죠. 그런데… 이 일이 내 커리어에 어떤 의미인지 모르겠어요."

"회사도 성장하고, 저도 바쁘긴 한데… 2년 뒤, 내가 여기서 어떤 사람으로 자라 있을지를 상상할 수가 없어요."

복지 때문도 아니었고, 성과급 때문도 아니었다. N사는 작년 한 해 업계 평균보다 12% 높은 인센티브를 지급했고, 교육 지원 제도도 확대했다. 그럼에도 떠나는 이들은 "나쁜 조건은 없었다"고 입을 모았다. 하지만 그 뒤에 따라붙은 말은 인사부서에 더 큰 충격을 주었다. "일을 그만두고 싶었던 게 아니라, 그냥 그 일이 '어디로 연결되는지'를 모르겠더라고요."

그 중 한 명인 박도현 팀장은 UX설계 파트를 맡아 매년 주요 앱 개편을 리드했던 인물이었다. 그는 마지막 퇴사 면담에서 이렇게 말했다. "이 회사에선 '성과'는 명확하게 말하지만, '경력'은 아무도 이야기하지 않아요. 매번 프로젝트가 쏟아지고, 새로운 일을 맡는데, 그게 내 이력서에서 어떤 의미인지, 다음 경로와 어떻게 이어지는지… 그걸 알려주는 사람이 없었어요. 그냥 '지금 잘하고 있으니까 계속 해줘'라는 말뿐이었죠."

이 말은 인사실장에게 깊은 인상을 남겼다. 프로젝트는 넘치고, 결과도 좋았지만, 사람들이 '길을 잃고 있다'는 신호였다. 특히 30대 중후반의 중간 관리자들이 "지금까지는 괜찮았지만, 앞으로는 모르겠다"는 이유로 이직을 선택하고 있었다. 이직자 대부분은 대기업이 아닌, '나의 성장과 연결되어 있다고 느껴지는 환경'을 가진 스타트업이나 외국계 기업으로 옮겨갔다.

인사팀은 내부 구성원 100여 명을 대상으로 심층 인터뷰를 진행했다. 그 결과는 놀라웠다.

"승진이 중요한 게 아니라, 어떤 경험을 더 쌓을 수 있을지가 궁금해요." "지금 잘하고 있긴 한데, 내가 무엇이 되고 있는지는 솔직히 모르겠어요." "피드백은 많은데, 그게 내 커리어에 어떤 의미인지는 아무도 말해주지 않아요."

결국 문제는 단순히 '동기부여'가 아니라, 성장의 내러티브가 조직 안에 부재하다는 데 있었다.

사람들은 일이 싫어서 떠난 게 아니었다. 일이 끝났을 때 무엇이 연결되는지, 그 경험이 어떤 '경력의 재료'가 되는지를 아무도 설명해주지 않았기 때문에, 스스로 방향을 찾아 떠난 것이었다.

퇴사자 중 한 명이 마지막 메일에 남긴 한 줄은 인사실 전체를 조용히 만들었다. "일도 좋았고, 사람들도 괜찮았어요. 근데… 내가 이곳에 계속 있어야 할 이유를 찾기 어려웠어요. 그래서 떠나기로 했습니다."

이후 N사의 인사팀은 공식 회의에서 다음과 같은 문장을 발표했다. "우리는 성과를 말해왔고, 보상을 설계해왔지만, 이제는 '사람의 성장'을 말해야 할 시점입니다."

2. 이런 일이 일어나는 이유

많은 조직은 입사 초기에는 꽤 정성스럽게 사람을 맞이한다. 신입 온보딩 교육, OJT, 멘토링 시스템, 초반 적응을 돕는 다양한 제도들이 마련되어 있고, 팀장과 동료들도 처음 몇 주간은 세심하게 신경을 쓴다. 이 시기에는 구성원 본인도 배우고자 하는 열의가 크고, 조직도 "지금 이 사람을 우리 조직에 잘 정착시켜야 한다"는 의식이 있다.

하지만 일정 시간이 지나면 상황은 달라진다. 구성원이 어느 정도 역할을 수행하게 되고, '업무에 익숙해졌다'고 판단되는 순간부터 조직은 그의 '과정'보다 결과만을 보기 시작한다. 이때부터 구성원의 성장 경로는 제도나 구조보다는 '운'이나 '사람'에 의해 좌우된다. 누구를 리더로 만나는가, 어떤 부서에 배정되는가, 프로젝트 기회가 어떻게 주어지는가에 따라 커리어의 질이 크게 달라진다.

그런데 이 차이는 눈에 잘 드러나지 않는다. 연봉도 비슷하고, 성과도 나쁘지 않으며, 상사나 동료와의 갈등도 없다. 하지만 어느 순간부터 구성원은 마음속에 묘한 불안함을 품기 시작한다.

"나는 잘하고 있긴 한데, 지금 이게 커리어로 이어지고 있는 걸까?"
"성과는 내고 있지만, 내가 무엇이 되어가고 있는지 모르겠다."
"앞으로 2년, 3년이 지나면 나는 어떤 사람으로 설명될 수 있을까?"

이런 감정은 겉으로 드러나지 않는다. 불만도, 충돌도 없기 때문에 주변에서는 눈치채지 못한다. 하지만 심리적인 거리두기가 시작되고, '회사에 대한 애착'은 점점 약해진다. 이 시기의 구성원은 스스로의 경력을 설계하고 싶은 욕구가 생기지만, 조직에서는 이를 도와줄 구조가 없다. 커리어 코칭, 경력 전환 설계, 내러티브 기반의 피드백 등은 거의 제공되지 않고, 대부분은 "성과를 내면 언젠가 기회가 올 것"이라는 막연한 기대 속에 방치된다.

하지만 성장이라는 감각은 단순히 '성과'만으로는 체감되지 않는다. 성과는 눈앞의 결과이지만, 성장은 그 성과가 '어디로 이어지는지', '무엇이 되고 있는지'를 설명해주는 과정이다. 구성원이 자기 성장의 궤도를 스스로 조망하지 못하면, 반복되는 업무 속에서 '소진(burnout)'되기 쉽다. 특히 3~7년 차 사이의 경력 구성원은 이 시점에서 이직을 고민하게 된다. 조직이 그에게 어떤 미래를 약속해주는지 보이지 않는다면, 그 사람은 더 이상 현재에 몰입할 이유를 잃게 된다.

결국 구성원이 떠나는 이유는 하나의 명확한 문장으로 귀결된다. "나는 이 조직 안에서 성장하고 있다는 느낌을 받을 수 없었습니다." 이 한 문장 속에는 수많은 신호가 포함돼 있다.

- 내가 어떤 방향으로 가고 있는지 설명해주는 사람도 없고,
- 나의 성과가 어떤 '커리어의 연결고리'로 해석되고 있는지도 모르겠으며,
- 나의 일에 '미래적 의미'를 부여해주는 시스템도 없다는 감각.

그래서 사람들은 일을 그만두는 게 아니라, '나를 성장시키지 않는 환경'에서 조용히 빠져나오는 것이다. 그리고 그 이탈은 예고 없이, 질문 없이, 조용하게 일어난다.

3. 행동경제학으로 보는 조직심리

N사에서 발생한 사건은 다음 세 가지 행동경제학적 관점에서 해석할 수 있다.

첫번째는 '부여된 진행효과'다.
사람들은 어떤 과제가 시작될 때, 실제 진척이 없더라도 "이미 일정 부분 진행되었다"고 느끼면 더 큰 동기를 갖고 행동을 지속한다. 이를 행동경제학에서는 부여된 진행효과(Endowed Progress Effect)라고 부른다. 이 개념은 Nunes와 Drèze의 연구(2006)에서 실증적으로 입증되었다.

연구팀은 미국의 한 세차장에서 고객들에게 스탬프 카드 두 가지 유형을 나눠주었다. 한 그룹은 10번 세차하면 1회 무료 혜택을 받는 카드(0/10), 다른 그룹은 12번 중 2번은 이미 찍혀 있는 카드(2/12)를 받았다. 실질적으로 두 그룹 모두 같은 수준의 과업이 요구되었지만, 두 번째 그룹은 첫 번째 그룹보다 재방문률이 82%나 높았고, 완료 시간도 더 빨랐다. 고객들은 "이미 2칸이 채워져 있는 상태"에서 시작되었다는 점에서 심리적 진척감을 느꼈고, 이는 행동 유지 동기로 작용한 것이다.

이 원리는 조직 내 성장 설계에도 그대로 적용된다. 구성원에게 커리어 설계나 경력 개발 로드맵을 제공할 때, '이미 어느 정도 성장 궤도에 올라와 있다'는 인식을 심어주면 동기 부여에 유리하다. 예컨대 사내 커리어 레벨 제도에서 입사 6개월 만에 '기본 인증'을 부여하거나, 1년 차에 개인 성장 히스토리를 정리해주는 것은 구성원에게 "나는 이미 성장 여정을 시작했다"는 감각을 제공한다.

성장의 시작점이 막막하게 보이지 않도록, 초기 성과를 시각적으로 강조하거나 초기 기여에 대해 구체적인 피드백을 제공하는 것도 하나의 방법이다. 이는 성과와 무관하게, 구성원에게 성장에 대한 긍정적 착각을 심어주며, 몰입과 잔류에 효과적으로 작용한다.

두번째는 '목표 구체성 효과'이다.

사람은 목표에 가까워질수록 더 빠르게, 더 집중해서 행동하는 경향이 있다. 이 심리를 행동경제학에서는 목표 구체성 효과(Goal Gradient Effect)라고 부른다. Hull(1932)의 동물 실험에서 출발한 이론으로, 쥐가 먹이에 가까워질수록 속도가 빨라지는 현상을 관찰한 데서 시작되었다. 이후 Kivetz, Urminsky, & Zheng(2006)의 연구에서 인간 행동에도 이 원리가 유사하게 적용된다는 사실이 밝혀졌다.

연구팀은 커피 스탬프 카드 실험을 통해 이를 검증했다. 두 그룹에게 각각 10회 구매 시 무료 음료 제공 카드를 나눠주되, 한 그룹은 '8회 남음', 다른 그룹은 '4회 남음' 상태에서 시작하게 했다. 이후 고객의 구매 속도를 추적한 결과, 목표에 가까운 고객일수록 방문 간격이 짧고, 스탬프를 더 빠르게 채우려는 경향이 뚜렷하게 나타났다. 즉, 사람은 목표 달성 직전일수록 심리적 속도감이 상승한다.

조직 내 성장 설계에서도 이 효과는 매우 유용하다. 만약 구성원에게 성장 경로를 제공하되, 각 단계가 너무 멀거나 추상적이라면 몰입은 떨어진다. 반대로 "이번 분기에 무엇을 달성하면 다음 단계로 넘어가는지"를 명확히 제시하고, 작은 성취 단계를 자주 설정하면 구성원은 목표를 향한 행동을 가속화하게 된다. 예컨대, 리더 후보군을 위한 '6개월 피드백 챌린지', '1년 차 3가지 성장 경험 체크리스트' 등은 구성원으로 하여금 자신의 커리어 여정이 구체적인 목표를 따라가고 있다는 실감을 주며, 조직에 머무르는 이유를 명확하게 만들어준다.

세번째는 '자기완결성 추구 이론'이다.

사람은 자신의 정체성과 일치하는 이미지를 사회적으로 인정받을 때 심리적 만족을 느낀다. 반대로, 자신이 지향하는 정체성과 조직의 역할이나 피드백이 어긋날 경우, 심리적 불일치로 인해 이탈을 고민하게 된다. 이는 Wicklund과 Gollwitzer(1982)의 자기완결성 이론(Self-Completion Theory)과 Swann(1983)의 자기검증 이론(Self-Verification Theory)에서 설명된다.

Wicklund와 Gollwitzer는 한 실험에서 참가자들에게 특정 직업 정체성(예: 교사, 리더 등)을 상기시키고, 그에 부합하는 행동 기회를 제한한 상황을 만들었다. 그 결과, 정체성 표현을 차단당한 참가자들은 심리적으로 좌절감을 느꼈고, 이후 더 강하게 자신의 정체성을 드러내려는 행동을 보였다. 이 실험은 사람이 자신이 되고 싶은 모습이 인정받지 못할 때 얼마나 쉽게 심리적 이탈을 겪는지를 보여준다.

Swann은 또 다른 연구에서 사람은 긍정적 피드백보다, 자신의 정체성과 일치하는 피드백을 더 신뢰하고 선호한다고 밝혔다. 예를 들어, 스스로를 '분석가형'이라고 믿는 사람은 '창의적이다'라는 피드백보다 '논리적이다'라는 피드백에 더 높은 신뢰와 몰입을 보이는 것이다.

조직 내 성장 설계에서는 이 이론들이 중요한 시사점을 준다. 구성원에게 단순한 직무 역할보다, "당신은 어떤 사람인가?"에 대한 탐색과 인정이 병행되어야 지속 가능한 몰입이 가능하다는 뜻이다.

리더는 구성원에게 직무 중심의 피드백뿐 아니라, 개인 정체성과 연결되는 언어(예: "당신은 팀을 안정시키는 존재예요", "당신의 전략적 사고는 조직에 방향성을 줍니다")를 통해 정체성 확인의 기회를 제공해야 한다. 이런 구조가 쌓일 때, 구성원은 "이 조직은 내가 누구인지 알고 있다"는 감각을 갖게 되고, 이는 장기적 조직 잔류로 이어진다.

4. 관련한 직장인 의식조사

※ 조사시기: 2025년 7월, 참여인원: 496명 [▲성별(남성 338명, 여성 158명) ▲직위별(팀원 378명, 팀장급이상 118명) ▲연령대(20-30대 297명, 40대 134명, 50-60대 65명)]

Q1. 귀하는 본인의 커리어를 위한 자기계발을 얼마나 하고 있습니까?

본인의 자기계발의 정도를 물어보는 질문에 대해 적극적(26.0%)이라는 의견이 소극적(18.5%)이라는 의견보다 더 많이 나왔다.

【표1】 자기계발의 적극성을 나타내는 그래프

Q2. 자기계발을 하는 이유는 무엇입니까? (복수선택)

자기계발의 이유로는 1위 직무수행능력의 향상(42.3%) 2위 자기만족(24.4%) 3위 새로운 직무나 역할로의 전환(18.5%) 4위 승진이나 지위상승(14.8%)의 순으로 나타났다. 이러한 흐름은 자기계발에 적극적인 사람이나 소극적인 사람이나 비슷한 생각을 가지고 잇는 것으로 드러났다.

【표2】 자기계발의 이유

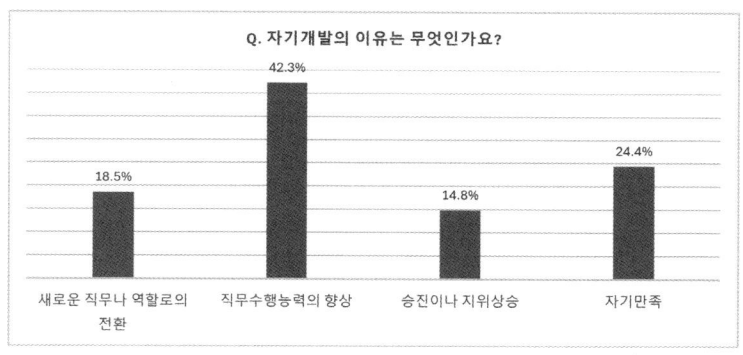

Q3. 회사의 교육기회의 지원에 대한 귀하의 생각은 어느 쪽입니까?

교육에 대한 회사지원에 있어서 불만(23.4%)이 만족(14.5%)보다 2배 더 많은 것으로 나타났다. 이를 실적상승의 기업과 실적하락의 기업으로 나누어서 분석해 보았더니, 실적상승에서는 불만VS만족(40.9%VS59.1%), 실적하락에서는 불만VS만족(73.7%VS26.3%)의 순으로 나타났다. 실적이 하락하고 있는 기업에서 교육지원에 대한 직원불만이 훨씬 강하게 일어나고 있음을 알 수가 있었다.

【표3】 회사는 직원에게 교육기회를 어느 정도 지원하는지를 물었다.

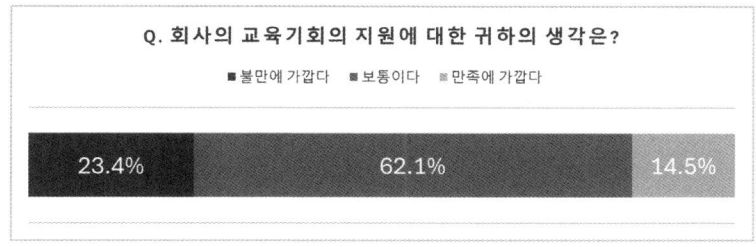

【표4】 회사 실적과 교육기회의 지원에 대한 관계를 알아보았다.

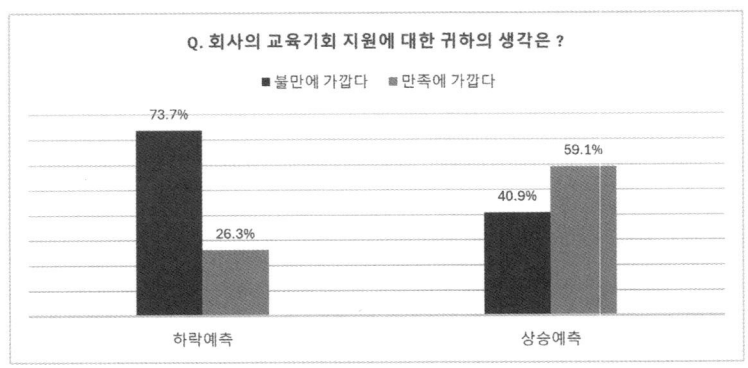

Q4. '불만에 가깝다'고 답한 분에게 묻습니다. 이유는 무엇입니까? (주관식)

회사의 교육기회 지원에 대해 불만이라고 응답한 사람들을 대상으로 그 이유를 물어보았다. 주관식 서술형 응답을 AI를 이용하여 같은 뉘앙스를 가진 답변의 숫자로 나누어서 분석해 보았더니, 1위 교육기회 자체가 부족하다 56%, 2위 각자의 다양한 이유(34%)의 순으로 나타났다. 그래프의 하단에 관련된 의견을 몇 개만 올려보면 이하와 같다.

【표5】 회사지원의 교육에 대한 불만을 나타내는 그래프

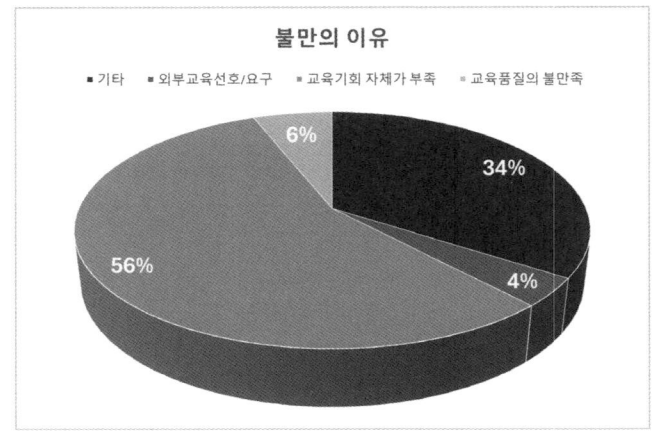

- 교육기회를 제공한다고 하는데, 실제로 어디서 어떻게 교육신청을 해야하는지. 무엇을 교육을 받을수있는지 등 관련 내용이 아무것도 없어 오히려 어디서부터 누구에게 문의해야하는지도 모르는 상황이다.
- 교육 관련 지원이 전무하다. 사내교육은 제한적이고 그마저 자유롭게 수강할 수 있는 것이 아니라 팀장의 결재가 필요하다. 자격증이나 어학 성적 취득 비용의 지원이나 사내 오프라인 교육이 다양해졌으면 좋겠다.

Q5. '만족에 가깝다'고 답한 분에게 묻습니다. 이유는 무엇입니까? (주관식)

회사의 교육기회 지원에 대해 만족이라고 응답한 사람들을 대상으로 그 이유를 물어보았다. 여기도 마찬가지로 주관식 서술형 응답을 AI를 이용하여 같은 뉘앙스를 가진 답변의 숫자로 나누어서 분석해 보았다. 그랬더니 1위는 교육기회 다양과 자율성 보장(41%) 2위 각자의 다양한 이유(34%) 3위 교육만족 및 성과체감(17%)의 순으로 나타났다. 그래프의 하단에 관련된 의견을 몇 개만 올려보면 이하와 같다.

【표6】 회사지원의 교육에 대한 만족을 나타내는 그래프

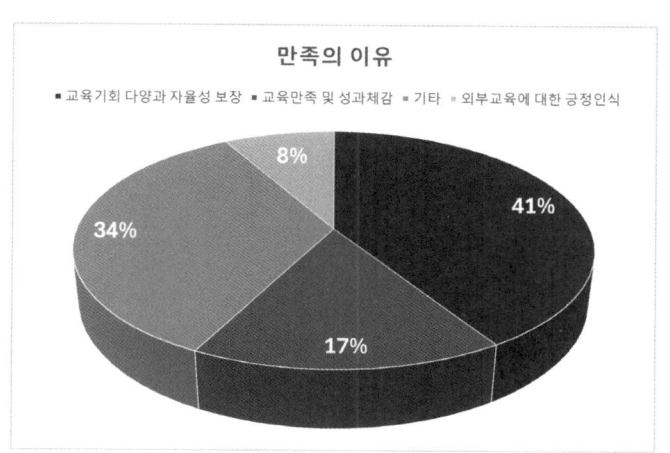

- 주기적인 포럼과 적극적인 교육 문화로 견해를 넓힐 수 있어 좋다
- 실제로 여태 참석했던 교육 전부 만족스러웠고 업무 능률 향상에 도움을 많이 받았다.
- 사내 교육이 활발하게 이루어지고 있기 때문이다. 다양한 교육 프로그램과 학습 기회가 지속적으로 제공됨으로써, 직원들이 업무 역량을 향상시키고 최신 트렌드와 지식을 습득할 수 있는 환경이 조성되고 있으며, 이러한 교육 문화는 개인의 성장뿐만 아니라 조직 전체의 경쟁력을 높이는 데에도 중요한 역할을 한다고 생각한다.

5. 의식조사 결과가 주는 힌트

이번 서베이는 조직에서 커리어 설계를 어떻게 바라봐야 하는지에 대해 중요한 시사점을 던진다. 특히 '조직이 성장의 동기를 부여하는 존재인가'라는 질문에 대해 구성원들은 매우 분명한 반응을 보였다.

첫 번째로 주목할 점은, 자기계발에 대해 '적극적'이라는 응답이 '소극적'이라는 응답보다 높았다는 점이다(26.0% vs 18.5%). 이는 구성원 스스로도 성장의 필요성을 인식하고 있으며, 그들이 성장을 멈추는 이유는 의지가 아니라 방향과 기회의 문제일 수 있음을 보여준다.

두 번째는 자기계발의 이유다. '직무수행능력 향상'과 '자기만족'이 상위를 차지했고, 그 다음으로는 '역할 전환'과 '승진'이 이어졌다. 즉, 사람들은 경쟁을 위한 승진보다는, 자신의 능력과 경로를 가꿔나가는 과정에 더 큰 가치를 두고 있다는 점이 드러났다. 커리어는 더 이상 위로만 향하는 사다리가 아니라, 개인화된 여정이며, 조직은 이를 지원해야 할 '가이드'인 셈이다.

가장 주목할 대목은 교육기회에 대한 회사지원 만족도이다. 전체적으

로는 불만족 비율(23.4%)이 만족(14.5%)보다 높았지만, 실적상승 기업에서는 만족도가 높고, 실적하락 기업에서는 불만이 압도적이라는 대조적인 결과가 나왔다. 이는 성장에 투자하는 조직일수록 실적도 좋아질 가능성이 크다는 인과적 시그널로 해석할 수 있다. 결국 교육은 비용이 아니라 성과에 대한 선행 투자라는 뜻이다.

주관식 응답을 분석하면 그 원인은 더 분명해진다. 불만족 응답자들은 '교육기회 자체 부족'과 '접근의 불명확성'을, 만족 응답자들은 '다양성과 자율성', '체감성과'를 강조했다. 특히 불만 응답 중에는 "무엇을 신청해야 할지 모르겠고, 누구에게 물어야 하는지도 모른다"는 피드백이 많았다. 이는 조직이 제도를 갖췄다는 사실만으로는 구성원이 그 제도를 실제로 '느끼고 활용하게 만드는 설계'에는 실패하고 있다는 방증이다.

반대로 만족한 구성원들은 단지 교육이 많아서가 아니라, 그 교육이 자신의 커리어와 연결되어 있고, 실질적인 도움을 준다는 점에서 높은 평가를 내렸다. 교육의 양이 아니라, 타이밍과 맥락, 설계 방식이 중요하다는 것을 입증한 결과다.

이 서베이가 던지는 결정적 메시지는 이렇다. 조직이 커리어 성장을 지원하지 못한다 하더라도 직원들은 당장 회사를 떠나지는 않는다. 하지만 그때부터 회사를 '내 미래와 무관한 존재'로 느끼기 시작한다. 문제는 이탈보다 더 빠른 심리적 거리감이다. 조직이 구성원의 미래를 함께 설계하는 동반자가 될 때, 진짜 잔류와 몰입이 시작된다.

6. 참고할 만한 실전사례

사례1 : 아마존(Amazon) – Career Choice 프로그램과 직무 외 성장 지원

아마존은 빠르게 성장하는 글로벌 테크 기업이지만, 특히 물류센터나 고객지원 부서 등에서 근무하는 직원들의 이직률이 높다는 문제를 일찍부터 인식하고 있었다. 단순히 임금을 올리는 것으로는 잔류율을 높이기 어려웠고, 직원 스스로 "이곳에서 성장하고 있다"는 감각을 느끼지 못한다면 오래 머물지 않는다는 점이 문제의 핵심이었다.

이를 해결하기 위해 아마존이 도입한 것이 바로 'Career Choice' 프로그램이다. 이 프로그램의 핵심은, 구성원이 현재 조직에 남아 있는 동안 장기적으로 자신의 커리어를 스스로 준비할 수 있도록 돕는다는 점이다. 단순히 내부 교육을 제공하는 것이 아니라, 외부 기술 학교나 전문 교육기관, 자격증 과정, 심지어 대학 등록까지도 포함하여, 직원이 희망하는 미래 경로에 필요한 학습 비용의 95%를 회사가 지원해주는 구조다.

예를 들어, 물류센터에서 일하는 한 직원이 간호조무사 자격을 취득하고자 한다면, 아마존은 인근 커뮤니티 칼리지와의 협약을 통해 수업료와 교재비 대부분을 지원한다. 또 어떤 직원은 IT 코딩 과정을 이수한 뒤, 아마존 내 기술직무로 전환한 사례도 있다. 즉, 이 프로그램은 "당신이 아마존을 떠나더라도, 우리는 당신의 미래를 돕는다"는 태도에 기반하고 있으며, 오히려 이 진심이 신뢰와 몰입을 강화하는 효과를 낳는다.

아마존은 Career Choice를 단순한 복지 혜택이 아니라 전략적 성장 설계 도구로 보고 있다. 초기 기획 단계에서는 이직률이 높았던 직군에 먼저 시범 도입했으며, 구성원의 실제 커리어 이행 과정을 정기적으로 추적·관리했다. 이후 수년간의 운영 데이터를 통해 확인된 바에 따르면,

이 프로그램에 참여한 직원 중 약 50% 이상이 외부로 나가지 않고 아마존 내부의 다른 포지션으로 이동하거나, 재직 기간이 평균 1.8배 길어지는 효과를 보였다고 한다.

특히 인상적인 점은, 이 프로그램에 대한 구성원의 반응이다. 많은 직원이 "이 제도 때문에 회사를 다시 보게 됐다", "조직이 나의 미래를 존중하고 있다는 것을 처음 체감했다"는 피드백을 남겼고, Career Choice 자체가 아마존의 '좋은 고용주' 이미지 형성에도 중요한 기여를 하고 있다.

아마존의 이 사례는 성장 설계를 '조직내 사다리'에 국한하지 않고, 구성원이 바깥 세상을 향해 나아가는 길까지 설계의 일부로 포함시켰다는 점에서 매우 독창적이다. 이는 곧 조직이 구성원을 통제하려는 태도가 아니라, 신뢰하고 응원하는 파트너로서의 역할을 자임하는 방식이라 할 수 있으며, 이러한 조직문화가 결과적으로 더 많은 구성원의 '자발적 잔류'를 이끌어낸 것이다.

사례2 : CJ ENM – 성장 면담과 성과 면담의 구조적 분리

CJ ENM은 방송, 영화, 음악, 콘텐츠 제작 등 창의성과 자율성이 핵심인 조직 문화를 지닌 기업이다. 하지만 이러한 조직에서도 정기적으로 진행되는 성과 평가는 예외 없이 적용돼 왔고, 이는 때때로 크리에이티브 직무에 불필요한 스트레스를 유발하곤 했다. 특히 수치 중심의 평가 방식은 "내가 만든 콘텐츠가 숫자로만 판단된다"는 불만을 초래했고, 일부 구성원은 "성과보다 나의 가능성에 대해 이야기하고 싶다"는 의견을 내기도 했다.

이러한 피드백을 수렴한 인사팀은, 단순히 평가 방식만을 손보는 것이 아니라, '성과 면담'과 '성장 면담'을 구조적으로 분리하는 제도적 설계를 시도했다. 그렇게 도입된 것이 바로 '성장 면담 주간'이다. 매년 상·하반기 평가 시즌이 끝난 후 일정 기간 동안, 팀별로 구성원들과 1:1 성장 면담을 공식화하는 것이다.

이 면담은 단순히 "잘했다", "노력이 필요하다"는 과거형 피드백이 아니라, "앞으로 무엇을 하고 싶은가", "어떤 방향으로 역량을 쌓고 싶은가"에 대한 탐색의 시간이다. 구성원이 사전에 면담지를 작성하여 "내가 기여하고 싶은 영역", "관심 있는 새로운 프로젝트", "필요한 성장 자원"을 적어내면, 리더는 이에 대해 구체적인 피드백과 실행 제안을 주는 방식이다.

예를 들어, 한 콘텐츠 PD가 "글로벌 OTT 플랫폼 대상 기획에 도전해보고 싶다"고 하면, 리더는 그 분야의 선배 멘토와 연결하거나, 실제 글로벌 프로젝트에 섀도잉 형태로 참여할 기회를 먼저 열어준다. 또 디자인 직무의 경우, "지속 가능한 콘텐츠 브랜딩에 관심이 있다"고 하면, 관련된 TF에 합류할 수 있는 루트를 사전에 협의해준다. 이처럼 성장 면담은 조직 안에서 '기회'를 개인의 성장 경로와 맞춰 구체화하는 장치로 기능한다.

CJ ENM은 이 제도를 운영하면서 구성원들에게 "나는 조직의 평가 대상이 아니라, 함께 성장할 수 있는 주체"라는 감각을 자연스럽게 심어주고자 했다. 실제로 구성원들 역시 "성과 면담은 피드백을 듣는 시간, 성장 면담은 내 이야기를 하는 시간"이라는 구분을 명확히 인식하게 되었고, "비로소 내가 조직 안에서 어떤 미래를 만들 수 있는지 상상하게 되었다"는 피드백도 나왔다.

무엇보다 중요한 변화는 리더들이 구성원을 관찰하는 관점의 전환이다. 이제는 단순히 "이 사람이 일을 잘했나"가 아니라 "이 사람은 어떤 가능성을 품고 있고, 그걸 어디로 연결할 수 있을까"를 함께 고민하게 되었다. 성장 면담 주간은 결과적으로 조직 전체에 '관찰 → 탐색 → 기회화'라는 흐름을 확산시키는 계기가 되었고, 이는 장기적으로 조직 내 유연한 인재 활용과 자발적 몰입을 강화하는 효과로 이어지고 있다.

7. 이렇게 해 보자!

첫째, '당신의 다음 스텝은 어디인가요?'라는 질문을 일상화하자.
구성원 스스로 성장의 방향을 인식하도록 돕는 질문은 강력한 출발점이 된다. 단지 목표 달성 여부만을 묻는 것이 아니라, '앞으로 어떤 사람이 되고 싶은지', '지금의 일이 어디로 이어지는지'를 묻는 대화를 상시적으로 시도하자. 팀장은 월 1회 개인 면담 시 성장 방향에 대해 묻는 질문을 빠뜨리지 말고, 이를 바탕으로 개인별 성장 맵을 기록해보자.

둘째, 커리어 경로는 '제시'가 아니라 '설계'임을 인식하자.
회사가 정한 직무 로드맵이나 직급별 모델을 단순 안내로 끝내지 말고, 구성원과 함께 그 내용을 구체화해야 한다. '기획팀→전략팀→부서장' 같은 도식적 흐름이 아니라, 각 구성원이 어떤 경험을 통해 어떤 기여를 하고 싶은지를 먼저 파악하고, 그에 맞는 맞춤형 성장 경로를 공동 설계해야 한다. 관리자 교육에도 '커리어 설계자'로서의 역할을 포함시키자.

셋째, 성장은 제도보다 '동기부여 시스템'으로 작동한다는 점을 기억하자.
성장 프로그램을 만들어도 참여율이 낮은 경우가 많다. 이는 제도의 부재가 아니라 동기의 부재 때문이다. 성장 제도 설계 시에는 '왜 참여해야 하는가'에 대한 공감 요소를 포함해야 하며, 성장을 통해 어떤 변화가 가능한지를 구체적인 사례로 보여주는 것이 효과적이다. 예를 들어, 사내 뉴스레터나 타운홀 미팅에서 성장 성공 사례를 공유하자. 교육 참여만이 아니라, '성장 대화', '경험 공유', '멘토링 활동'도 함께 운영해야 한다.

나가면서...

마지막으로 '넛지'에 대한 이야기를 잠깐 하고 전체적인 마무리를 하고자 한다. 넛지는 노벨상을 수상한 행동경제학자 리처드세일러 교수가 제창한 새로운 개념의 학문을 일컫는다. 넛지의 원래 의미는 '가볍게 툭 친다'는 뜻이다. 세일러 교수는 이것을 "선택을 막거나 경제적인 인센티브로 유혹하지 않고도 사람들의 행동을 원하는 방향으로 바꾸어 주는 선택예술의 하나"로 정의했다.

나 또한 사람들의 행동을 바꾸어 주는 다양한 유도책이 들어 있다는 생각을 갖으면서 이 책을 탐독했다. '넛지'에 담겨있는 대부분의 이론이 바로 행동경제학에 나오는 것들이어서 참 재미있게 책을 읽어 내려갈 수 있었다. 반면 이 책이 뭔가 체계화된 방법론을 제시하는 데는 충분치 않은 듯한 인상을 받아서 조금은 아쉬웠다.

넛지를 말할 때 항상 등장하는 사례가 네델란드 공항의 남성용 소변기의 이야기다. 소변기의 중앙에 파리 그림을 그려 놓았더니 소변이 밖으로 튀지 않아 청소가 매우 편해졌다는 이야기다. 그런데 성공스토리라 좋긴 하지만 이 이야기는 도대체 접근법에 있어서 어떤 범용성을 가지고 있는 것일까?

개인적으로는 행동경제학이 대중의 사랑을 받기 위해서는 범용적인 사용이 이루어져야 한다고 생각한다. 그런 점에서 볼 때, 솔직히 '넛지'는 행동경제학에서 나오는 이론을 소개한 것에 불과하다는 생각에서 벗어날 수가 없다. 이런 인상을 주지 않기 위해, 적어도 내가 잘 아는 영역인 인사만이라도 행동경제학의 현장 활용을 최대한 많이 소개하려고 노력했다.

끝으로 한 가지 양해의 말씀을 드리고자 한다. 본 도서의 제목은 『심리학, 인사에 들어오다』이다. 그런데 정확히 말하면, '행동경제학, 인사에 들어오다'는 제목이 내용에 더 부합할 것이다. 그러나 책의 서두에서도 말했듯이 행동경제학이라는 용어가 일반인에게는 아직 대중화되어 있지 않은 관계로, 할 수 없이 좀 더 포괄적인 용어인 '심리학'을 본 도서의 제목으로 사용했다. 독자들의 이해를 구한다.

|에필로그|

좋은 인사는 숫자가 아니라 사람을 기억한다

나는 일본에서 학부를 졸업했다. 학창시절 나를 무척이나 사랑해 주셨던 교수님이 있었다. 다까하시 슌스케 교수님이다. 인사분야에서 글로벌 1위를 자랑했던 왓슨와이어트의 일본지사를 설립하셨던 분이다. 다까하시 교수님이 항상 들려주셨던 이야기가 있다. "인사는 과학이어야 한다. 하지만 그 전에 사람의 감정을 읽을 줄 알아야 한다."

일본RMS의 한국지사장으로 발령받고 귀국해서는 대학원을 다녔다. 지도교수님은 조직행동론 분야에서 유명하신 문형구 교수님이다. 문 교수님은 학부에서는 영문학을 전공하셨다. 원래는 시인이 되려고 했는데, 인사의 영역으로 건너오게 되었다고 말씀하셨다. 이 분도 나에게 "사람의 마음을 읽는 것이 가장 중요하다. 인사는 마음을 읽는 자세가 먼저다"고 말씀하셨다.

팬데믹 기간 미국에 있는 대학의 박사과정을 밟았고, 무사히 학위를 받았다. 운이 좋았다. 팬데믹으로 모든 수업이 온라인으로 돌아서면서 현지에 가지 않고도 박사과정을 이수할 수가 있었기 때문이다. 팬데믹이 경제적으로는 큰 고통을 주었지만, 학문적으로는 큰 선물을 주었다. 인생이 참 묘하다는 생각이 들었던 시즌이었다.

당시 박사과정의 지도교수는 리키타 그레이란 분으로 멕시코 이민자 출신의 여성분이었다. 원래 P&G 부사장 출신으로, 퇴직 후 학교로 가신 그레이 교수님은 P&G에서 연구하신 소비자 행동모델을 기반으로 직장인 행동모델을 창안하신 분이다. 이 분 또한 나에게 '사람은 머리가 아니라 가슴으로 움직인다'는 말을 수없이 해 주셨다.

훌륭하신 세 분의 스승님을 모시고 인사와 조직을 공부했다. 이 분들의 세부 전공은 조금씩 달라도 공통점은 분명히 있다. 바로 **'사람에 대한 이해'**다. 덕분에 현장에서 실무를 하면서도 항상 숫자 너머의 사람을 보고, 그들의 생각과 심리를 이해하는 것이 먼저라는 생각으로 업무에 임했다.

사람의 마음은 수식처럼 예측되지 않고, 감정은 데이터처럼 선형적으로 움직이지 않는다. 그러나 그 불완전함 속에서도 우리는 공통된 패턴을 발견할 수 있다. 사람들이 왜 그 제도를 거부했는지, 어떤 말이 동료에게 상처를 주었는지, 왜 잘 설계된 제도가 작동하지 않았는지, 그 모든 질문에는 '심리'라는 실마리가 있다.

행동경제학은 그런 심리를 이해하기 위한 하나의 도구다. 심리학이라는 넓은 숲 안에서, 조직 내의 '의사결정'이라는 길을 좀 더 정밀하게 비추는 손전등 같은 역할이다. 인사 실무는 결국 수많은 선택과 판단으로 이뤄진다. 어떤 제도를 도입할 것인가, 어떤 메시지를 줄 것인가, 누가 적임자인가, 지금 변화해야 하는가… 그런데 이 모든 결정에는 사람의 마음이 작용한다.

이 책이 강조하고 싶었던 건, 바로 그 **'마음의 작동 방식'**을 이해하는 시선이다. 보이지 않는 심리를 놓치면, 숫자만으로는 조직을 움직일 수 없다. 반대로, 감정의 흐름을 읽고, 인지의 편향을 설계에 반영하면, 제도는 사람을 억누르는 규칙이 아니라 사람이 기꺼이 따르고 싶은 구조가 된다.

책 속에 담긴 여러 사례들은 한 가지 사실을 말해준다. 조직은 시스템으로 굴러가지만, 관계로 움직인다. 숫자는 기준이 될 수 있지만, 마음은 동력이 된다. 그래서 이 책의 제목이 '심리학, 인사에 들어오다'이다. 행동경제학은 그 심리를 설명하는 언어이고, 실무자는 그 언어를 통해 조직을 더 세밀하게 이해할 수 있다.

이제 숫자를 보는 눈에, 사람을 읽는 감각을 더해보자. 그러면 조직은 조금 더 따뜻해질 수 있다. 그리고 인사는, 누군가의 심리와 일상을 가장 가까이서 만지는 진입로가 될 것이다.

심리학, 인사에 들어오다

초판 1쇄 발행 | 2025년 09월 10일
초판 2쇄 발행 | 2025년 10월 24일

저자 신경수
편집디자인 김난주
마케팅 신수정
펴낸이 신경수
펴낸곳 (주)지속성장연구소
출판사등록 2022.01.19 (제2022-00024호)
주소 서울특별시 강남구 테헤란로 108길 22, 3층
전화 070-4696-3592
이메일 sgi@sgi.re.kr

www.sgi.re.kr
© 신경수, 2025

ISBN | 979-11-985039-1-6

책값은 뒤표지에 있습니다.
이 책 내용의 일부 또는 전부를 재사용하려면 반드시 (주)지속성장연구소의 동의를 얻어야 합니다.
잘못 만들어진 책은 구입하신 서점에서 교환해 드립니다.